MICHAEL CONNELLY

COPS UND KILLER

WAHRE FÄLLE AUS L. A.

Aus dem amerikanischen Englisch
von Sepp Leeb

K
A
M
P
A

Die amerikanische Originalausgabe erschien 2004
unter dem Titel *Crime Beat. A Decade of Covering Cops and Killers*
im Verlag Little, Brown and Company, New York.
Die deutsche Erstausgabe erschien 2007 unter dem Titel
L. A. Crime Report im Heyne Verlag, München.
Die Übersetzung wurde für diese Ausgabe
grundlegend überarbeitet.

Für den Blick hinter die Verlagskulissen:
www.kampaverlag.ch/newsletter

Covergestaltung: Lara Flues, Kampa Verlag
Covermotiv: © iStock / frankpeters
Satz: Tristan Walkhoefer, Leipzig
Gesetzt aus dem Stempel Garamond LT /240130
Druck und Bindung: GGP Media GmbH, Pößneck
Auch als E-Book erhältlich
ISBN 978 3 311 12072 8

Inhalt

Die Detectives beobachten.
Vorwort von Michael Connelly   9

TEIL EINS: DIE COPS

Der Anruf   23

Das Open Territory   38

Grenzüberschreitungen   51

Polizisten auf der Anklagebank   64

Todesschwadron   77

Von Teenager getötet   112

TEIL ZWEI: DIE KILLER

Ein Mörder auf der Flucht   125

Verhängnisvolles Versteckspiel   146

Der Stalker   160

Amerikas meistgesuchter Verbrecher   168

Der Ehefrauenmörder   185

Wo Gangster um die Ecke knallen   190

Böse, bis er stirbt   205

TEIL DREI: DIE FÄLLE

Das namenlose Grab   221

Doppelleben   225

Tod einer Erbin   233

Mord in Hollywood   244

The Family   254

Ein Leben auf der Überholspur   275

Ein Täter auf der Lauer   290

Der Tote im Kofferraum   294

Offen – Ungelöst   304

Der Romanautor als Reporter.
Nachwort von Michael Carlson   313

Das schwarze Herz.
Von Jochen Stremmel   325

Danksagung   331

»Der Tod ist mein Revier. Ich verdiene meinen Lebensunterhalt mit ihm. Ich schmiede meine berufliche Reputation an ihm. Ich behandle ihn mit der Leidenschaft und Korrektheit eines Bestattungsunternehmers – ernst und mitfühlend im Beisein der Hinterbliebenen, ein versierter Handwerker, wenn ich allein bin. Ich bin seit jeher der Überzeugung, das Geheimnis des Umgangs mit dem Tod ist, ihn nicht zu nahe an sich heranzulassen. Vor allem darauf kommt es an. Man darf sich von ihm nicht ins Gesicht hauchen lassen.«

aus *Der Poet*

Die Detectives beobachten

Momente. Einzelne Momente entscheiden alles. Ich beobachte Detectives seit über dreißig Jahren. Angefangen hat alles mit einem einzigen Moment. Die besten Dinge, die ich gesehen, in meine Vorstellungskraft aufgenommen und dann in meine Romane eingepflanzt habe, kamen mir in Momenten. Manchmal plagt mich die Frage nach dem Was-wäre-wenn. Was wäre, wenn ich an diesem Abend, als ich sechzehn war, nicht aus meinem Autofenster geschaut hätte? Was wäre, wenn ich den Detective nicht seine Brille hätte abnehmen sehen? Was wäre, wenn ich erst einen Tag später zum ersten Mal nach L. A. gefahren oder nicht ans Telefon gegangen wäre, als mein Redakteur anrief und mich den Hügel hinaufschickte, damit ich einen Mord recherchiere?

Lassen Sie es mich erklären. Lassen Sie mich von einigen dieser Momente erzählen.

Als ich sechzehn Jahre alt war, arbeitete ich in Fort Lauderdale, Florida, nachts als Tellerwäscher im Restaurant eines Strandhotels. Das Lokal hatte lange geöffnet, und die Töpfe und Pfannen, die den ganzen Tag zum Kochen verwendet wurden, mussten eingeweicht und geschrubbt werden. Oft wurde ich mit meiner Arbeit erst sehr spät fertig.

Eines Nachts fuhr ich mit meinem Beetle von der Arbeit nach Hause. Die Straßen waren fast völlig verlassen. An einer roten Ampel hielt ich an. Ich war müde und wollte nur noch nach Hause. An der Kreuzung standen keine anderen Autos, und es näherten sich auch keine. Ich wollte bei Rot über die Kreuzung fahren und hielt Ausschau nach einem Polizeiauto. Als ich nach links schaute, nahm ich auf dem Bürgersteig eine Bewegung wahr.

Ein rennender Mann. Er rannte, so schnell er konnte, zum Strand, in die Richtung, aus der ich gerade kam. Er war groß und kräftig, hatte einen Bart und schulterlanges buschiges Haar. Ein Jogger war er nicht. Entweder rannte er auf etwas zu oder von etwas weg. Er trug Jeans, ein Holzfällerhemd und Stiefel, keine Laufschuhe. Statt auf die Ampel zu achten, beobachtete ich jetzt den Mann. Er zog im Laufen sein Hemd aus, sodass darunter ein bedrucktes T-Shirt zum Vorschein kam. Er schlang das Hemd um etwas, das er in der Hand hielt. Ohne langsamer zu werden, warf er das Hemd in die Hecke neben dem Bürgersteig und rannte weiter.

Als die Ampel auf Grün schaltete, wendete ich. Der Mann war ein paar Straßen vor mir. Ich folgte ihm langsam und beobachtete ihn. Ich sah, wie er sich in den Eingang einer Bar namens The Parrot drückte. Die Bar kannte ich. Nicht, weil ich jemals drin gewesen war – dafür war ich zu jung. Ich kannte sie deshalb, weil ich oft eine Reihe von Motorrädern davor hatte stehen sehen. Ich hatte große Kerle dort reingehen sehen. Es war eine Kneipe, die mir nicht geheuer war.

Ich fuhr am Parrot vorbei, wendete erneut und hielt bei der Hecke an. Ich schaute mich um, dann stieg ich rasch aus. Ich tastete in der Hecke nach dem Bündel. Es fühlte sich schwer an. Ich öffnete es. In das Hemd war eine Pistole eingewickelt.

Angst und Adrenalin schossen durch meinen Körper. Ich schlug die Pistole hastig wieder in das Hemd ein und steckte alles in die Hecke zurück. Dann lief ich zu meinem Beetle und fuhr weg.

An einer Telefonzelle hielt ich, rief meinen Vater an und

erzählte ihm alles. Er sagte, ich solle ihn abholen. Wir würden die Polizei verständigen und zu der Hecke zurückfahren.

Fünfzehn Minuten später warteten mein Vater und ich an der Hecke, und zwei Polizeiautos kamen mit Blaulicht angefahren. Ich erzählte den Polizisten, was ich gesehen und was ich getan hatte. Ich führte sie zu der Pistole. Sie sagten, in der Nähe habe es einen Raubüberfall gegeben. Jemand hatte dem Opfer in den Kopf geschossen. Meine Beschreibung des Mannes höre sich ganz nach dem Kerl an, den sie suchten.

Die nächsten vier Stunden verbrachte ich im Detective Bureau. Ich wurde von mehreren Detectives immer wieder vernommen, insbesondere von einem, der etwas mürrisch Strenges hatte. Er sagte, das Opfer würde vielleicht nicht überleben. Dann wäre ich möglicherweise der einzige Zeuge. Aufgrund meiner Beschreibung waren mehrere Männer mit langen Haaren, Bärten und bedruckten T-Shirts aus dem Parrot ins Police Department gebracht worden, wo sie sich zur Gegenüberstellung aufreihen mussten. Ich war derjenige, der durch einen Einwegspiegel zu ihnen hineinschaute. Ich war der einzige Zeuge. Ich sollte den Täter identifizieren.

Die Sache hatte nur einen Haken. Der Kerl war nicht dabei. Es war zwar dunkel gewesen, aber die Straße war beleuchtet. Ich hatte den Mann, der die Pistole versteckte, deutlich gesehen und wusste, er stand nicht in dieser Reihe. Der Täter musste entkommen sein, und zwar irgendwann zwischen dem Zeitpunkt, als ich ihn im Parrot verschwinden sah, und dem Moment, als die Polizei kam, um die Gäste abzuführen, auf die meine Beschreibung zutraf.

Das kam bei den Detectives nicht gut an. Sie glaubten, sie hätten den Kerl. Sie glaubten, ich hätte nur zu viel Angst, um den Täter zu identifizieren. Ich konnte sie nicht überzeugen, und nach langem Hin und Her mit dem mürrischen Detective nahm die Sache ein unerfreuliches Ende. Ich verließ die Station, aber dieser Detective dachte noch immer, ich hätte den Täter aus Angst nicht identifiziert. Ich wusste zwar, dass das nicht stimmte, fühlte mich deswegen aber kein Stück besser. Obwohl ich ehrlich gewesen war, wusste ich, dass ich ihn enttäuscht hatte.

Nach dieser Nacht fing ich an, Zeitung zu lesen. Sehr gründlich. Anfangs, um nach Meldungen über den Überfall zu suchen. Das Opfer überlebte, aber von den Detectives hörte ich nichts mehr, und ich fragte mich, was aus der Sache geworden war. Wurde der Täter identifiziert? Wurde er gefasst? Ich entwickelte ein ausgeprägtes Interesse an Nachrichten über Verbrechen und an den Polizisten, die in solchen Fällen ermittelten. Der Süden von Florida war eine seltsame Gegend. Eine Flut von Drogengeld überschwemmte die Küste. Schnelle Boote und Autos. Schmuggler zogen in die besten Wohngegenden. Gewaltverbrechen passierten überall und jederzeit. Die Zeitungen waren immer voll von Verbrechen.

Ich hatte Feuer gefangen. Bald las ich True-Crime-Bücher und dann Kriminalromane. In den folgenden Jahren entdeckte ich die Bücher von Joseph Wambaugh und Raymond Chandler. Und schließlich beschloss ich, selbst zu schreiben. Ich wollte für eine Zeitung über Kriminalfälle berichten. Ich wollte Detectives beobachten, ihre Arbeit kennenlernen und eines Tages Romane über sie schreiben. Alles wegen eines Moments, alles nur, weil ich aus dem Autofenster geschaut hatte.

Viele Jahre später kehrte ich in das Detective Bureau zurück, in dem ich diese vielen Stunden verbracht und die Detectives enttäuscht hatte, diesmal als Reporter. Ich berichtete über Verbrechen. Der mürrische Detective war immer noch da. Die Jahre hatten seine Kanten etwas abgeschliffen. Zunächst ignorierte ich ihn, und er erkannte mich nicht mehr. Irgendwann erzählte ich ihm jedoch, wer ich war, erinnerte ihn an besagte Nacht und legte ihm erneut meinen Standpunkt dar: dass sie den Täter nicht gehabt hatten und der Mann entkommen war. Er glaubte mir immer noch nicht. Er bestand weiterhin darauf, ich hätte in dieser Nacht Angst gehabt, Farbe zu bekennen.

Im Lauf der Jahre war ich oft in diesem Detective Bureau, aber es gelang mir nie, den Detective zu überzeugen. Das schmerzte mich, schreckte mich aber nicht ab. Genau in diesem Detective Bureau ereignete sich übrigens auch der nächste wichtige Moment.

Es war eine Kleinigkeit, aber möglicherweise das wichtigste Detail, das ich als Krimiautor je gesehen habe. Ich berichte in der ersten Geschichte dieser Sammlung davon.

Nach zahllosen Anträgen und langen Verhandlungen, die bis hinauf zum Polizeichef reichten, erhielt ich eine Woche lang Zugang zur Homicide Squad. Uneingeschränkten Zugang. Ich bekam einen Pager, und wenn Detectives an einen Tatort gerufen wurden, wurde ich das auch. Mein Auftrag war, über das Leben im Morddezernat zu schreiben, aus der Sicht eines Insiders.

Das Ironische am Polizeijournalismus ist, dass die besten Meldungen in Wirklichkeit die schlimmsten sind. Ein Journalist lebt für die Meldungen über Unheil und Katastrophen. Sie lassen das Adrenalin durch die Adern schießen, aber sie können einen rasch auslaugen. Der beste Tag für uns ist ihr schlimmster.

Das bewahrheitete sich in meiner Woche mit den Detectives der Homicide Squad. Für mich war es eine tolle Sache – aber nicht für die drei Menschen, die in dieser Zeit ermordet wurden.

Der Moment, der mein Schreiben mehr als jeder andere beeinflusst hat, kam am Ende der Woche, in der letzten Stunde meines einwöchigen Aufenthalts im Morddezernat. Ich saß im Büro des Dezernatleiters, um ein paar letzte Fragen und Formalitäten zu klären, um meinen Pager abzugeben, in die Redaktion zurückzukehren und meinen Artikel zu schreiben.

Sergeant George Hurt war müde – er und seine Detectives hatten in fünf Tagen nach drei Mördern gefahndet. Er saß am Schreibtisch und nahm seine Brille ab, um sich die Augen zu reiben. Als er die Brille auf den Schreibtisch legte, fiel mir in einem Bügel eine tiefe Kerbe auf. Es war, als entdeckte ich einen Diamanten im Sand, denn ich wusste genau, wie diese Kerbe dort hineingekommen war.

In der Woche, in der ich den Detectives bei der Arbeit zugesehen hatte, hatte ich immer wieder beobachtet, wie Sergeant Hurt seine Brille abnahm. Um die Hände frei zu haben, nahm er den Bügel dann unweigerlich zwischen die Zähne. Ich hatte an drei verschiedenen Tatorten gesehen, wie er sich der Leiche näherte, die Brille abnahm und sich zwischen die Zähne steckte. Das waren ernste Momente. Er betrachtete das Opfer als Polizist, aber zugleich schien noch etwas anderes in ihm vorzugehen. Eine Art Austausch oder ein geheimes Versprechen. Es war etwas, worüber er nicht mit mir reden wollte, als ich ihn danach fragte.

Aber jetzt sah ich den Bügel seiner Brille, und mir wurde etwas klar. Mir wurde klar, dass er so fest auf den Bügel biss, dass sich seine Zähne in das harte Plastik gruben. Das verriet mir etwas über den Mann, über den Job, über die Welt. Es war ein Schlüsseldetail, das mir ein Fenster in das Leben dieses Mannes öffnete. Es offenbarte alles, was über sein Engagement, seine Motivation und sein Verhältnis zu seinem Beruf gesagt werden musste. Es war das Wichtigste, was ich in dieser Woche gesehen hatte.

Das war, wonach ich als Autor Ausschau halten musste, das wurde mir instinktiv klar. Von diesem Moment an wollte ich bei all den Menschen, über die ich schrieb, das Schlüsseldetail finden, egal, ob das nun ein Zeitungsbericht war oder ein Roman über einen Polizisten. Im Mittelpunkt meines Daseins als Schriftsteller musste die Suche nach dem Schlüsseldetail stehen. Wenn ich erfolgreich sein wollte, musste ich in meinen Geschichten Sergeant Hurts Brille immer wieder von Neuem finden.

Ich begann zu diesem Zeitpunkt gerade, fiktive Geschichten zu schreiben. Ich arbeitete nachts, ohne jemandem etwas davon zu erzählen. Ich experimentierte und lernte. Es sollte fünf Jahre dauern, bis etwas von mir veröffentlicht wurde. Aber die Lektion, die ich in Sergeant Hurts Büro gelernt hatte, half mir, diese Phase durchzustehen. Jahre zuvor hatte ich das Detective Bureau mit dem Gefühl verlassen, dass mir Unrecht getan worden war. Jetzt fühlte ich mich wie ein Mann mit einer Mission und einem klaren Weg zum Ziel.

Das sollte noch nicht der letzte bedeutende Moment für mich sein. Ich hatte Glück. Diese Momente fielen mir in den Schoß. Ich beschloss, etwas zu verändern und dreitausend Meilen weit weg an einen Ort zu ziehen, über den meine literarischen Vorbilder geschrieben hatten. Am selben Tag, an dem ich in Los Angeles ankam, saß ich bereits im Büro eines Zeitungsredakteurs, der mit mir über eine Stelle als Polizeireporter sprach. Er warf mir die aktuelle Ausgabe der Zeitung hin. Am Tag zuvor hatte sich eine große Sache ereignet, ein Bankraub, bei dem die Räuber durch das Labyrinth aus unterirdischen Flutwasserkanälen direkt unter die Bank vorgedrungen waren und dann nach oben gegraben hatten. Der Redakteur fragte mich, wie ich zu dieser Meldung einen Folgeartikel machen würde. Meine Antwort genügte den Anforderungen und ich bekam die Stelle. Ein paar Jahre später antwortete ich mit meinem ersten veröffentlichten Roman, der den Bankraub und die unterirdischen Kanäle aufgriff und alles in Fiktion umwandelte.

Momente. Sie kamen weiterhin. In Los Angeles macht man

sich als Reporter nicht bei jedem Mord auf den Weg – dafür gibt es zu viele und die Stadt ist zu groß. Man pickt sich die Rosinen raus. Manchmal werden sie für einen rausgepickt. Eines Morgens rief mich ein Redakteur zu Hause an und sagte mir, ich solle auf dem Weg in die Redaktion an einem Tatort vorbeischauen. Einfach so, als sollte ich ihm nur einen Kaffee mitbringen. Der Mord habe sich im Woodrow Wilson Drive in den Hollywood Hills ereignet. Ich fuhr also hin und machte die Story. So fand ich den Ort, wo ich das Zuhause des fiktiven Detectives ansiedeln würde, über den ich insgeheim zu schreiben begonnen hatte. Ein Ort, wo er wohnen konnte und einen Blick über die Stadt hatte, die er zu schützen half. Ein Ort, an dem er auf die Terrasse hinausgehen konnte, um sich einen ersten Eindruck zu verschaffen, um den Puls von L. A. zu fühlen.

Nichts war umsonst. Alle Erlebnisse wanderten in den kreativen Mixer und wurden schließlich in meinen Romanen zu etwas Neuem verarbeitet. Ein Artikel über einen Mann, der tot im Kofferraum seines Rolls-Royce gefunden wurde, wurde zu einem Roman über einen Mann, der tot im Kofferraum seines Rolls-Royce gefunden wurde. Artikel über Polizisten, die vor Gericht gestellt wurden, wurden zu einem Roman über einen Polizisten, der vor Gericht gestellt wurde.

Es waren nicht nur die Cops, von denen ich mich inspirieren ließ. Es waren auch die Mörder. Über den ersten Mord berichtete ich für das *Daytona Beach News-Journal*. 1981 war das zunächst eine Nullachtfünfzehn-Meldung über eine im Wald gefundene Leiche. Später wurde diese Leiche jedoch mit einem von Floridas berüchtigtsten Serienmördern in Verbindung gebracht und das weckte mein Interesse an dem, was die Polizisten, die ich kannte, als den Inbegriff des Bösen betrachteten.

Christopher Wilder war ein weiterer Serienmörder. Ich

schrieb sehr ausführlich über ihn, und eine Weile schien es, als hätte er von meinem Leben Besitz ergriffen. Als er im verzweifelten Versuch, sich dem Zugriff der Polizei zu entziehen, kreuz und quer durchs Land zog, empfand ich die gleiche Mischung aus Dringlichkeit und Furcht wie diejenigen, die ihn jagten. Es schien, als würde jeden Tag eine neue Frau entführt und eine weitere Leiche gefunden. Es war eine Riesenstory, vielleicht die größte meiner Karriere, aber es war trotzdem eine fürchterliche Story.

Manchmal riefen die Mörder bei mir an. Der Pseudoprofikiller, der schuldig gesprochen wurde, seine Frau ermordet und vergraben zu haben, rief mich aus dem Gefängnis an und beschwerte sich, ich sei zu hart mit ihm ins Gericht gegangen. Und dann war da Jonathan Lundh, von dem die Polizei fürchtete, er könnte sich als Serienkiller herausstellen. Er war klug, eloquent und ein hervorragender Manipulator. Außerdem hatte er etwas gegen Frauen. Die Polizei setzte alles daran, dass er für den einen Mord verurteilt wurde, bei dem sie sich seiner Täterschaft sicher waren. Lundh rief mich ständig aus dem Gefängnis an. Nicht nur, um seine Unschuld zu beteuern, sondern auch, um mich zu manipulieren und aus mir herauszubekommen, was ich von den Cops wusste und von welchen anderen Morden sie mir erzählten. Ich erinnere mich, dass ich mich jedes Mal, wenn ich auflegt hatte, glücklich schätzte, dass wir nicht nur durch die Telefonleitung getrennt waren, sondern auch durch den Beton und den Stahl der Gefängnismauern. In meinem ganzen Leben habe ich mit niemandem gesprochen, der unheimlicher war als Jonathan Lundh.

Jeder dieser Momente war nötig, um tun zu können, was ich jetzt tue. Meine Erlebnisse mit Cops und Mördern und meine Tage als Polizeireporter waren für mich als Romanautor von unschätzbarem Wert. Den Romanautor gäbe es nicht ohne den Polizeireporter. Ich könnte nicht über meinen fiktiven Detective Harry Bosch schreiben, hätte ich nicht zuerst die realen Detectives erlebt. Ich könnte meine Mörder nicht erfinden, hätte ich vorher nicht mit ein paar richtigen gesprochen.

Nicht alle diese Momente sind in der Zeitung oder in dieser Sammlung erschienen. Nicht über alle konnte geschrieben werden. Ich erinnere mich an eine Nacht an einem Tatort in Los Angeles, von dem ich nur durch einen anderen Polizeireporter erfahren hatte. Es war seine Story, und ich war nur da, um auszuhelfen, falls es sich als eine richtig große Sache herausstellte. Wir standen an der Absperrung aus gelbem Flatterband und warteten mit vielen anderen Reportern, dass die Detectives aus dem Haus kämen, in dem vier Menschen tot aufgefunden worden waren. Das war alles, was wir wussten. Vier Tote. Darunter Kinder. Wir warteten darauf zu erfahren, in welche Richtung die Sache sich entwickeln würde.

Ich ging an der Absperrung entlang, weg von den anderen Reportern. Ich hoffte auf eine Privataudienz, denn ich kannte einige der Detectives in dem Haus. Das haben Reporter so an sich: Sie versuchen immer einen Happen für sich allein zu schnappen, etwas, was sonst niemand hat. Wenn man lange genug als Polizeireporter arbeitet, lernt man die Detectives kennen. Das verschafft einem einen gewissen Vorteil.

Als die Detectives endlich herauskamen, winkte ich dem zu, den ich am besten kannte. Er kam zu mir, und wir unterhielten uns, während sich die anderen Reporter um die übrigen Detectives drängten. Mit diesem Detective hatte ich in früheren Fällen Hunderte von Malen gesprochen. Meiner Meinung nach war er ein guter und harter Detective. Ich hatte ihn nie viel Emotionen zeigen sehen, nicht einmal bei Polizeibeerdigungen. Einen seiner Charakterzüge verwendete ich damals bereits für meinen eigenen Detective Harry Bosch.

»Das ist ein wirklich schlimmer Fall«, flüsterte mir der Detective zu.

Er erzählte mir, die vier Toten seien eine Mutter und ihre drei kleinen Kinder, alle mit einem Kopfschuss, alle im selben Bett. Er schüttelte den Kopf, als könnte er die Tat nicht begreifen. Ich fragte, ob es schon irgendwelche Hinweise gebe, wer so etwas Schreckliches getan habe.

Er nickte.

»Ja«, sagte er. »Sie war's. Die Mutter. Sie hat alle erschossen und einen Abschiedsbrief hinterlassen.«

Danach musste er von mir weggehen, und ich sah, wie er sich eine Träne aus dem Augenwinkel wischte. In diesem Moment verstand ich etwas von der Härte, der Gefahr und der Noblesse dieses Berufs. Und ich wusste, ich hatte ein weiteres Element, das Harry Bosch vervollständigen würde.

TEIL EINS

Die Cops

Der Anruf

HOMICIDE SQUAD LAUDERDALE

Chaos und Frustration prägen die Stimmung während einer Woche an vorderster Front im Kampf gegen die Gewalt.

South Florida Sun-Sentinel
25. Oktober 1987

Es ist jetzt vier Tage her, seit jemand etwas von Walter Moody gehört oder gesehen hat, und allmählich fangen die Leute an zu befürchten, dass da etwas nicht stimmt. Laut Aussagen der Bewohner des Apartmenthauses in der South Andrews Avenue, in dem er als Hausmeister arbeitet, öffnet er seit Donnerstag nicht mehr die Tür. Seine Eltern können ihn telefonisch nicht erreichen. Und auch als er am Samstag nicht zu seinem Teilzeitjob als Ausfahrer erschienen ist, hat er sich nicht krankgemeldet.

Das sieht Walter gar nicht ähnlich, lautet die einhellige Meinung.

Inzwischen haben wir Montag, den 29. Juni, 13.40 Uhr. Nachdem von allen Seiten Besorgnis über den Verbleib Walter Moodys laut geworden ist, haben sich zwei Officers der Polizei von Fort Lauderdale und der Mitarbeiter eines Schlüsseldiensts vor seiner Wohnungstür eingefunden. Ein kleiner Auflauf von Hausbewohnern hat sich gebildet, die dem Geschehen aufmerksam folgen.

Das dreigeschossige Apartmenthaus erinnert an ein spanisches Kastell: weiße Wände, ein rotes Ziegeldach, an der

Ecke ein runder Turm mit kleinen Bogenfenstern. Der gepflegte Innenhof des U-förmigen Gebäudes wird von einem bis zum Dach reichenden Baum beherrscht und ist zudem mit Büschen und Sträuchern bepflanzt, die alle vom Hausmeister, Walter Moody, gestutzt und gepflegt werden. Die Hausbewohner sitzen auf einer Bank unter dem großen, Schatten spendenden Baum und sehen zu dem offenen Gang im ersten Stock hinauf, wo der Mann vom Schlüsseldienst gerade die Tür zu Walter Moodys Wohnung geöffnet hat. Die Polizisten gehen hinein. Die Wohnung ist verwüstet, die Tür zum Schlafzimmer abgeschlossen. Sie rufen nach dem Mann vom Schlüsseldienst. Nachdem der auch die Schlafzimmertür geöffnet hat, verständigen sie die Homicide Squad.

George Hurt hat früh Feierabend gemacht. Seine Nebenhöhlen machen ihm zu schaffen, und in den letzten paar Tagen war wenig los. Er glaubt, sich diese kleine Verschnaufpause gönnen zu können. Gerade hat er es sich mit der Zeitung auf der Couch bequem gemacht, als er *den Anruf* erhält.

Wieder ein Mord. Ein Hausmeister. Kein Smoking-Gun-Fall. So viel Glück hat er leider nicht.

Er bekommt gesagt, wo. Er bekommt gesagt, wann. Das Wie ist noch nicht bekannt. Es ist Detective Vicki Russo, die ihm das alles mitteilt. Sie nehme sich der Sache an, sagt sie. Und das tun auch die anderen – alle verfügbaren Homicide Detectives. George Hurt, der Leiter des Dezernats, sagt ebenfalls, er nehme sich der Sache an. Eine typische Woche im Morddezernat hat begonnen. Hurt legt auf und flucht leise vor sich hin. Das ist bereits Nummer 38.

Mord gibt es in Fort Lauderdale in allen erdenklichen Arten, zu allen Zeiten, an allen Orten und unter allen möglichen Umständen. Es ist eine Straftat, deren einziger gemeinsamer Nenner das Endergebnis ist: das Auslöschen eines Menschenlebens. Für George Hurt und den Homicide

24

Squad ist nur eines sicher: Es nimmt nie ein Ende. Heute ist Montag, der 29. Juni und in diesem Jahr sind schon 38 Morde passiert. 1986 waren es im ganzen Jahr 42. Der bisherige Rekord sind 52 und das war 1981. Wenn das so weitergeht, denkt George Hurt, wird er eine neue Falltabelle für die Wand im Bereitschaftsraum brauchen. Dieses Jahr könnten es in Fort Lauderdale 60 oder 70 Morde werden. Ziemlich beängstigend. Und deshalb flucht er jedes Mal, wenn er *den Anruf* bekommt.

Einen Grund für die hohe Zahl der Morde zu finden ist schwer. Die wirtschaftliche Lage, Drogen, die Hitze, der Vollmond, irgendwas. Hurt und sein Team hatten drei Leute, die an einem Samstagvormittag bei einem Überfall auf ein Fast-Food-Restaurant erschossen wurden; einen prominenten Scheidungsanwalt, der wenige Schritte vom Aufzug zu seiner Kanzlei ermordet wurde; einen Rock-'n'-Roll-Sänger, der erschlagen wurde, weil er schwul war. In mehr als einem Dutzend Fällen waren die Opfer Käufer oder Verkäufer von Drogen, bevor etwas schieflief. Es gibt die unspektakulären Fälle, die nur für ein paar Zeilen in der Zeitung gut sind, und die aufsehenerregenden Fälle, die jede Menge Aufnahmewagen mit Satellitenschüsseln anlocken.

Das summiert sich in sechs Monaten zu 37 Malen, bei denen sich die Truppe an einem Schauplatz einfindet, der die gängige Auffassung von menschlichem Zusammenleben, wie es Norman Rockwell auf den Punkt gebracht hat, Lügen straft. Und jetzt ist es wieder einmal der Zeitpunkt gekommen, sich zusammenzufinden. Nummer 38, Walter Moody, liegt kalt im Bett, und sein Blut, vier Tage alt, wartet über Laken und Kissen verteilt auf die Detectives.

»Riechen Sie das?«, fragt George Hurt. »Gerade haben sie da drinnen die Leiche umgedreht.«

Captain Al Van Zandt, einer der Leiter der Detective Division, pafft an seiner Zigarre. Der Tabakgeruch soll den abstoßenden Geruch des Todes überdecken.

Die beiden stehen vor der Tür von Walter Moodys Wohnung. Hurt muss nicht reingehen, um zu wissen, was der Geruch bedeutet; er hat jahrelange Erfahrung damit. Wenn er an die Zeit als Leiter der Spurensicherung zurückdenkt, wo er vor seiner Beförderung zum Morddezernat war, oder noch weiter zurück an seinen Militärdienst in Vietnam, kommt es ihm beinahe so vor, als hätte er die meiste Zeit seines Lebens damit verbracht Leichen umzudrehen.

Diesmal bleibt er mit Van Zandt die meiste Zeit vor der Wohnung und überlässt alles Weitere den Technikern der Spurensicherung und dem Gerichtsmediziner.

In den ersten Stunden befassen sich fünf Homicide Detectives mit dem Fall Walter Moody. Einer der Ersten am Tatort ist Phil Mundy, der dienstälteste Detective. Nachdem er sich jedoch den Tatort angesehen und dabei festgestellt hat, dass es eher ein Whodunit ist als ein Smoking Gun, kehrt Mundy ins Police Bureau zurück, um die Archive nach Angaben über Moody zu durchforsten und die Anfragen zu koordinieren, die von den Detectives am Tatort eingehen werden. Sein Partner Pete Melwid ist noch in dem Apartmenthaus in der South Andrews Avenue und befragt die Bewohner. Damit sind gegenwärtig auch die Detectives Mike Walley, Gary Ciani und Vicki Russo beschäftigt. Russos Partner, Kevin Allen, ist noch unterwegs zum Tatort. Er hat heute einen freien Tag. Wann wurde Walter Moody zum letzten Mal gesehen? Wer waren seine Freunde? Wer seine Feinde? Das sind die Fragen, die die Detectives stellen. In der Anfangsphase eines Ermittlungsverfahrens sind Informationen das einzige Werkzeug, das ihnen zur Verfügung steht.

Bei Ermittlungen in einem Mordfall gibt es eine Grundregel: Je mehr Zeit vergeht, desto geringer werden die Chancen, den Fall zu lösen. Wenn möglich, mobilisiert Hurt deshalb in der Anfangsphase alle verfügbaren Kräfte, soweit dies zeitliche Beschränkungen, Überstundenbudget, Müdigkeit und dergleichen zulassen. »Man versucht einfach rauszufinden, was Sache ist, und macht von da aus weiter«, sagt er.

Das Dezernat verteilt die Fälle nach dem Rotationsprinzip an die Detectives. Diesmal sind die Partner Russo und Allen an der Reihe. Sie sind von Anfang bis Ende für den Fall zuständig. Wird er in den nächsten Stunden nicht durch die vereinten Bemühungen des Dezernats gelöst, müssen sie sich im Weiteren allein damit befassen.

»Dieses Jahr hatte ich noch keinen einzigen Smoking-Gun-Fall«, sagt Russo, während sie alle Informationen in einem Notizblock zusammenstellt. »Kann ich nicht auch mal Glück haben? Dass ich zur Tür reinkomme, und da liegt das Opfer und da drüben steht der Täter.«

Aber so ein Glück haben Russo und die anderen Detectives nur selten.

Während die Detectives die Bewohner und den Eigentümer des Apartmenthauses vernehmen, suchen in der Wohnung drei Techniker der Spurensicherung nach Fingerabdrücken und sammeln und fotografieren Beweisstücke. Dr. Felipe Domínguez, der Gerichtsmediziner, ist bei der Leiche im Schlafzimmer.

Moody liegt auf dem Rücken auf dem Bett und sieht fast so aus, als schliefe er. Aber nur fast. Am Unterarm hat er eine Stichwunde und verschiedene Schnitte, aber es ist deutlich zu erkennen, dass keine davon tödlich war. Auf den Laken und auf dem Kissen ist Blut, und der Verwesungsgeruch ist auch für all diejenigen wahrnehmbar, die nicht Hurts Nase dafür haben. Der Mörder hat die Klimaanlage angelassen, was den Verwesungsprozess verzögerte.

Das Telefon in der Wohnung klingelt, aber die Detectives gehen nicht dran, weil Blut und möglicherweise auch Fingerabdrücke darauf sein könnten. Nach mehrmaligem Läuten ertönt Walter Moodys Stimme und bittet den Anrufer, eine Nachricht zu hinterlassen. Er werde zurückrufen. Die Anruferin ist Walter Moodys Mutter. Sie ist völlig aufgelöst und will wissen, was los ist.

»Könnte uns bitte jemand anrufen, sobald feststeht, was eigentlich los ist«, fleht sie nach dem Piepton. Ein Detective fragt bei den Nachbarn, ob er das Telefon benutzen darf, um sie zurückzurufen.

Von den Hausbewohnern haben die Detectives inzwischen drei Anhaltspunkte, die die Ermittlungen voranbringen könnten: Walter hat Mietern die Wohnung gekündigt. Walter sollte bei einem Prozess in Zusammenhang mit einem Raubüberfall als Zeuge aussagen. Und Walter ließ immer wieder junge Männer in seiner Wohnung übernachten, als Gegenleistung für Arbeiten, die sie im und um das Haus verrichteten.

Ihre Erfahrung sagt den Detectives, dass sie beim dritten Punkt ansetzen sollten. Die Nachbarn haben einen jungen Mann namens Troy beschrieben, der noch am Freitagnachmittag in der Nähe der Wohnung gesehen wurde. Versuchen wir diesen Troy ausfindig zu machen, beschließen die Detectives.

Inzwischen kommt Dr. Domínguez aus der Wohnung und teilt Hurt mit, dass die Leiche jetzt zur Obduktion in die Gerichtsmedizin geschafft werden kann. Hurt fragt nach der Todesursache.

»Stichwunde im Rücken, zwischen den Schulterblättern«, sagt Domínguez.

»Großes Messer? Kleines Messer?«

»Ein großes«, antwortet Domínguez. »Ein Küchenmesser.«

Vor dem Apartmenthaus hält ein weißer Lieferwagen mit drei Männern. Sie laden eine Bahre aus. Das sind die Leichenträger, von einer Firma namens Professional. Alle drei tragen Anzug und Krawatte, die Hemdkragen zugeknöpft. Sie sind mit Abstand die bestgekleideten Personen am Tatort. Feierlich schreiten sie hintereinander in Walter Moodys Wohnung, um ihn zu seiner letzten Fahrt abzuholen.

Währenddessen zerstreut sich der Menschenauflauf am Tatort. Die Detectives fahren in alle Richtungen los: Melwid zu einem Fast-Food-Restaurant, um einem Hinweis auf Troy nachzugehen, Ciani und Walley zurück auf die Station, wohin sie von drei Nachbarn begleitet werden, die ihnen helfen, ein Phantombild des Verdächtigen zu erstellen. Auch Van Zandt fährt zurück. Hurt, Russo und Allen klären letzte Einzelheiten, bevor sie den Tatort verlassen. Und die Techniker von der Spurensicherung, die in der Wohnung beschäftigt sind, gehen essen. Sie werden später in die Wohnung zurückkommen müssen und bis in die Nacht hinein eine gründliche und langwierige Suche nach Beweisstücken und Indizien durchführen.

Als Walter Moody zum letzten Mal aus seiner Wohnung kommt, steht nur ein Hausbewohner immer noch unter einem Baum und verfolgt das Geschehen mit einem Bier in der Hand. Moody liegt unter einem weißen Tuch. Zwei der Professionals – einer hat inzwischen Blut an Ärmel und Hosenbein seines hellblauen Anzugs – haben schwer an der Last der Bahre zu tragen. Ihre Absätze schleifen über den Beton. Am Fuß der Treppe wird die Leiche behutsam auf eine fahrbare Bahre gelegt, mit einer grünen Samtdecke zugedeckt und zum Lieferwagen geschoben. Einer der Leichenträger hat blaue Tränen in die Augenwinkel tätowiert. Irgendwie scheint das passend. Die Leute hier dürfen nicht zulassen, dass ihnen bei der Arbeit echtes Mitgefühl in die Quere kommt.

Um 19 Uhr wird die Absperrung aus gelbem Band vor dem Apartmenthaus entfernt. Der weiße Lieferwagen fährt weg. Die letzten Polizisten verlassen den Schauplatz des Verbrechens. Auf dem Laubengang vor der Wohnung des Mordopfers haben die Polizisten fünf leere Kaffeebecher zurückgelassen. Und 36 Kippen sind auf dem Beton ausgedrückt oder in den Mulch um die Sträucher geworfen worden, die Walter Moody einmal gepflanzt und gepflegt hat.

Es ist fast 21 Uhr, bis die Detectives mithilfe der Zeugen ein Phantombild von Troy erstellt haben und das gesamte zusammengetragene Material Russo und Allen aushändigen, den für den Fall zuständigen Detectives.

Russo und Allen haben verschiedene Anhaltspunkte. Als Erstes muss ein Name überprüft werden, den Mundy aus dem Polizeicomputer gezogen hat: ein Mann, der im Bezirksgefängnis eine Haftstrafe verbüßt und als Wohnsitz Walter Moodys Adresse angegeben hat. Er könnte ein ehemaliger Mitbewohner sein und somit jemand, der Troy vielleicht kennt. Als Hurt und die anderen Detectives Feierabend machen, fahren Russo und Allen ins Gefängnis, um mit dem Häftling zu sprechen. Vorher ruft Russo noch ihre Tochter an, um ihr zu sagen, dass sie erst spät nach Hause kommen wird.

Daheim sieht sich George Hurt im Fernsehen die erste Hälfte eines Baseballspiels zwischen den New York Mets und den St. Louis Cardinals an, bevor er einschläft. Aber um 0.30 Uhr reißt ihn das Telefon aus dem Schlaf. Der Anruf. Fünfzehn Minuten später ist er in der Southwest 12th Avenue 600, an der Ecke Riverside Park, und sieht auf die bäuchlings auf dem Boden liegende Männerleiche mit einem Einschussloch im Rücken hinab. Nummer 39.

Walley und Ciani sind auch da. Sie sind nach dem Rotationsprinzip an der Reihe. Außerdem Van Zandt, Zigarre in der Hand, Domínguez und die Tatort-Detectives. Jemand fragt, ob die Mets eigentlich gewonnen hätten. Jemand anders wirft einen Stromgenerator an, und ein Scheinwerfer taucht die Leiche in grellweißes Licht. Über der gespenstischen Szene ziehen Gewitterwolken auf. Es wird bald regnen. Die Detectives beeilen sich.

Sie sprechen mit Zeugen und mit den beiden Männern, die mit dem Toten zusammen waren, als er wenige Minuten zuvor noch am Leben war. Sie können sich allmählich ein Bild davon machen, was passiert ist.

Michael Connable, 31, ging mit zwei Freunden auf der Sixth Street zum Riverside Pub. Es war Mitternacht und dunkel, und eine andere Gruppe von drei Männern kam ihnen entgegen. Als sie aneinander vorbeigingen, eröffnete einer der Männer das Feuer. Die drei Freunde rannten los. Fünfzig Meter weiter brach Connable tot zusammen, wenige Schritte vom Eingang des Riverside Pub. Sein Blut floss langsam eine Böschung des Parkplatzes hinab in einen Abflussgraben.

Die erste Gruppe kannte die zweite nicht. Die erste Gruppe sagte nichts zur zweiten. Die erste Gruppe bestand aus drei schwulen Weißen, die zweite aus drei Schwarzen. Was hatte das alles zu bedeuten? Was war das Motiv? War es ein willkürlicher Gewaltausbruch? Hatte er rassistische Ursachen? Lag es daran, dass die Männer der ersten Gruppe schwul waren? Wie konnte das der Todesschütze angesichts der Stille und der Dunkelheit überhaupt gewusst haben?

»Unsere einzige Hoffnung ist, dass wir einen Informanten finden«, sagt Walley.

In den letzten zwölf Stunden haben sich Hurt und seine Leute zwei Morde und null Erfolgserlebnisse eingehandelt. Sie haben zwei Whodunits und so gut wie keine Hinweise auf die Täter. Hurt meint, er könne wirklich mal einen Smoking-Gun-Fall vertragen. Oder wenigstens ein bisschen Schlaf.

Als Connable auf die Bahre gelegt und zu dem wartenden

Wagen getragen wird, beginnt es zu regnen. Die Detectives verabschieden sich und fahren nach Hause. Connables Blut wird in den Gully gespült. Und auf das Gesicht des Leichenträgers mit den tätowierten Tränen fallen Regentropfen.

An der Wand von George Hurts Büro hängt ein Schild: *Arsch hochkriegen und Klinken putzen.* Der Verfasser könnte an einen Vertreter gedacht haben, aber der Spruch gilt genauso für einen Homicide Detective.

Im Bereitschaftsraum vor Hurts Büro ist in den Tagen nach den Morden an Moody und Connable nicht viel los. Es passieren keine weiteren Morde, und die Detectives sind unterwegs, Klinken putzen.

Dienstag ist Autopsietag. Doch in diesen Fällen wird bei den Obduktionen nichts herauskommen, was für die Aufklärung von Bedeutung ist. Deshalb bekommen Walley und Ciani und Russo und Allen die Einzelheiten von Connables und Moodys Todesursache telefonisch mitgeteilt. Es ist nicht nötig, in dem gefliesten Raum rumzustehen und bei der Leichenöffnung zuzuschauen, wie man das aus Fernsehkrimis kennt.

Was dagegen nötig ist, ist die fast immer langweilige Kleinarbeit, die in den Filmen nicht gezeigt wird. Walley und Ciani verbringen den Rest der Woche damit, nach Zeugen im Connable-Fall zu suchen, in Riverside Hausbesuche zu machen, mit den Stammgästen im Riverside Pub zu sprechen und den wenigen Hinweisen nachzugehen, die telefonisch eingegangen sind. Sie kommen nicht voran.

Außerdem versuchen es die Detectives mit Informanten. Sie bringen in der Unterwelt, in Umlauf, dass für den Namen des Todesschützen bis zu 1000 Dollar Belohnung herausspringen.

Dass man bei Mordermittlungen auf Informanten angewiesen ist, entbehrt nicht einer gewissen Ironie. Informanten sind häufig selbst Kriminelle; in der Unterwelt werden Informationen von denen gesammelt, die selbst dort aktiv sind – darunter auch Drogendealer und Diebe. Manche haben sogar Pager, um nur ja keinen Anruf eines Kunden oder der Polizei zu versäumen. Cops verachten sie, sind aber gleichzeitig von ihnen abhängig. Im Augenblick ist jedoch das Problem, dass niemand anruft, der irgendwelche Angaben zum Fall Michael Connable machen kann.

»Bisher haben wir rein gar nichts«, sagt Walley, ein großer Mann, der mehr an seinem Schreibtisch im Bereitschaftsraum kauert, als daran zu sitzen.

Russo und Allen haben ähnliche Schwierigkeiten. Ihre Bemühungen, Troy aufzuspüren, bleiben erfolglos. Der Häftling, mit dem sie gesprochen haben, kannte keinen Troy und war keine Hilfe. Der in einem Fast-Food-Laden beschäftigte Troy, mit dem Melwid ankam, ist nicht aufzufinden und muss auch nicht unbedingt der Gesuchte sein. Auf seinem Personalbogen im Restaurant hat er eine falsche Adresse angegeben. Sie haben Hinweise auf drei weitere Männer, die Troy sein könnten, aber bisher sind sie noch nicht weitergekommen.

Am Dienstag steht nur eins fest. Die zwei Fälle dieser Woche werden immer älter und schwerer zu lösen.

George Hurt sitzt kopfschüttelnd an seinem Schreibtisch. Er hat die Lesebrille abgenommen, die er für den Papierkram normalerweise trägt, und das Ende eines Bügels zwischen die Zähne geklemmt. Der Plastiküberzug ist eingekerbt, weil er oft so fest zubeißt. Es ist diese Art von Job.

Hurt schüttelt den Kopf, weil er amüsiert, verwirrt und verärgert zugleich ist. Nach den zwei Morden dieser Woche hat er die Augen offengehalten und von zwei Vorkommnissen gelesen, die ihn etwas erstaunt haben. Infolge des Con-

nable-Mordes wurde eine Bürgerversammlung mit Polizei-
vertretern und Bewohnern von Riverside einberufen, und
Homosexuelle haben die Befürchtung geäußert, Gewalttäter
könnten es auf Schwule aus dem Viertel abgesehen haben.
Presse und Fernsehen haben zwar bereits ausführlich über
den Fall berichtet, aber niemand hat mit Hurt oder mit Walley und Ciani, den für den Fall zuständigen Detectives, gesprochen. Und ihrer Meinung nach sind diese Befürchtungen unbegründet.

»Soweit wir es an diesem Punkt beurteilen können, spielt
die sexuelle Orientierung in diesem Fall keine Rolle«, sagt
Hurt. »Wir betrachten es als willkürliche Gewalttat. Irgend-
ein Kerl mit einer Knarre wollte jemanden abknallen. Und
das hat er getan.«

Für zusätzliche Verwirrung in dem Fall sorgte laut Hurt
ein lokaler Fernsehsender in Miami, der am Abend zuvor
ein Phantombild von Troy aus dem Moody-Fall gezeigt und
ihn als den Mann bezeichnet hat, den die Polizei in Zusammenhang mit dem Connable-Mord sucht. Troy ist weiß. Der
Connable-Verdächtige ist schwarz.

»Unglaublich, was da manchmal herauskommt«, sagt Hurt.

Am Donnerstag, dem 2. Juli, kurz vor Mitternacht, wird
Johnnie Eddines zur Nummer 40. Die Detectives Phil
Mundy und Pete Melwid werden ebenso wie Hurt zu Hause
verständigt.

Diesmal müssen sie jedoch keinen Tatort aufsuchen.
Eddines ist im Krankenhaus gestorben. Er wurde in der
Northwest 16th Avenue aus mehreren Schusswunden blu-
tend in seinem Auto gefunden. Er war noch am Leben, als
der Krankenwagen eintraf und ihn ins Broward General Medical Center brachte. Weiter schaffte er es nicht.

Bei dem Fall zeigt sich eine weitere Ironie, wie sie bei Mordermittlungen manchmal auftritt. Die Bemühungen, Johnnie

Eddines zu retten, waren intensiv, aber am Ende vergeblich. Und wie in den meisten Fällen haben diese Bemühungen den Tatort mehr oder weniger zerstört, das heißt, wegen der Rettungsversuche in Eddines' Auto konnten keine Beweise gesichert werden. Die Versuche, jemanden zu retten, können also den Versuchen zuwiderlaufen, die Täter zu überführen.

Außerdem bedeutet es, dass die Homicide Detectives sich nicht unbedingt am Tatort versammeln müssen. Melwid fährt ins Krankenhaus, um Informationen über Eddines zu sammeln. Mundy schaut kurz am Tatort vorbei und fährt dann ins Detective Bureau. Hurt ist ebenfalls dorthin unterwegs.

Streifenpolizisten und ein Detective der Nachtschicht haben Zeugen der Schüsse gefunden und bringen sie auf die Police Station. Das Auto des Opfers wird von einem Abschleppwagen ebenfalls dorthin gebracht. Um Mitternacht beginnen die Ermittlungen.

Alle Tage sollten wie dieser Freitag sein. Alle Wochen sollten so enden wie diese.

Um zwei Uhr morgens haben Mundy, Melwid und Hurt den Eddines-Mord aufgeklärt, den ersten in dieser Woche, der zu den Akten gelegt werden kann.

Von den Zeugen hatten sie erfahren, dass es sich mehr oder weniger um einen Smoking-Gun-Fall handelte; um eine ziemlich klare Sache. Eddines hatte seiner Schwester Schmuck gestohlen, und der Mann, der ihn ihr geschenkt hatte, hat ihn sich vorgeknöpft – zusammen mit zwei Freunden und einer Pistole. Die Detectives verbrachten die frühen Morgenstunden damit, die Zeugenaussagen aufzunehmen und sich Haftbefehle für die drei Verdächtigen ausstellen zu lassen. Jetzt geht es nur noch darum, sie zu fassen. Als sie nach Hause fahren, ist der Fall so gut wie gelöst.

Die Glückssträhne reißt mit dem Eddines-Fall nicht ab.

Als Vicki Russo ihren Dienst antritt, erfüllt sich der Wunsch, den sie vier Tage zuvor vor Walter Moodys Wohnung geäußert hat: der Wunsch nach einem glücklichen Zufall.

Ein Freund des gesuchten Troy ist am Telefon und sagt, Troy wolle vorbeikommen und über Moody sprechen. Russo sagt, klar, gern, sie warte. Ein Durchbruch ist ein Durchbruch, selbst wenn er erst nach einer Woche erfolgloser Bemühungen kommt.

Als Troy aufkreuzt, bringen ihn Russo und Allen in eins der Vernehmungszimmer. Es ist gerade groß genug für einen Verdächtigen und zwei Detectives. Die einzige Beleuchtung ist eine Neonlampe an der Decke, das einzige Fenster, klein, quadratisch und verspiegelt, in der Tür.

Der 18-jährige Verdächtige, dessen vollständiger Name Troy Tetreault ist, fängt damit an, dass er zwar dabei war, als Moody ermordet wurde, es aber nicht war. Am Ende gibt er zu, dass er Moody getötet hat, aber nur, weil er sich wehren musste. Moody hat mich angegriffen, behauptet er.

Aber keine von Troys Geschichten kann erklären, wie jemand, der in Notwehr handelt, seinen Angreifer zwischen die Schulterblätter stechen kann und warum er anschließend dessen Wohnung durchsucht und ausraubt. Troy wird wegen Mord ersten Grades angeklagt. Jetzt gilt auch Fall Nummer 38 als gelöst.

Die anfänglich schlimme Woche hat inzwischen für die Detectives ein gutes Ende genommen. Zwei von drei Mordfällen sind aufgeklärt. Der Mord an Moody ist der 31., der in diesem Jahr gelöst werden konnte, eine Quote von über 75 Prozent.

In den kommenden Wochen beschäftigten sich Walley und Ciani weiter mit dem Connable-Fall, aber er blieb ungelöst. Die Detectives kamen den drei Männern der Gruppe nicht näher auf die Spur als in der Nacht, in der einer von ihnen das

Feuer auf die auf die anderen drei Männer eröffnete. Mitte August quittierte Ciani den Polizeidienst, um für eine private Ermittlungsfirma zu arbeiten. Die Connable-Akte würde offen auf Walleys Schreibtisch liegen bleiben, und dem Detective blieb nichts anderes übrig, als auf einen Durchbruch zu warten, einen Namen oder einen Hinweis, der ihn auf die Spur des Todesschützen führen würde. Aber dazu kam es nicht, und er musste sich um andere Fälle kümmern.

In Fort Lauderdale passierten weiter Morde, und die Stadt übertraf die Zahl des Vorjahres von 42 Morden bereits Ende Juli und steuerte unaufhaltsam auf einen Rekord von 53 zu. Um dem Arbeitspensum Herr zu werden, wurden vorübergehend zwei weitere Homicide Detectives abgestellt.

Als George Hurt nicht lange nach der letzten Juniwoche an seinem Schreibtisch saß, fragte er sich, ob es bei dieser Häufung bliebe, ob drei Morde pro Woche in Fort Lauderdale in Zukunft keine Ausnahmeerscheinung mehr sein würden.

»Glauben Sie mir, über diese Frage habe ich lange nachgedacht«, sagt er. »Aber das lässt sich nicht vorhersagen. Ich hoffe schon die ganze Zeit, dass das nur ein Ausnahmejahr ist. Es ist noch nicht lange her, dass vier, fünf Morde im Monat als extrem hart galten. Inzwischen wirkt das in meinen Augen gar nicht mehr so schlimm.«

Aber egal, wie es weitergeht, sagt Hurt, der Homicide Squad ist bereit.

»Egal, ob 45 oder 75 Morde begangen werden«, sagt er. »Wir sind hier. Ich könnte den alten Spruch anbringen: Es ist eine Drecksarbeit, aber irgendjemand muss sie schließlich tun, nur sehe ich es nicht so. Ich sehe es als eine Drecksarbeit, aber irgendjemand muss wissen, *wie* man sie tut. Wir wissen, wie. Wir leisten hier gute Arbeit.«

Das Open Territory

DIE MAFIA-EINHEIT

Sie sind die verdecktesten aller verdeckten Ermittler.
Sie agieren im Dunkeln und beobachten die Unterwelt.
Sie ziehen das Netz um das Open Territory zu.

South Florida Sun-Sentinel
20. März 1987

Little Nicky war in Fort Lauderdale auf dem Commercial Boulevard zu irgendeinem Abendessen unterwegs, als er im Rückspiegel seines weißen Rolls-Royce das Blaulicht sah. Er fuhr an den Straßenrand.

Nicky erkannte den Polizisten sofort, der an sein Seitenfenster kam. Es war einer der Detectives von hier, der ihn von Zeit zu Zeit anhielt, um ihm zu sagen, er solle hier unten auf der Hut sein.

»Wie gehts, Mr. Drago?«, fragte Nicky, nachdem er das Fenster heruntergelassen hatte.

»Bestens, Nicky«, sagte der Detective. »Haben Sie Ihren Führerschein dabei?«

»Sollte ich wohl besser, stimmt's, Mr. Drago?«

»Allerdings, Nicky, sollten Sie besser.«

Nicodemo Scarfo, mutmaßlicher Oberboss über die Mafia-Aktivitäten in Philadelphia und Atlantic City und häufiger Besucher von Fort Lauderdale, reichte Detective Chuck Drago seinen Führerschein. Alles war in Ordnung – nicht wie bei einem früheren Zwischenfall, als Little Nickys hundertvierzig Kilo schwerer Chauffeur und Bodyguard Drago einen gefälschten Führerschein vorgezeigt hatte und verhaftet worden war.

Dieses Mal unterhielten sich Drago und Scarfo fast wie alte Bekannte. Scarfo sagte, er werde noch an diesem Abend aus Florida abreisen und zum Pomono Airport bei Atlantic City fliegen. Erst mal habe er genug von der Sonne Floridas.

»Ich mag Ihre Art«, sagte Scarfo. »Sie schnüffeln mir nicht hinterher, belauern mich nicht, versuchen nicht in Restaurants in meiner Nähe zu sitzen, mir überallhin zu folgen. Sie kommen ganz direkt auf mich zu, von Mann zu Mann. Das gefällt mir.«

Drago lächelte. Nicky Scarfo hatte ihm gerade, ohne es zu wissen, das denkbar größte Kompliment gemacht.

Tatsächlich hatten Drago und die Mitglieder seiner verdeckten Ermittlertruppe nämlich sehr wohl hinter Scarfo hergeschnüffelt, waren ihm gefolgt, waren mit ihm auf die Rennbahn gegangen und hatten in denselben Restaurants wie er gegessen – manchmal an einem Tisch direkt neben ihm. Sie waren seiner Jacht den Intracoastal hinunter gefolgt, sind waren sogar mit ihm zum Friseur gegangen. Sie waren ihm näher, als Scarfo ahnen konnte, wie sein Kompliment Drago gerade bestätigt hatte.

Das ist eine Geschichte aus Broward County, aus dem Open Territory: einer Gegend, die von keiner speziellen kriminellen Organisation für sich in Anspruch genommen wird, aber in der Angehörige vieler krimineller Organisationen aktiv sind.

Früher war man im Süden Floridas sehr nachsichtig mit den Mafiosi. Aber mittlerweile wurden hier unten im Open Territory andere Saiten aufgezogen – und Nicky Scarfo war ein Zeichen der Zeit. Nachdem Scarfo sein Fenster wieder geschlossen hatte und losgefahren war, suchte Detective

Drago ein Telefon und führte ein Ferngespräch. Und als Scarfo an diesem Abend in New Jersey aus dem Flugzeug stieg, wurde er von FBI-Agenten und Polizisten in Empfang genommen. Er verließ den Flughafen in Handschellen und sah sich seiner zweiten Anklage im Rahmen organisierter Kriminalität in ebenso vielen Monaten gegenüber.

Drago hatte seinen Kollegen im Norden nicht nur den Tipp gegeben, dass Little Nicky unterwegs war. Er und seine Partner hatten mit ihrer Arbeit hier unten dazu beigetragen, Scarfo dort oben hinter Gitter bringen zu können. Auch sie sind ein Zeichen der Zeit, ein Grund, weshalb sich das Open Territory verändert. Sie sind verdeckte Ermittler, Teil eines neuen Kults geheimer Polizeiarbeit.

Das Schild am Büroeingang wechselt mit den Firmennamen. Aber an sich spielt es keine Rolle, was draufsteht, weil der Name immer falsch sein und die Firma nie echte Kunden haben wird.

Der richtige Name ist Metropolitan Organized Crime Intelligence Unit (MIU), die Städtische Nachrichtendienstliche Einheit für Organisierte Kriminalität. Aber das schlichte MIU passt besser zu einer unscheinbaren Organisation in unscheinbaren Räumlichkeiten.

MIU-Detectives arbeiten verdeckt. Sie sind Beobachter und Sammler. Sie sind in Autos mit dunkel getönten Fenstern unterwegs, durchkämmen die Aktenstapel im Bezirksgericht und durchforsten die polizeilichen Computerdatenbanken.

Sie spähen durch Teleobjektive und lauschen mit elektronischen Abhörgeräten. Sie schärfen ihren Freunden und Bekannten ein, nie zu zeigen, dass sie sich kennen, wenn sie ihnen im Supermarkt oder im Einkaufszentrum begegnen oder in einer Strandbar am Pool. Sie könnten gerade im Dienst sein.

Die etwa fünfundzwanzig Detectives der MIU kommen aus allen größeren Ermittlungsbehörden von Broward County. Ihre Aufgabe ist, simpel ausgedrückt, Informationen zu beschaffen. Sie sind wahre Meister in der Kunst der Beschattung.

Seit drei Jahren führen sie in Broward jetzt schon einen stillen Kampf gegen das organisierte Verbrechen. Ihre wichtigste Waffe ist Kooperation, und sie laden alle anderen Ermittlungsbehörden – nah und fern – dazu ein.

MIU-Detective Steve Raabe erzählt gerne die Geschichte, wie er vor zwei Jahren nach Miami kam, um an einem Hearing der Presidential Commission on Organized Crime teilzunehmen. Der an diesem Tag geladene Zeuge hatte New York City früher im großen Stil mit Drogen beliefert. Er saß da unter seiner schwarzen Kapuze und sprach über die inneren Abläufe des organisierten Verbrechens.

Am Ende beugte sich eins der Ausschussmitglieder zu seinem Mikrophon vor und fragte den Mann, was die Polizeibehörden seiner Meinung nach falsch machten. Wie kam es, dass das organisierte Verbrechen nach wie vor florierte, und das trotz aller Spezialeinheiten, Untersuchungsausschüsse und Ermittlungsbehörden und trotz der enormen Gelder, die zu seiner Bekämpfung ausgegeben wurden?

Der Zeuge überlegte nicht lange. Ihre Leute müssen anfangen, miteinander zu reden, sagte er dem Ausschuss. Die einzelnen Ermittlungsbehörden müssen zusammenarbeiten. Eine andere Möglichkeit gibt es nicht.

»Das mag jetzt vielleicht aus dem Mund eines Kriminellen komisch klingen«, sagt Raabe, »aber es trifft den Nagel auf den Kopf. Das Verbrechen macht an den County- oder Stadtgrenzen nicht halt. Es gibt keine Grenzen. Die einzige realistische Hoffnung, auf irgendeiner Ebene etwas zu erreichen, ist Kooperation. Networking – genau das ist es, worum es bei der MIU geht.«

Indem die MIU in aller Heimlichkeit die Aktivitäten von Mafiosi in Broward County dokumentiert, ist sie für Bundes-, Landes- und Kommunalbehörden zu einer Sammelstelle für Informationen über Aktivitäten des organisierten Verbrechens geworden. Nicky Scarfo war nur eins der Ziele der MIU. Andere Geschichten aus dem Open Territory lesen sich wie Filmdrehbücher.

Trotzdem bleibt die MIU eins der bestgehüteten Geheimnisse von Broward County. Sie will keine Schlagzeilen machen. »Das ist keine Glamour-Truppe, die mit spektakulären Festnahmen glänzt«, sagt Ron Cochran, der Polizeichef von Fort Lauderdale und MIU-Vorstandsmitglied. »Diese Art von Polizeiarbeit hat sich schon immer hinter den Kulissen abgespielt. Die Lorbeeren ernten andere Behörden.«

»Wir sind die Bauarbeiter«, erklärt Detective Raabe. Die MIU-Mitarbeiter legen das Fundament für erfolgreiche Verfahren und ziehen die Mauern hoch. Aber bei der Eröffnung der Gebäude sind sie normalerweise nicht dabei.

Diese Verhältnisse reichen bis in die Zeiten Capones und Lanskys zurück. Ein halbes Jahrhundert lang kommen die Gangsterbosse jetzt schon nach Florida, um hier Urlaub zu machen, sich zur Ruhe zu setzen oder sich dem Zugriff der Polizeibehörden im Norden, die jeden ihrer Schritte überwachen, zu entziehen.

»Der Süden von Florida«, sagt Raabe, »wird von diesen Leuten seit jeher als ein Ort angesehen, an dem sie sich entspannen können und keine Sorgen machen müssen, von dem Detective aus Philadelphia oder New York beobachtet zu werden, der ihnen schon seit zwanzig Jahren auf den Fersen ist.«

Und Broward County war immer schon einer der bevorzugten Rückzugsorte der Mafia. Ende 1985 hatten Ermittlungsbehörden über sechshundert Mitglieder und Partner traditioneller Mafia-Organisationen identifiziert, die Broward als Erst- oder Zweitwohnsitz angaben. Unter ihnen waren sowohl einfache Soldaten als auch Dons. Paul Castellano, der bis zu seiner Ermordung vor einem Steakhouse im Jahr 1985 Chef des New Yorker Gambino-Syndikats war, besaß in Pompano Beach ein Haus. Gus Alex, der ehemalige mutmaßliche Chef der unter dem Namen The Outfit bekannten Chicagoer Organisation, ist in Fort Lauderdale ansässig. Das Gleiche gilt für den Chicagoer Mafiaboss Jackie Cerrone, der vor Kurzem ins Gefängnis kam. Diese Liste ließe sich beliebig fortsetzen.

»Das organisierte Verbrechen ist eine Wachstumsbranche, und in Broward County gibt es viel Geld zu verdienen«, erklärt MIU-Detective Curt Stuart. »Man kann ohne Übertreibung sagen, dass hier alle achtundzwanzig Mafiafamilien des Landes vertreten sind.«

Das heißt, das Open Territory lässt sich nicht mit den anderen Orten vergleichen, an denen organisierte Kriminalität im alten Stil in Erscheinung tritt.

»In einer Stadt im Norden muss die Polizei die Mitglieder von vielleicht ein bis zwei Mafiafamilien kennen«, sagt Sergeant Ken Staab von der MIU. »Hier unten müssen wir alle Familien kennen, weil hier alle vertreten sind.«

Und aus diesem Grund gibt es eine MIU.

Als Anfang der 1980er-Jahre Grand Jurys die Bemühungen bewerten sollten, gegen organisierte Kriminalität in Broward vorzugehen, gelangten sie zweimal zu dem Schluss, dass die Struktur der Ermittlungsbehörden geradezu ideal für die Ausbreitung der organisierten Kriminalität sei.

Für Ermittlungsverfahren stand zu wenig Personal zur Verfügung, und die meisten Bemühungen verliefen entlang der Grenzen behördlicher Zuständigkeiten und Rivalitäten im Sande. Daraufhin war 1983 die MIU ins Leben gerufen worden, nachdem zuvor zwei andere Spezialeinheiten gegründet und wegen der gleichen Probleme wieder aufgelöst worden waren.

Die MIU verfügt über ein Budget von zwei Millionen Dollar, wobei jede beteiligte Behörde für die Gehälter der von ihr abgestellten Ermittler aufkommt und sich die gemeinsamen Kosten mit den anderen teilt. Momentan kommen die Ermittler aus den Police Departments von Fort Lauderdale, Pompano Beach, Hollywood und Plantation sowie aus dem Sheriff's Office, dem State Attorney's Office und der State Division of Alcoholic Beverages and Tobacco. Die Leiter all dieser Behörden sitzen im Vorstand der MIU.

»Eine häufig an den Polizeibehörden geäußerte Kritik lautet, dass sie sich viel zu sehr voneinander abschotten und zu wenig zusammenarbeiten«, sagt Cochran. »Eine solche Abschottung mag in manchen Bereichen durchaus sinnvoll sein, aber um gegen das organisierte Verbrechen vorzugehen, ist ein Zusammenschluss von Sachverstand unserer Auffassung nach der beste Weg. Wir haben mit dem ehrgeizigen Ziel begonnen, eine erstklassige nachrichtendienstliche Einheit ins Leben zu rufen. Und zu meiner Zufriedenheit kann ich sagen, es ist eine der besten im ganzen Land.«

MIU-Direktoren und Detectives führen oft den Fall Scarfo an, wenn sie zeigen wollen, wozu die MIU in der Lage ist.

Laut Aussagen von Ermittlern fing Nicodemo Scarfo 1984 an, sich für Broward County zu interessieren, gleichzeitig mit seiner Haftentlassung und seinem Aufstieg an die Spitze des Philadelphia-/Atlantic-City-Syndikats. Das Vorstrafenregister des auffallend kleinen 57-jährigen Scarfo umfasst Totschlag und illegalen Besitz einer Schusswaffe.

Chef der Philly-South-Jersey-Organisation war ursprünglich »Docile Don« Angelo Bruno, der 1980 vor seinem Haus erschossen wurde. Nicky kam ans Ruder, nachdem Brunos Nachfolger Phil Testa bei einem Nagelbombenanschlag ums

Leben gekommen war. Laut Aussagen von Ermittlern kam es in der »Stadt der brüderlichen Liebe« während Scarfos Aufstieg zu mindestens 17 Mafiamorden.

Diese steile Karriere brachte Scarfo, dessen Vermögen angeblich von Gewerkschaften, illegalen Lotterie-Einnahmen, Wucherkrediten, Erpressung und Glücksspiel kam, auf die *Fortune Magazine*-Liste der mächtigsten und reichsten Gangsterbosse des Landes.

Und Scarfo schien auf der *Fortune*-Liste noch weiter nach oben rücken zu wollen. Er legte nun längere Aufenthalte in Fort Lauderdale ein. 1985 richtete er seine südliche »Firmenzentrale« nicht weit vom Intracoastal Waterway in der Northeast 47th Street ein, in einem doppelstöckigen Haus im spanischen Kolonialstil mit einem schmiedeeisernen Tor an der Einfahrt. An der Mauer ließ er ein Schild anbringen, demzufolge das Anwesen *Casablanca South* hieß. Auch die Jacht, die dahinter vor Anker lag, hieß Casablanca, allerdings mit einem kleinen Zusatz unter dem Namen. *Usual Suspects* stand dort in Anlehnung an ein Zitat aus dem bekannten Bogart-Film: »*Round up all the usual suspects* – verhaften Sie die üblichen Verdächtigen.«

Mit dem Haus und dem Boot ist das schon eine komische Sache, meint Detective Drago: »Sie gehörten nicht Scarfo. Die Ermittler versuchen immer noch herauszufinden, wie er es schaffte, über sie zu verfügen.«

»Das Haus und das Boot gefielen Nicky«, sagt Drago. »Deshalb riss er sie sich unter den Nagel. Wenn Little Nicky etwas will, nimmt er es sich einfach. Man widerspricht ihm nicht.«

Nach Einschätzung der Polizeibehörden wollte sich Scarfo auch Broward County unter den Nagel reißen, oder zumindest einen Teil davon. In Florida stand eine Volksabstimmung über Spielcasinos an, und die Ermittler glauben, dass Scarfo das organisierte Verbrechen bereits in Stellung bringen wollte, falls die Casinos genehmigt würden.

Zehn Jahre zuvor hatte es Scarfo in Atlantic City genauso gemacht. Die President's Commission on Organized Crime bezeichnete ihn als den Hauptdrahtzieher, was den Mafia-Einfluss auf die Bauindustrie anging, die die neuen Casinos hochzog. Wie es der Zufall will, wurden laut Aussagen von MIU-Ermittlern mehrere Bauunternehmer, die mit Mafia-Unternehmen konkurrierten, umgebracht.

Kurz nachdem Scarfo in Fort Lauderdale aufgetaucht war, berief das FBI den sogenannten Southern Summit ein, eine Polizeikonferenz, die sich mit dem Einfluss des organisierten Verbrechens im Süden des Landes befasste. Sie legten Nicodemo Scarfo als ihr Hauptziel fest und beauftragten die MIU, die damals noch keine zwei Jahre alt und relativ unbekannt war, mit den Ermittlern zu kooperieren, die in New Jersey und Philadelphia darauf hinarbeiteten, den mutmaßlichen Mafiaboss vor Gericht zu bringen.

Die MIU wurde bald zu einer wichtigen Leitstelle für Informationen über Scarfo, da dieser glaubte, im Open Territory freie Hand zu haben.

»Hier oben stand er im Mittelpunkt der polizeilichen Ermittlungen«, sagt Sergeant Bill Coblantz von der nachrichtendienstlichen Mafia-Einheit der New Jersey State Police. »Aber höchstwahrscheinlich dachte er, dort unten würde sich niemand groß für ihn interessieren, weil sie dort so viele andere Organisierte zu beobachten haben. Deshalb ging er nach South Florida, und zwar ohne das Maß an Polizeiparanoia, das er hier oben hatte. Er entspannte sich. Dafür ist Fort Lauderdale ja auch da, oder nicht?«

Aber da lag Nicky falsch.

Seine Villa, die Casablanca South, lag in einer abgelegenen Sackgasse gegenüber einem unbebauten Grundstück, das an einen Kanal grenzte. Und auf der anderen Seite dieses Kanals stand ein fünfstöckiges Haus mit Eigentumswohnungen.

Wenn Nicky und seine Leute sich in seinem Casablanca

South trafen und die Straße mit ihren Autos vollgeparkt war, wurden sie von Chuck Drago und anderen Ermittlern von MIU, FBI und sogar aus Philadelphia und New Jersey durch die getönten Fenster einer der Wohnungen auf der anderen Kanalseite beobachtet. Der Blick von der Wohnung in einem der oberen Stockwerke war gut, und das FBI mietete sie ein ganzes Jahr lang. Die Kameras liefen die ganze Zeit über.

Vor den Detectives tat sich hier eine Welt auf, die bis dahin im Open Territory nicht dokumentiert worden war. Während in den Städten des Nordens große Zusammenkünfte von Mafiafamilien aufgrund des polizeilichen Drucks längst der Vergangenheit angehörten, veranstaltete Scarfo in Fort Lauderdale so große Treffen, dass er eine Cateringfirma engagieren musste. Manchmal nahm er zwischen fünfzehn und zwanzig Personen, die von der Polizei als Mafia-Angehörige identifiziert wurden, auf seiner Jacht mit.

»Wirklich unglaublich, was wir da zu sehen bekamen«, erinnert sich Staab von der MIU. »Die anderen Agents, die aus dem Norden zu uns runterkamen, konnten gar nicht glauben, wie dreist der Kerl war.«

»Manchmal sieht man sie in ein Restaurant gehen, und die Köche und Kellnerinnen gehen alle raus und stehen dort rum, während die Türen für das Treffen von innen abgeschlossen werden. Da bekommt man eine Vorstellung davon, was hier unten abgeht«, sagt Raabe.

Little Nickys Kontakte beschränkten sich keineswegs auf Mitglieder seiner eigenen Organisation. Die verdeckten Ermittler beobachteten, wie er sich in Fort Lauderdale mit hochrangigen Vertretern anderer krimineller Vereinigungen des Landes traf – Colombo, Lucchese, Buffalino und so weiter.

»Unsere Arbeit besteht darin, konkrete Informationen zu sammeln, Vermutungen anzustellen und Theorien zu entwickeln, was hier vor sich geht«, sagt Raabe. »Wir sehen also, wie sich Nicky mit all diesen Leuten trifft. Offensichtlich wird übers Geschäft geredet. Was genau da passiert ist, können wir natürlich nicht sagen, aber wir können es uns gut vorstellen.«

Und diese Treffen bestätigten sämtliche Klischees, die man aus Filmen wie *Der Pate* kennt, einschließlich der respektvollen Behandlung der Mafiaführer und der feierlichen Küsse auf Wangen und Hände.

»Manchmal ergaben sich richtig lustige Szenen«, erzählt Drago. »Wir sehen die ganzen Limousinen vorfahren, und zehn oder fünfzehn Typen steigen aus und gehen vor dem Treffen erst mal kreuz und quer durch den Vorgarten, um zu kontrollieren, ob sie jeden umarmt und geküsst haben.«

Genau wie Gangster sind auch Polizisten sehr vorsichtig im Umgang mit ihresgleichen. Die verschiedenen Ermittlungsbehörden sind revierbewusst und versuchen, sich möglichst nicht ungebeten in Angelegenheiten der anderen einzumischen. Daraus entsteht das kleinliche Territorialdenken, das Chief Cochran aus Fort Lauderdale bemängelt.

Und mit dieser Engstirnigkeit hat sich die MIU auch weiterhin herumzuschlagen, wenn sie nach ihrer Devise »Einer für alle, alle für einen« einen Austausch von Informationen unter den einzelnen Ermittlungsbehörden fordert. Obwohl sie nun schon jahrelang im Geschäft ist, hat die MIU weder von allen Polizeidienststellen in Broward County Schützenhilfe bekommen noch die Abteilungen für organisiertes Verbrechen der einzelnen Behörden ablösen können, die an ihr beteiligt sind. Stattdessen arbeitet sie weiter mit ihnen zusammen und hält sich, wie immer, still im Hintergrund.

»Meine große Hoffnung ist«, sagt Cochran, »dass die MIU in diesem County eines Tages *das* Instrument zur Bekämpfung organisierter Kriminalität wird. Aber vorerst wissen wahrscheinlich Ermittler in Pennsylvania und New Jersey, und vielleicht sogar Leute wie Nicky Scarfo, besser, was es mit der MIU auf sich hat als die Bürger von Broward, die sie mit ihren Steuergeldern finanzieren.«

»Die MIU wird zu einer hoch angesehenen Datenbank für alles, was diese Mafiatypen dort unten machen«, sagt Coblantz von der Polizei von New Jersey. »Sagen wir es mal so: Zum Fall Scarfo hat uns die MIU Anhaltspunkte gegeben, denen wir immer noch nachgehen.«

Während sich Nicky Scarfo unter Beobachtung der MIU in Fort Lauderdale aufhielt, sprachen zwei hochrangige Mitglieder seiner Organisation in Philadelphia mit dem FBI und dann mit einer Grand Jury. Es gab auch achthundert Bänder von Telefonüberwachungen. Und aus Fort Lauderdale kamen die MIU-Dossiers sowie Hinweise, dass Scarfo die Organisation von Casablanca South aus leitete. Daraufhin wurde er am 3. November 1986 auf einer Reise nach New Jersey verhaftet. Eine Grand Jury hatte ihn und siebzehn Partner der Konspiration und der organisierten Kriminalität für schuldig befunden.

Einen Tag später wurde bei der Volksabstimmung in Florida die Casinofrage abgeschmettert.

Scarfo wurde gegen Kaution aus der Haft entlassen und kehrte nach Fort Lauderdale zurück, aber die Grand Jury war noch nicht fertig mit ihm. Während er sich am Pool von Casablanca South sonnte, wurde sein Imperium in aller Stille zerschlagen. Ihm drohte eine weitere Anklage.

Am 7. Januar dieses Jahres fuhr Little Nickys weißer Rolls am Fort Lauderdale Hollywood International Airport vor und setzte den grauhaarigen, gebräunten Scarfo am Schalter einer Charterfluggesellschaft ab. Der Mafiaboss reiste mit leichtem Gepäck – ohne Bodyguard.

Bevor er an Bord seiner Maschine ging, genehmigte er sich in der Flughafenbar einen Drink. Was er zu diesem Zeitpunkt noch nicht wissen konnte: Ein paar Stunden später würde er bei der Landung in New Jersey von FBI und Polizei in Empfang genommen. Detective Drago hatte ihnen einen Tipp gegeben, nachdem er Scarfo auf dem Weg zum Abendessen angehalten hatte. An diesem Abend würde Scarfo für seine zweite Verurteilung ins Gefängnis wandern, und diesmal nicht gegen Kaution freikommen.

In der Bar saßen zwei Männer und beobachteten Scarfo, bis sein Flug aufgerufen wurde. Sie folgten ihm zum Gate und sahen zu, wie er die Maschine bestieg.

Vielleicht hatte Nicky eine Vorahnung. Vielleicht ein leichtes Brennen im Nacken. Jedenfalls schaute er sich an der Flugzeugtür noch einmal um. Am anderen Ende des Rollfelds stand ein Mann und beobachtete ihn. Ein Mann, den Nicky noch nie zuvor gesehen hatte. Steve Raabe, Detective der MIU, fiel ausnahmsweise einmal aus der Rolle und lächelte. Dann winkte er Nicky Scarfo zu. Ein letzter Gruß aus dem Open Territory.

Grenzüberschreitungen

DIE FOREIGN PROSECUTION UNIT, EINE NEUE EINHEIT DES LAPD ZUR STRAFVERFOLGUNG IM AUSLAND

Straftäter können sich südlich der Grenze nicht mehr dem Zugriff der Polizei entziehen.

Los Angeles

13. Dezember 1987

Vor sieben Jahren wurde die Leiche der Erstklässlerin Lisa Ann Rosales nicht weit von ihrem Zuhause in Pacoima in einem Straßengraben gefunden. Sie war sexuell missbraucht und erwürgt worden.

Kein leichter Fall für das Los Angeles Police Department – erst als die Ermittler fünf Jahre später einen Hinweis erhielten, gelang es ihnen, den mutmaßlichen Täter zu identifizieren, mussten dann jedoch feststellen, dass sich der Mann inzwischen in seine Heimat Mexiko abgesetzt hatte.

Noch wenige Jahre zuvor wäre der Fall damit erledigt gewesen, weil sich der Verdächtige außerhalb des Zuständigkeitsbereichs amerikanischer Behörden aufhielt. Den Ermittlungsbehörden ist es schon lange ein großer Dorn im Auge, dass sich Mexiko weigert, mexikanische Staatsbürger an die USA auszuliefern, obwohl zwischen den beiden Ländern ein Auslieferungsabkommen besteht.

Doch dieses Mal war der Fall noch nicht erledigt. Die Ermittler wandten sich an eine neue Einheit des LAPD: die Foreign Prosecution Unit.

Sechs Monate nachdem Detectives in Los Angeles geklärt zu haben glaubten, wer Lisa Ann Rosales ermordet hatte, erhielten die mexikanischen Behörden eine vollständige, ins Spanische übersetzte Akte über Luis Raul Castro sowie einen Hinweis, wo er sich aufhalten könnte. Von da an übernahmen sie den Fall.

Mittlerweile ist Castro von einem mexikanischen Bundesgericht des Mordes schuldig gesprochen worden. Das Strafmaß wird voraussichtlich bis zum Jahresende festgesetzt, und er könnte zu einer Haftstrafe von bis zu vierzig Jahren verurteilt werden.

»Bevor wir die Auslandseinheit hatten, kamen Mörder buchstäblich ungestraft davon«, sagte der Leiter der Einheit, Lt. Keith Ross. »Klar ausgedrückt: Wir haben nach mexikanischen Verdächtigen, die sich nach Mexiko abgesetzt hatten, zuvor nicht aktiv gefahndet. Das ist inzwischen anders.«

Der Fall Rosales ist eins von vielen Beispielen dafür, dass Verbrechen in Los Angeles sehr wohl auch Haftstrafen in Mexiko nach sich ziehen können, seit die vier Mann starke Einheit 1985 anfing, mit den mexikanischen Behörden zusammenzuarbeiten. Seitdem sind achtundvierzig Fälle aus Los Angeles – alles Morde, mit Ausnahme von drei Fällen – in Mexiko strafrechtlich verfolgt worden. Über die Hälfte der Verdächtigen wurde festgenommen, vor Gericht gestellt und zu einer Haftstrafe verurteilt.

»Ist es legal?«

Vereinzelte Fälle wurden auch in anderen Ländern strafrechtlich verfolgt, einer davon in Frankreich.

»Als Erstes fragen die Leute: ›Dürft ihr das überhaupt? Ist das legal?‹«, erzählt Ross. »Die Antwort darauf lautet Ja. Es ist eine gesetzlich zulässige Strafverfolgungsmaßnahme, die uns zur Verfügung steht.«

Allerdings stellen einige Rechtsexperten infrage, ob Kriminelle für Straftaten, die sie in Amerika begangen haben, von mexikanischen Gerichten abgeurteilt werden sollten. Sie bemängeln, dass das mexikanische Rechtssystem den Angeklagten wenig von dem Schutz gewährt, den das amerikanische System bietet – so erhalten die Angeklagten zum Beispiel nicht die Gelegenheit, den Personen, die sie belasten, direkt gegenüberzutreten; die Aussagen der amerikanischen Zeugen werden dem Gericht nur in schriftlicher Form vorgelegt.

»Spontan würde ich sagen, dass das ein gewaltiges Problem darstellt«, sagt Leon Goldin, leitender Direktor des Ortsverbands der National Lawyers Guild. »Das LAPD wird hier als Vollzugsorgan unseres Staates tätig und bedient sich dazu gerichtlicher Verfahren in Mexiko, die einer Prüfung nach amerikanischem Recht nicht annähernd standhielten.«

Keine Freisprüche

Wie sich gezeigt hat, können sich die amerikanischen Ermittlungsbehörden mit fast hundertprozentiger Gewissheit zufrieden die Hände reiben, wenn sie einen Fall in Mexiko zur Verhandlung gebracht haben. In keinem dieser Fälle vom LAPD ist es bisher zu einem Freispruch gekommen.

Das steht im auffälligen Gegensatz zu der Situation, mit der sich die Polizei von Los Angeles noch 1984 konfrontiert sah, als eine Studie durchgeführt wurde, die den Ausschlag für die Gründung der Auslandseinheit gab.

In dieser Studie wertete die Polizei alle ausstehenden Haftbefehle wegen Mordes aus – also Fälle, in denen zwar ein Tatverdächtiger identifiziert, aber niemand verhaftet worden war. Von 267 gesuchten Personen hatten, laut Ross, etwa 200 lateinamerikanische Nachnamen.

»Das legte den Schluss nahe, dass viele Verdächtige nach Mexiko geflohen waren und dort Unterschlupf gefunden hatten«, erklärt er. »Wir hatten keinerlei Handhabe, nach ihnen zu fahnden, sie festzunehmen und vor Gericht zu bringen.«

»Das war sehr frustrierend«, ergänzt Detective Arturo Zorrilla und beschreibt die Einstellung der meisten Kollegen: »Legen wir den Fall zu den Akten und hoffen, dass der Verdächtige zurück über die Grenze kommt.«

Auslieferungsabkommen

Theoretisch hätte die Staatsanwaltschaft die Auslieferung jedes Verdächtigen verlangen können, der sich erwiesenermaßen in Mexiko aufhielt. Zwischen den beiden Ländern gibt es ein Auslieferungsabkommen, das vorsieht, dass mexikanische Staatsbürger bei schwerwiegenden Straftaten an die Vereinigten Staaten überstellt werden, damit dort Anklage gegen sie erhoben werden kann. Aber ein Sprecher des amerikanischen Justizministeriums erklärt: »Dazu ist es noch kein einziges Mal gekommen.«

Die Ursache dafür liegt laut Aussagen offizieller Stellen an der in der mexikanischen Rechtsprechung tief verwurzelten Auffassung, dass mexikanische Staatsbürger, die im Ausland Straftaten begehen, von mexikanischen Behörden abgeurteilt werden sollten.

Dagegen sieht das amerikanische Recht vor, dass amerikanische Staatsbürger, die im Ausland Straftaten begehen, den Behörden des jeweiligen Landes überstellt werden. So wurden laut Aussage des Justizministeriums im letzten Jahrzehnt etwa ein halbes Dutzend amerikanischer Staatsbürger an Mexiko ausgeliefert, damit sie dort vor Gericht gestellt werden konnten.

Seit 1928 in Kraft

Diese unterschiedliche Haltung zeigt sich in einer Klausel des mexikanischen Strafgesetzbuchs, die die strafrechtliche Verfolgung im Ausland begangener Straftaten ermöglicht. Obwohl die Klausel bereits 1928 in Kraft trat, wurde sie bis vor Kurzem selten angewendet, weil die mexikanischen Behörden nur selten über solche Fälle informiert wurden.

Bevor im April 1985 die LAPD Foreign Prosecution Unit ins Leben gerufen wurde, hatte das LAPD wie die meisten amerikanischen Ermittlungsbehörden keine formellen Verfahren, um diplomatische Hürden zu umgehen, wenn Fälle in Mexiko verfolgt werden sollten. Wenige Ermittler wussten überhaupt, dass das möglich war.

Heute hat ein Experte für internationales Recht aus dem Justizministerium geäußert, die Einheit aus Los Angeles stehe »beim Einsatz dieser Taktik in erster Reihe«.

Die Auslandseinheit, die zu der von Ross geleiteten Abteilung für Flüchtige gehört, wird von zwei erfahrenen Ermittlern aus dem Morddezernat geleitet, Detectives Zorrilla und Gilberto Moya.

Die beiden betrachten ihre Aufgabe als eine Mischung aus Ermittlungsarbeit und Diplomatie.

Das Mordbuch

Um einen Fall in Mexiko zur strafrechtlichen Verfolgung zu bringen, stellt die Einheit, die sich aus zweisprachigen Ermittlern zusammensetzt, eine schriftliche Dokumentation des Falls auf Spanisch zusammen. Eidesstattliche Erklärungen, Zeugenaussagen, Fotografien und Beschreibungen von Beweisstücken gehen in eine Akte ein, die sie das »Mordbuch« nennen.

Dieses Sammeln und Übersetzen ist häufig der langwierigste Teil eines solchen Verfahrens und dauert normalerweise mehrere Wochen. Der Fall Lisa Ann Rosales füllte vier dicke Ordner.

Die Bezirksstaatsanwaltschaft muss daraufhin die Zuständigkeit für den betreffenden Fall offiziell abtreten, eine Entscheidung, die nicht leichthin getroffen wird. Da man in den Vereinigten Staaten wegen derselben Tat nicht zweimal gerichtlich belangt werden kann, wäre jeder Versuch, in den Vereinigten Staaten noch einmal Anklage zu erheben, zum Scheitern verurteilt, wenn die Anklage die strafrechtliche Verfolgung eines Falles in Mexiko zulässt und dort keinen Schuldspruch erhält.

Laut Norman Shapiro, einem Deputy District Attorney, der für die Auslandsfälle zuständig ist, hängt diese Entscheidung vor allem davon ab, wie wahrscheinlich es ist, dass der Verdächtige aus Mexiko zurückkehrt und eine strafrechtliche Verfolgung in den Vereinigten Staaten zum Erfolg führt.

»Wir sind zufrieden«

»Wir brauchen stichhaltige Angaben, dass sich der Verdächtige dort unten aufhält«, sagte Shapiro. »Dann sind wir durchaus bereit, die strafrechtliche Verfolgung den Mexikanern zu überlassen. Wir sind mit den Ergebnissen zufrieden.«

Von den 26 Fällen aus Los Angeles, die das mexikanische Strafrechtssystem durchlaufen haben, endeten laut Aussagen der Auslandseinheit alle mit einer Verurteilung. In Mexiko gibt es zwar keine Todesstrafe, die Haftstrafen fallen aber etwas länger aus als in den Vereinigten Staaten, sagen Ermittler, die mit den dort verhandelten amerikanischen Fällen vertraut sind. Die Unterschiede der beiden Rechtssysteme machen einen exakten Vergleich allerdings unmöglich.

Bevor die Akten nach Mexiko geschickt werden, muss das mexikanische Konsulat in Los Angeles die Echtheit der Dokumente bestätigen. In der Praxis wird normalerweise bestätigt, dass eine Straftat begangen wurde und die Verfasser rechtmäßige Ermittler sind.

Sobald daraufhin die Polizei mittels Informanten und sonstiger Maßnahmen festgestellt hat, wo in Mexiko sich ein Verdächtiger aufhält, kommt die Auslandseinheit zum Einsatz.

Die Waffen werden an der Grenze abgegeben

Dieses Jahr haben die Detectives durchschnittlich zweimal pro Monat ihre Waffen an der Grenze abgegeben, um nach Mexiko einzureisen.

Gelegentlich können sie mexikanische Polizisten begleiten, um die Festnahmen zu beobachten, aber meistens warten sie in Polizeistationen oder Hotels, bis ein Verdächtiger festgenommen wurde oder die lokale Polizei festgestellt hat, dass der oder die Betreffende nicht auffindbar ist. Laut Moya fahren die amerikanischen Polizisten nach Mexiko, um den dortigen Behörden bei der Anklageerhebung zur Seite zu stehen, die Beziehungen zu den einheimischen Behörden zu intensivieren und, falls nötig, zusätzliche Details zum Fall beizusteuern oder die Verdächtigen sogar selbst zu verhören.

Die Detectives betonen, wie wichtig diese Besuche für das persönliche Verhältnis beider Seiten sind.

»Diplomatie und Image sind sehr wichtig«, sagt Moya. »Man macht Zugeständnisse, ordnet sich ihrem Vorgehen unter. Man zeigt sich respektvoll. Wir mischen uns nicht in die Angelegenheiten des Rechtssystems eines anderen Landes ein. Wir folgen ihren Gepflogenheiten.«

Protokoll beachtet

Bei einer Reise nach Mexicali, wo sie Beweismaterial für einen Mord in East Los Angeles vorlegen wollten, wandten sich Moya und der für den Fall zuständige Detective José Herrera nicht direkt an den Staatsanwalt, der den Fall übernommen hatte.

Sie suchten zuerst den Chef der Staatspolizei auf, dessen Männer den mutmaßlichen Täter eine Woche zuvor mithilfe der Hinweise von Moya und Herrera festgenommen hatten. Danach trafen sie mehrere mexikanische Kriminalbeamte und Mitglieder der Polizeiverwaltung, um sich auch persönlich kennenzulernen und den Kontakt zu pflegen.

Die Officers aus Los Angeles überreichten den Mexikanern kleine Geschenke: Taschenlampen, Handschellen, Notizblöcke und sogar Munition. Diese Ausrüstungsgegenstände waren ihnen nicht von ihrer Dienststelle zur Verfügung gestellt worden; sie hatten sie in den Vereinigten Staaten mit ihrem eigenen Geld gekauft.

Als die Detectives schließlich bis ins Büro von Angel Saad, dem Generalstaatsanwalt des Bundesstaates Baja, vorgedrungen waren, neigte sich ihr Aufenthalt in Mexiko schon dem Ende. Saad sah die Akte durch, verzog bei den Fotos er Leiche das Gesicht und stellte ausführliche Fragen über die juristischen und diplomatischen Schritte, die unternommen worden waren.

Nach einer 45-minütigen Besprechung legte Saad das »Mordbuch« schließlich in die Hände einer seiner Ankläger.

Über den Ausgang in Kenntnis gesetzt

Etwa ein Jahr später, nachdem Prozess und Berufungsverfahren abgeschlossen sind, setzen die mexikanischen Behörden die Polizei von Los Angeles offiziell über den Ausgang des Verfahrens in Kenntnis.

Amerikanische Juristen weisen darauf hin, dass eine Verurteilung in Mexiko aufgrund verfahrenstechnischer Unterschiede leichter zu erreichen ist als in den Vereinigten Staaten.

In Mexiko gilt ein Angeklagter als schuldig und muss seine Unschuld beweisen, sobald ein Fall zur strafrechtlichen Verfolgung zugelassen ist. In Mordfällen kann der Angeklagte nicht gegen Kaution freigelassen werden, es gibt keine Schwurgerichtsprozesse, und die Richtlinien für die Zulässigkeit von Beweismaterial sind weniger strikt.

Angehörige der Auslandseinheit des LAPD sagen, sie wüssten von keinem einzigen Fall, in dem ein Zeuge in einem Mordfall in Los Angeles nach Mexiko gereist sei, um dort vor Gericht auszusagen, nicht einmal Detectives selbst. Die mexikanischen Ankläger stützen sich ganz auf die von der Polizei zur Verfügung gestellten Zeugenaussagen und eidesstattlichen Erklärungen.

Anwälte beunruhigt

Einige Anwälten sind besorgt, da den Angeklagten so ein Grundrecht des amerikanischen Strafrechtssystems verwehrt wird: die Möglichkeit, ihre Beschuldiger zur Rede zu stellen.

»Niemand sagt, dass ein Straftäter ungestraft davonkommen sollte«, sagte Jaime Cervantes, ehemaliger Präsident der mexikanisch-amerikanischen Anwaltskammer Los Angeles. »Aber in diesem Land wurde ein altbewährtes Konzept entwickelt, wie Täter überführt werden können. Es ist grundsätzlich fragwürdig, in ein anderes Land zu gehen, um jemanden zu verurteilen und zu bestrafen.«

Peter Shey, Vorsitzender des internationalen Rechtsausschusses der lokalen National Lawyers Guild, stellte die mexikanischen Strafrechtsverfahren infrage.

»Entweder sind in ihrem Strafrechtssystem keine Grundregeln für fundamentale Fairness festgelegt, oder sie werden nur selten angewendet«, sagte Shey. »Wenn Menschen für Straftaten, die sie in den Vereinigten Staaten begangen haben, in Mexiko vor Gericht gestellt werden, sind sie eindeutig im Nachteil.«

Gewisse Vorurteile

Lt. Ross, dem Supervisor der Einheit, zufolge sind solche Befürchtungen unbegründet. »Ich glaube, viele Leute neigen gegenüber der mexikanischen Justiz zu gewissen Vorurteilen«, sagt er. »Aber das ist die amerikanische Sicht der Dinge. Eine falsche Sicht. Mexiko hat eine absolut seriöse Justiz, die hervorragende Arbeit leistet.«

Ross und seine Kollegen argumentieren, dass ein Mordverdächtiger, der vor einer strafrechtlichen Verfolgung in Los Angeles flüchtet, das Rechtssystem des Landes akzeptiert, in das er sich begibt.

»Mit der Flucht gehen eben bestimmte Risiken einher«, sagt Moya.

Wie die LAPD hat auch die Generalstaatsanwaltschaft Kalifornien ihre Spezialisten, um Fälle in Mexiko vor Gericht zu bringen. Ihr führender Experte ist Ruben R. Landa, ein Special Agent bei der Generalstaatsanwaltschaft in San Diego, der 1980 den ersten Mordfall seiner Abteilung in Mexiko zur Verhandlung brachte.

70 Mordfälle nach Mexiko verlagert

Seitdem hat Landa verschiedenen kalifornischen Police Departments geholfen, insgesamt 70 Mordfälle in Mexiko zur Verhandlung zu bringen. 1987 sind es mit bisher vierzehn Fällen schon mehr als in jedem vorangegangenen Jahr. Etwa zwanzig dieser Fälle wurden vor mexikanischen Gerichten verhandelt, und bei allen kam es zu Verurteilungen, von denen nur eine in der Berufung wieder aufgehoben wurde.

»Diese Praxis findet immer mehr Anhänger«, sagt er. »Immer mehr Detectives stellen fest, dass es sich um ein probates Mittel handelt, ihre Fälle zum Abschluss zu bringen.«

Ein Vorteil für die us-Behörden ist finanzieller Natur. Für die Kosten der Strafverfolgung kommt Mexiko auf. Polizeilichen Schätzungen zufolge kostet es den amerikanischen Steuerzahler weniger als 1000 Dollar an Reisekosten und sonstigen Ausgaben, einen Fall in Mexiko zur Verhandlung zu bringen, ein verschwindend geringer Betrag im Vergleich zu den Kosten, einen Mordverdächtigen in Los Angeles zu inhaftieren, anzuklagen und zu verteidigen.

»Pro Fall spart man, ohne Übertreibung, Tausende von Dollar«, sagt Ross.

»Es funktioniert für beide Seiten«

Angel Saad, Generalstaatsanwalt von Baja, sagt, diese Regelung komme nicht nur den amerikanischen Behörden zugute.

»Der Vorgang funktioniert für beide Seiten und hat positive Auswirkungen für beide Länder«, erklärt er. »In Mexiko verdeutlicht es die Entschlossenheit unseres Landes, seine Staatsbürger zu bestrafen, die im Ausland Verbrechen begehen.«

Noch konkreter zahlt sich die Beziehung für Mexiko laut

Aussagen der Polizei aus, wenn die Auslandseinheit auf Hinweise der mexikanischen Polizei hin in Los Angeles Mexikaner ausfindig macht, die einer Straftat im eigenen Land verdächtigt werden. Dieses Jahr wurden in Los Angeles bisher dreizehn solche Verdächtige von Einwanderungsbehörden wegen illegalen Aufenthalts festgenommen und mithilfe der Auslandseinheit an Mexiko ausgeliefert. Weil sie sich illegal im Land aufhalten, können sie ohne langwierige Auslieferungsverhandlungen zurückgeschickt werden.

Andere Arten von Fällen

Obwohl die Auslandseinheit in Mexiko hauptsächlich bei Mordfällen zum Einsatz kommt, war sie auch schon an Ermittlungen in Fällen von Kindesmissbrauch, Raub und Autodiebstahl beteiligt. Außerdem haben ihre Mitglieder Mordfälle in anderen Ländern verfolgt, in denen die Strafverfolgung von im Ausland begangenen Vergehen gesetzlich zulässig ist. Zwei Fälle wurden in El Salvador zur Verhandlung gebracht, einer in Frankreich, und ein Verfahren ist in Honduras anhängig.

Die Straftaten sind sehr unterschiedlicher Natur und betreffen sowohl mexikanische als auch amerikanische Opfer.

Lorraine Kiefer, 70, war eine allseits beliebte Witwe und ehemalige Immobilienmaklerin aus Van Nuys. Sie arbeitete ehrenamtlich in einem Secondhandladen der American Cancer Society und hatte 1980 Gilberto Flores geheiratet, einen langjährigen Bekannten, der 38 Jahre jünger war als sie. Vier Jahre später beauftragte Flores laut Aussagen der Polizei einen gewissen Andreas Hernandez Santiago für 5000 Dollar, sie umzubringen.

Klage in Mexiko eingereicht

Nachdem Detectives den Mord vom 2. Oktober 1984 aufgeklärt hatten, wurde in Mexiko Anklage erhoben, wohin sich die zwei Männer, beide mexikanische Staatsbürger, abgesetzt hatten. Santiago wurde in Oaxaca festgenommen und später zu achtzehn Jahren Haft verurteilt. Flores wird noch immer gesucht.

In einem der ersten Fälle, den die Einheit 1985 übernommen hatte, wurde Juan Francisco Rocha, 36, in Monterrey, Mexiko, festgenommen, weil er zehn Jahre zuvor in Hollywood seine Freundin Brenda Joyce Abbud ermordet hatte. Sie war mit Lackverdünnung übergossen und angezündet worden.

»Viele dieser Taten haben sehr nachhaltige Auswirkungen auf das Umfeld des Opfers«, sagte Zorrilla.

Die Ermordung von Lisa Ann Rosales am 8. Dezember 1980 war so ein Fall. Der Los Angeles City Council setzte für Hinweise, die zur Ergreifung des Täters führen würden, eine Belohnung von 25 000 Dollar aus. Eine lokale Highschool vergab ein College-Stipendium in Lisas Namen, und eine Schule benannte einen Garten nach ihr.

Es gab kaum konkrete Hinweise, doch dann erhielt die Polizei 1985 einen anonymen Anruf von einer Frau, die erklärte, ihr schlechtes Gewissen lasse ihr keine Ruhe. Sie wolle der Polizei deshalb mitteilen, dass Castro, der im Haus der Rosales' als Wartungstechniker gearbeitet habe, der Mörder sei. Dieser Tipp verhalf den Ermittlern zu neuen Erkenntnissen, und der Polizei zufolge wurden weitere Beweise gegen Castro entdeckt.

Castro, der wenige Wochen nach dem Mord nach Mexiko zurückgekehrt war, gestand die Tat laut Aussagen der Polizei beider Länder kurz nach seiner Festnahme in Mexicali im Jahr 1986.

Polizisten auf der Anklagebank

MORDVERDÄCHTIGE VERSUCHT VOR GERICHT, IHREN RUF WIEDERHERZUSTELLEN

Mary Kellel-Sophiea behauptet, Ermittler versuchten fälschlicherweise, ihr den Mord an ihrem Mann anzulasten. Die Detectives sind nach wie vor von ihrer Schuld überzeugt.

Los Angeles Times
15. September 1991

Mary Kellel-Sophiea sagt, sie stehe wegen Mordes vor Gericht. Aber das war ihre eigene Entscheidung.

Im vergangenen Jahr drohte ihr über zwei Monate lang die Todesstrafe, nachdem sie des Mordes an ihrem Mann, der getrennt von ihr lebte, angeklagt worden war. Gregory Sophiea war am 31. Januar 1990 in seinem Haus in Shadow Hills erstochen worden.

Doch dann ließ der Staatsanwalt die Anklage fallen und erklärte dem Richter, er habe nicht genügend Beweise, um den Fall vor Gericht weiter zu verhandeln.

Die fehlenden Beweise sind auch eineinhalb Jahre später noch nicht aufgetaucht. Aber Kellel-Sophiea ist zurück im Gerichtssaal. Sie verklagt die Männer, die sie damals beschuldigt haben. Sie wirft zwei Detectives des LAPD vor, ihre Rechte missachtet zu haben, indem sie sie grundlos festnahmen und ihr einen Mord anzulasten versuchten, den sie nicht begangen hatte.

Der inzwischen zwei Wochen andauernde Zivilprozess vor einer Jury des U.S. District Court verläuft fast genau wie ein Mordprozess.

Die Detectives sagten über ihre Ermittlungen aus und identifizierten einen 18-jährigen Obdachlosen, der des Mordes für schuldig befunden wurde. Ihrer Meinung nach hatte er den Mord mit Kellel-Sophiea geplant. Ein Gerichtsmediziner äußerte sich zu den Einzelheiten der Obduktion. Ein Nachbar schilderte der Jury, wie er den Toten und das blutige Schlachtermesser gefunden hatte.

Obwohl die zehn Geschworenen diesmal nicht über ein Todesurteil entscheiden müssen, werden sie mit der Frage konfrontiert, ob Kellel-Sophiea von den zwei besessenen Ermittlern fälschlicherweise beschuldigt wurde oder möglicherweise doch eine Mörderin ist, die für ihre Tat nicht nur ungestraft davongekommen ist, sondern jetzt auch noch Schadenersatz fordert.

Mittlerweile lebt Kellel-Sophiea, 40, in Long Beach. Sie fordert von den Detectives Woodrow Parks und Gary Milligan Schadenersatz in unbestimmter Höhe. Sie glaubt, ihren Ruf wieder herstellen zu können, wenn die Jury zu dem Schluss kommt, dass sie zu Unrecht festgenommen wurde. Sie erklärt, ein solches Urteil werde den Verdächtigungen, denen sie sich ausgesetzt sehe, ein Ende machen.

»Wenn ich schuldig wäre, würde ich dann nicht einfach mein Leben leben und Gott danken, dass ich ungestraft davongekommen bin?«, sagte sie vergangene Woche in einem Interview. »Warum sollte ich mir diesen Prozess antun? Es ist wie ein Mordprozess. Wenn ich schuldig wäre, säße ich nicht hier.«

Bei dem Prozess geht es vor allem um die Frage, was in den frühen Morgenstunden des 31. Januar im Haus der Sophieas in der Orcas Avenue geschah und ob die für den Fall zuständigen Ermittler das Beweismaterial richtig und nach bestem

Wissen und Gewissen gedeutet haben. Kellel-Sophiea behauptet, das sei nicht der Fall gewesen.

»Sie haben dieser Frau ungeheure Dinge zugemutet und versuchen weiterhin, Öl ins Feuer zu gießen«, sagte Ken Clark, einer ihrer Anwälte.

Laut Zeugenaussagen hatte Gregory Sophiea am letzten Abend seines Lebens Streit mit seiner Frau.

Das Paar, das sich nach zehn Jahren Ehe getrennt hatte, war verabredet gewesen, um über den Verkauf des gemeinsamen Hauses zu sprechen, in dem Gregory, ein Geschäftsmann und Caterer, noch wohnte.

Tod nach Streit

Kellel-Sophiea, eine ehemalige Marketingmanagerin, sagte aus, der Streit habe sich um Möbel gedreht, die sie für ihre neue Wohnung in Long Beach brauchte, und um damit zusammenhängende finanzielle Fragen.

Danach legte sich Gregory Sophiea schlafen. Seine Frau schlief in einem Gästezimmer, ihre sechsjährige Tochter Kristen in einem dritten Zimmer.

In einer aufgezeichenten polizeilichen Vernehmung am Tag des Mordes sagte Kellel-Sophiea, sie sei kurz nach drei Uhr morgens aufgewacht und habe ein Röcheln gehört. Da ihr Mann Asthmatiker war, eilte sie in sein Schlafzimmer und sah ihn, mühsam um Atem ringend, auf dem Rücken auf dem Wasserbett liegen.

Sie sagte, sie habe Blut auf den Laken gesehen und angenommen, er habe sich selbst verletzt – dazu sei es bei nächtlichen Asthmaanfällen schon mehrmals gekommen. Die Stichwunden in Brust und Hals habe sie nicht bemerkt, erzählte sie den Detectives.

Obwohl auf dem Nachttisch ein Telefon stand, lief Kellel-

Sophiea zu einem anderen Apparat im Haus und wählte 911, um durchzugeben, ihr Mann bekomme keine Luft mehr. Dann rannte sie zum Nachbarhaus, um Hilfe zu holen. Während der Nachbar, Larry Rotoli, ins Schlafzimmer ging, blieb sie vor dem Haus, um die Rettungssanitäter nach drinnen zu führen.

Als diese kurz darauf eintrafen, fanden sie Gregory Sophiea mit sieben Stichwunden im Oberkörper tot vor.

Kellel-Sophiea wurde zur Vernehmung in die Foothill Division Police Station gebracht. Gleichzeitig trafen mehrere Detectives am Tatort ein. Unter ihnen Parks, der seit acht Jahre beim Morddezernat war, und Milligan, für den es sein erster Fall als auszubildender Homicide Detective war. Den beiden Ermittlern wurde der Fall anschließend zugeteilt.

Unter den Beweisstücken war ein blutiges Schlachtermesser auf dem Schlafzimmerboden. In einem der Badezimmer stand ein Fenster offen, das in den Garten hinter dem Haus führte, und an einer Außenwand lehnte ein unbeschädigtes Fliegengitter. Klodeckel und Badezimmerboden waren voller Dreck.

In anderen Teilen des Hauses wurden Blutflecken gefunden, am Gartenzaun blutige Fingerabdrücke. An einer Hintertür deuteten Spuren darauf hin, dass jemand versucht hatte, die Tür aufzustemmen.

Auf den ersten Blick schienen die Beweisstücke dafür zu sprechen, dass jemand durch das Badezimmerfenster ins Haus eingedrungen und durch dasselbe Fenster und über den Gartenzaun entkommen war, nachdem er Sophiea erstochen hatte. Nach ersten routinemäßigen Ermittlungen gelangten die Detectives jedoch zu einem anderen Schluss.

Keine Fußspuren

Parks und Milligan sagten aus, sie hätten unter dem Badezimmerfenster keine Fußabdrücke gefunden. Außerdem
stellten die Detectives fest, dass das Fliegengitter nicht von
außen hätte entfernt werden können, ohne beschädigt zu
werden. Und indem sie eine Taschenlampe in sehr flachem
Winkel auf den zum Badezimmerfenster führenden gepflas-
terten Weg richteten, stellten sie fest, dass die Staubschicht
darauf unberührt war – ein Indiz, dass dort in dieser Nacht
niemand gegangen war.

Nicht zuletzt fanden sie in zwei Waschbecken und einer
Badewanne des Hauses Rückstände, möglicherweise von
Blut.

Die Detectives entwickelten die Theorie, der Einbruch sei
nur vorgetäuscht worden, um sie auf eine falsche Fährte zu
locken.

»Wir waren uns alle einig, dass es sich nicht um einen Einbruch handeln konnte«, sagte Milligan letzte Woche aus.
»Ich glaube nicht, dass jemand von draußen oder drinnen
durch dieses Fenster geklettert ist.«

Nachdem ein Einbruch ausgeschlossen wurde, richtete
sich der Verdacht der Ermittler gegen die Witwe. Die Detectives sagten aus, ihrer Meinung nach sei das Opfer schon
mindestens eine Stunde vor dem Zeitpunkt tot gewesen, als
Kellel-Sophiea ihren Mann angeblich um Atem hatte ringen
sehen und die Notrufnummer gewählt hatte. Außerdem
wurden bei einer chemischen Untersuchung ihrer Hände
Blutspuren gefunden, obwohl sie behauptet hatte, sich nicht
erinnern zu können, ihren Mann angefasst zu haben. Vor allem seien ihnen ihre Schilderungen der Nacht unglaubwürdig erschienen, sagten die Detectives.

»Dieser Mann mit sieben Stichwunden soll einen Asthmaanfall gehabt haben?«, fragte Milligan im Zeugenstand. »Ihre

Geschichte war unglaubwürdig. Ich habe mich gefragt ... wie kann jemand, der diesen Mann gesehen hat, behaupten, er hatte einen Asthmaanfall?«

Die beiden Detectives verhörten Kellel-Sophiea in der Foothill-Station zwei Stunden lang, aber sie wich nicht von ihrer ursprünglichen Darstellung ab. Die Niederschrift und Audioaufnahme der Vernehmung, die den Geschworenen vorgespielt wurde, zeigte stattdessen, dass sie einen hysterischen Anfall bekam, als sie hörte, ihr Mann sei an Stichverletzungen gestorben, nicht an einem Asthmaanfall, und sie sei verhaftet.

Parks: »Sie haben ihn umgebracht.«

Kellel-Sophiea: »Jetzt hören Sie mal. Ich weiß überhaupt nicht, was Sie eigentlich wollen ... Was wollen Sie damit sagen? Ich habe keine Ahnung, was das alles soll ...«

Parks: »Also, dann lassen Sie es mich ganz schnell erklären ... Sie kommen ins Gefängnis ... für den Mord an Ihrem Mann.«

Kellel-Sophiea: »Ich habe doch ... ich bin keine Mörderin. Dazu bin ich nicht in der Lage ... das kann ich einfach nicht glauben.«

Parks: »Sollten Sie aber.«

Kellel-Sophiea: » ... Ich habe nichts getan. Warum sollte ich auch? Das kann doch nicht wahr sein.«

Kellel-Sophiea wurde inhaftiert, und zwei Tage später wurde im San Fernando Municipal Court Mordanklage gegen sie erhoben.

Die Ermittlungen wurden fortgesetzt, und Mitte Februar stellte sich heraus, dass die blutigen Fingerabdrücke am Gartenzaun, wie von den Ermittler bereits vermutet, nicht von Kellel-Sophiea stammten. Stattdessen konnten sie einem 18-jährigen Drogenabhängigen und ehemaligen Psychiatriepatienten namens Tony Moore zugeordnet werden.

Am 20. Februar 1990 nahmen die Detectives Moore fest.

Dieser gab während eines sechsstündigen Verhörs verschiedene Darstellungen der Vorfälle vom 31. Januar an und bezeichnete abwechselnd sich und Kellel-Sophiea als Mörder.

David Romley, einer von Kellel-Sophieas Anwälten, sagte, eine Tonbandaufnahme von Moores Verhör nehme in der Klage seiner Mandantin gegen die Detectives eine Schlüsselrolle ein. Das Band beweise, dass die Detectives Moores Aussage beeinflussten, damit er ihre vorgefertigte Meinung bestätigte, der Einbruch sei vorgetäuscht und Kellel-Sophiea die Anstifterin zum Mord gewesen.

»Sie versuchten einfach, alles so hinzudrehen, dass es in ihr Schema passte«, so Romley.

Einer Niederschrift des Verhörs zufolge leugnete Moore ursprünglich, jemals im Haus der Sophieas gewesen zu sein. Als man ihn jedoch darauf hinwies, dass seine blutigen Fingerabdrücke am Tatort gefunden worden seien, antwortete er: »Okay, Sie haben mich drangekriegt.«

Daraufhin schilderte Moore den zwei Detectives Schritt für Schritt, wie er durch das Badezimmerfenster ins Haus eingedrungen war und ein Messer aus der Küche geholt hatte. Als Sophiea wach wurde, während Moore sein Schlafzimmer nach etwas Wertvollem durchsuchte, habe er ihn erstochen.

Aber die Detectives hielten Moore vor, er würde lügen, woraufhin er seine Darstellung revidierte und Kellel-Sophiea als Mörderin bezeichnete. Laut Moore habe sie ihm 600 Dollar für die Ermordung ihres Mannes gezahlt, es dann aber selbst getan, weil er es nicht fertiggebracht hätte. Moore sagte, er und Kellel-Sophiea hätten danach gemeinsam den Einbruch vorgetäuscht.

Unterschiedliche Darstellungen

Moore wandelte seine Darstellung im Lauf des Verhörs zwei weitere Male ab. Er kehrte zu der Version zurück, Sophiea selbst getötet zu haben, nachdem er ins Haus eingebrochen sei. Und dann behauptete er wieder, Kellel-Sophiea sei die Mörderin, wobei er diesmal hinzufügte, eine Liebesbeziehung mit ihr gehabt zu haben.

Kellel-Sophiea bezeichnete Moores Behauptungen, mit ihm und dem Mord verwickelt gewesen zu sein, als absurd. Romley zufolge hätten die Detectives Moore regelrecht zu seiner Aussage verleitet, indem sie schon früh im Verhör Informationen über Kellel-Sophiea und das Beweismaterial preisgegeben hätten. Das habe ihm später ermöglicht, eine Geschichte zu erfinden, der zufolge Kellel-Sophiea an der Tat beteiligt gewesen sei.

Romley will den Geschworenen diese Woche die Audioaufnahmen vorspielen, auch wenn Assistant City Attorney Honey A. Lewis, die Verteidigerin der beiden Detectives, Einspruch dagegen erhoben hat. Lewis, Parks und Milligan lehnten ab, vor dem Ende des Prozesses über den Fall zu sprechen.

Nach Moores Festnahme wurde gegen Kellel-Sophiea erneut Anklage wegen Mordes erhoben. Diesmal wurde persönliche Bereicherung als Motiv angegeben, was unter Umständen auf ein Todesurteil hinauslaufen könnte. Polizei und Anklage glaubten, Kellel-Sophiea habe ihren Mann getötet, um von der Versicherung Geld zu bekommen und den Gewinn aus dem Verkauf des Hauses nicht mit ihm teilen zu müssen.

Moore bekannte sich später schuldig und wurde zu 27 Jahren bis lebenslanger Haft verurteilt. Da die Detectives aber keine Beweise finden konnten, die Moores Behauptung von Kellel-Sophieas Beteiligung bestätigten, wurde am 5. April

1990, dem Tag, an dem die Vorverhandlung beginnen sollte, die Anklage gegen sie fallen gelassen.

Während des Bundesgerichtsprozesses in der letzten Woche sagte Deputy District Attorney Craig R. Richman aus, die Anklage könne erneut erhoben werden, wenn zusätzliche Beweise gegen Kellel-Sophiea vorlägen. Außerdem sagte er, er habe keine Beweise gesehen, die ihn von seiner Überzeugung abbringen könnten, der Einbruch im Haus der Sophieas sei inszeniert gewesen.

Auch Parks und Milligan stehen unbeirrt zu ihrem Verdacht gegen die Witwe. Beide haben ausgesagt, sie glaubten nach wie vor, sie sei an der Ermordung ihres Mannes beteiligt gewesen.

»Ich glaube, sie und Tony Moore steckten unter einer Decke«, so Milligan.

Kellel-Sophieas Anwälte sind bestrebt, die Unschuld ihrer Mandantin durch verschiedene Gutachten und Zeugen zu belegen.

Obwohl die Detectives behaupteten, Sophiea sei schon eine Stunde lang tot gewesen, bevor seine Frau Hilfe geholt habe, sagte Deputy Medical Examiner Dr. Irwin Goldin, der die Obduktion Sophieas vornahm, aus, es sei unmöglich, den genauen Todeszeitpunkt innerhalb der zwei Stunden vor dem Eintreffen der Rettungssanitäter genau festzulegen. Zwei unabhängige kriminologische Gutachter erklärten, das Fliegengitter vor dem Badezimmerfenster könne entgegen der Auffassung der Detectives ohne Weiteres von außen entfernt worden sein.

Verletzungen blieben unbemerkt

Rotoli, der Nachbar, den Kellel-Sophiea in besagter Nacht um Hilfe bat, sagte aus, er habe die Stichwunden ebenfalls nicht bemerkt, obwohl er zwei Minuten lang versucht habe, Sophiea zu helfen – hauptsächlich, weil der Oberkörper des Opfers sehr dicht behaart war.

Des Weiteren gab Rotoli an, er habe sich in der Spüle in der Küche Blut von den Händen gewaschen. Und laut einem Forensikexperten würden die Analysen der Blutspuren, die in einem anderen Waschbecken und in der Badewanne sowie an Kellel-Sophieas Händen gefunden worden seien, keine definitiven Schlüsse zulassen und könnten von Blut stammen, das nicht mit dem Mord in Zusammenhang stehe.

Kellel-Sophieas Anwälte argumentierten, alle diese Informationen hätten den Detectives unmittelbar nach dem Mord zur Verfügung gestanden. Sie hätten die Ermittlungen unsachgemäß geführt, indem sie sich zu früh auf Kellel-Sophiea konzentrierten. Und nachdem sie sie fälschlich beschuldigt hätten, wollten sie jetzt ihren Fehler eingestehen.

»Schon bevor sie überhaupt an den Tatort kamen, dachten sie: Die Ehefrau muss es gewesen sein«, sagte Romley. »Dann fanden sie die Hinweise auf einen Einbruch, wollten sich aber gar nicht ansehen. Sie hatten bereits eine vorgefertigte Meinung. Sie hatten meine Klientin bereits verurteilt.«

Kellel-Sophiea sagte, sie fürchte nach wie vor um ihre Freiheit.

»Ich weiß nicht, ob sie jemals Ruhe geben werden«, sagte sie über Parks und Milligan. »Deshalb dieser Prozess. Ich will verhindern, dass sie das auch jemand anderem antun.«

NACH VERLORENEM PROZESS STEHT EHEFRAU WEITERHIN UNTER VERDACHT, AN DER ERMORDUNG IHRES MANNES BETEILIGT GEWESEN ZU SEIN

26. September 1991

Am Mittwoch hat die Polizei ihre Ermittlungen gegen Kellel-Sophiea, der eine Beteiligung an der Ermordung ihres Mannes vorgeworfen wird, wieder aufgenommen. Tags zuvor wurden zwei Detectives in einem Zivilprozess, in dem sie beschuldigt wurden, Mary Kellel-Sophiea zu Unrecht verhaftet und versucht zu haben, ihr die Tat anzuhängen, vom Vorwurf des Fehlverhaltens freigesprochen.

Die Geschworenen des Bundesgerichts zogen sich nur 35 Minuten zur Beratung zurück, bevor sie ein Urteil zugunsten der LAPD-Detectives Woodrow Parks und Gary Milligan fällten.

Kellel-Sophiea, 40, hatte die Polizisten verklagt, weil sie die Ermittlungen im Fall der Ermordung ihres Exmannes Gregory Sophiea in ihrem gemeinsamen Haus in Shadow Hills verpfuscht hätten. Sie warf den Detectives vor, sie hätten sich zu Unrecht auf sie als Verdächtige konzentriert, obwohl eindeutig gewesen sei, dass ein Einbrecher ihren Mann getötet habe.

Laut Aussagen Parks', der die Ermittlungen weiter leitet, bleibt Kellel-Sophiea eine Verdächtige. Wissenschaftliche Untersuchungen, darunter eine DNS-Analyse, würden noch immer ausgewertet. Er lehnte es ab, über dieses Beweismaterial zu sprechen.

»Das ist keine Mission, aber es ist ein offener Fall«, erklärt

Parks. »Ich führe hier keinen persönlichen Rachefeldzug. Sie sollte ihre gerechte Strafe bekommen, weil viele Dinge zeigen, dass sie etwas mit der Ermordung ihres Mannes zu tun hatte.«

Milligan, der inzwischen für das Rauschgiftdezernat tätig ist, stand für einen Kommentar nicht zur Verfügung.

Während des dreiwöchigen Prozesses im U.S. District Court versuchten Kellel-Sophieas Anwälte zu zeigen, dass ihre Mandantin unschuldig sei und der bereits verurteilte Mann, Tony Moore, die Tat allein begangen habe.

Zwei Wochen nach Kellel-Sophieas Festnahme konnten die Detectives blutige Fingerabdrücke auf dem Gartenzaun Tony Moore zuordnen, einem 18-jährigen Obdachlosen aus Sun Valley. Moore wurde verhaftet und gab während eines neunstündigen Verhörs verschiedene Darstellungen des Tatverlaufs, in denen er sich selbst belastete und zeitweise behauptete, Kellel-Sophiea sei an dem Mord beteiligt gewesen.

Obwohl sich Moores Behauptungen über ihre Tatbeteiligung nicht nachweisen ließen, sind die Ermittler weiterhin der Überzeugung, dass der Einbruch inszeniert und Kellel-Sophieas an der Tat beteiligt war.

Bevor sich die Geschworenen zur Beratung zurückzogen, erklärte Judge James M. Ideman den Vorwurf, die Ermittler hätten Kellel-Sophiea die Tat bewusst anlasten wollen, für gegenstandslos, da es dafür keinerlei Beweise gäbe.

Deputy City Attorney Honey A. Lewis, die die Detectives verteidigte, forderte die Geschworenen dazu auf zu entscheiden, ob die Ermittler nach bestem Gewissen gehandelt hätten, als sie Kellel-Sophiea verhafteten. Ob sie an dem Mord eine Schuld trage oder nicht, stehe nicht zur Debatte, erklärte Lewis.

»Diese Frage ist weiterhin offen«, sagt sie. »Aber darum geht es hier nicht. Wir befassen uns damit, ob die Detectives hinreichende Gründe hatten, sie festzunehmen. Die

Geschworenen entschieden, die Festnahme sei berechtigt gewesen.«

Ken Clark, einer von Kellel-Sophieas Anwälten, erklärt, seine Mandantin sei benachteiligt worden, weil Judge Ideman verfügte, die Jury dürfte eine Audioaufnahme der Vernehmung Moores nicht hören. Aus dieser gehe seiner Meinung nach hervor, dass die Detectives den Verdächtigen dahingehend beeinflusst hätten, Kellel-Sophiea der Beteiligung an der Tat zu beschuldigen.

Clark kündigte an, gegen das Urteil werde voraussichtlich Berufung eingelegt.

Todesschwadron

SPEZIALEINHEIT DER POLIZEI TÖTET DREI VERDÄCHTIGE BEI EINSATZ WEGEN RAUBÜBERFÄLLEN

Los Angeles
13. Februar 1990

Am Montag töteten neun Officers einer umstrittenen Einheit der LAPD in den frühen Morgenstunden drei Männer, die in einer Reihe von Raubüberfällen verdächtigt wurden. Sie hatten beobachtet, wie sich die Verdächtigen gewaltsam Zutritt zu einem geschlossenen McDonald's-Restaurant in Sunland verschafften und dessen Geschäftsführerin mit vorgehaltener Pistole ausraubten. Ein vierter Verdächtiger wurde verletzt.

Kurz nachdem die Tatverdächtigen, von denen einer laut Aussagen der Polizei eine Schusswaffe auf die Officer richtete, um zwei Uhr morgens in ihr Fluchtauto gestiegen waren, gaben die Polizisten 35 Schüsse auf den bronzefarbenen Thunderbird ab. Bei der Schießerei vor dem Restaurant am Foothill Boulevard wurde kein Polizist verletzt. Die Geschäftsführerin wurde von den Tätern gefesselt zurückgelassen und blieb ebenfalls unverletzt.

Ein Polizeisprecher erklärte, die Officers gehörten der Special Investigations Section an, einer geheimen Sonderermittlungseinheit, die auf Serienstraftaten spezialisiert ist. Sie hätten den Raubüberfall beobachtet, seien aus Sicherheitsgründen aber nicht eingeschritten.

Nachdem die Männer, die einer Reihe von Überfällen auf

Fast-Food-Restaurants verdächtigt wurden, in ihr Auto gestiegen waren, fuhren die SIS-Officer vor und riefen »Polizei!«. Nachdem sie sahen, dass einer der Männer eine Schusswaffe auf sie richtete, eröffneten sie das Feuer.

Später wurden im Auto und bei einem der Verdächtigen drei Luftpistolen gefunden, die wie echte Handfeuerwaffen aussahen. Ein Polizeisprecher erklärte, allem Anschein nach sei aus keiner der drei Luftpistolen ein Schuss abgegeben worden.

Die Ermittlungen zu dem Zwischenfall führte eine Einheit des LAPD, die sich ausschließlich mit Schießereien befasst, in die Polizisten verwickelt sind. Laut Aussagen Lt. William Halls, des Leiters der Einheit, verstießen die Officers nicht gegen eine etwa ein Jahr alte polizeiliche Vorschrift, der zufolge Polizisten potenzielle Opfer einer Straftat auch dann zu schützen haben, wenn dadurch eine Undercover-Operation aufzufliegen droht.

Diese Vorschrift wurde von der Polizeiführung erlassen, nachdem es zu Kritik am Vorgehen der SIS gekommen war. Recherchen der *Times* ergaben vor zwei Jahren, dass die 19 Mann starke Einheit häufig gewalttätige Kriminelle beschattete, diese aber erst festnahmen, nachdem es bereits zu Raubüberfällen oder Einbrüchen gekommen war – bei denen die Opfer verletzt oder zumindest einer massiven Bedrohung ausgesetzt wurden.

Laut Polizeiangaben handelt es sich bei den in die Schießerei vom Montag verwickelten Officer um erfahrene Beamte, die dem Los Angeles Police Department im Schnitt seit 19 Jahren angehören. Die Officers wurden identifiziert als Richard Spelman, 39; James Tippings, 48; Gary Strickland, 46; Jerry Brooks, 50; John Helms, 40; Joe Callian, 31; Warren Eggar, 48; Richard Zierenberg, 43, und David Harrison, 41.

Die Schüsse am frühen Montagmorgen waren überall im

Viertel zu hören, in dem es neben Wohnhäusern zahlreiche Restaurants, Imbisse und kleine Geschäfte gibt.

»Ich wachte auf und hörte viele, viele Schüsse«, sagte Alejandro Medina, von dessen Eckwohnung die Stelle, an der sich die Schießerei ereignete, gut einzusehen ist. »Ich stand auf, um zu schauen, was da los war, und dann fielen weitere Schüsse. Ich warf mich auf den Boden.«

Obwohl die SIS-Officers mindestens einen der Männer mit Unterbrechungen seit Jahresbeginn beobachtet hatten, wurden die mutmaßlichen Täter laut Hall bei keiner Straftat ertappt, bevor sie sich gewaltsam Zutritt zu dem McDonald's am Foothill Boulevard 7950 verschafften.

»Während der Observation konnte die Polizei keine Straftaten beobachten«, sagte Hall. »Sie brauchten einen Grund, um die Verdächtigen festzunehmen. Den hatten sie ihnen noch nicht geliefert. Erst als sie vor dem Restaurant auftauchten, überschritten sie diese Schwelle.«

Hall sagte, die Officers hätten dann aber beschlossen, das Leben der Geschäftsführerin nicht aufs Spiel zu setzen, was möglicherweise der Fall gewesen wäre, wenn sie versucht hätten, die Täter direkt im Restaurant zu stellen.

»Da bei diesen Raubüberfällen bislang niemand zu Schaden gekommen war«, sagte Hall, »entschieden die Officers zu warten, bis die Verdächtigen nach draußen kämen, und nicht gewaltsam in das Restaurant einzudringen.«

Die Namen der drei Toten wurden nicht bekannt gegeben. Der Verletzte wurde als Alfredo Olivas, 19, aus Hollywood identifiziert. Er wurde mit zwei schweren Schusswunden ins Holy Cross Medical Center in Mission Hills eingeliefert. Sein Zustand ist kritisch. Laut Polizeiangaben wird Olivas nach seiner Genesung unter Mordanklage gestellt. Nach kalifornischem Recht kann er für jeden Todesfall verantwortlich gemacht werden, der sich bei einer Straftat ereignet hat, an der er beteiligt war.

Laut Aussagen Halls begann die Polizei die Ermittlungen gegen die Verdächtigen im September nach einem Raubüberfall auf ein McDonald's-Restaurant in Downtown Los Angeles. Weil Polizei und McDonald's-Sicherheitspersonal vermuteten, die Täter hätten über die Abläufe im Restaurant Bescheid gewusst, wurden mehrere Angestellte vernommen und einem Lügendetektortest unterzogen.

Ein Angestellter wurde entlassen, weil er den Test nicht bestand, es gab aber keine Beweise, die eine Festnahme gerechtfertigt hätten, sagte ein Polizeisprecher. Der Downtown-Überfall wies laut Polizeiangaben Ähnlichkeiten mit mindestens sechs anderen auf, die sich – fünf in McDonald's-Filialen, einer in einem Carl's Jr. – seit August in L. A. ereignet hatten. In jedem dieser Fälle wussten die Täter über die internen Abläufe Bescheid und zwangen den Geschäftsführer, der sich nach Ende der Öffnungszeit allein im Restaurant aufhielt, mit vorgehaltener Waffe, den Safe zu öffnen.

Laut Angaben der Polizei begannen die SIS-Officers Anfang Januar, den ehemaligen Angestellten zu beschatten. Sie beobachteten, wie er an einem Sonntagabend mit drei anderen Männern in einem bronzefarbenen Thunderbird, der einem von ihnen gehörte, von Venice nach Sunland fuhr.

Die vier Männer trafen um Mitternacht vor dem McDonald's ein, als dieser gerade schloss, und beobachteten das Lokal aus dem auf der anderen Straßenseite geparkten Thunderbird. Um 1.36 Uhr morgens, als sich nur noch Nachtgeschäftsführerin Robin Cox, 24, in dem Restaurant aufhielt, stiegen drei der Verdächtigen aus dem Thunderbird und gingen auf das Restaurant zu.

Hall sagte, ein Mann sei am Eingang geblieben, während zwei andere durch eine Hintertür einzubrechen versuchten. Cox hörte den Einbruchversuch und verständigte die Polizei. Weil das Restaurant aber bereits beobachtet wurde, wurden keine Streifenwagen entsandt.

Die Officers warteten laut Aussagen Halls mit der Festnahme der Verdächtigen, weil diese sich am Ort des Geschehens zerstreut hatten. Nachdem sie an der Hintertür gescheitert waren, suchten die beiden Männer unter den Augen der Officers eine Tür an der Seite des Gebäudes auf und drangen durch diese gewaltsam in das Lokal ein.

Daraufhin begaben sich alle vier Verdächtigen nach drinnen. Cox wurde gefesselt und mit vorgehaltener Waffe gezwungen, den Safe des Restaurants zu öffnen. Laut Polizeiangaben wurden mehrere tausend Dollar entwendet.

Eine halbe Stunde später verließen die Verdächtigen das Restaurant und gingen über die Straße zu ihrem Thunderbird. Sobald sie alle im Auto saßen, näherten sich von hinten vier Zivilfahrzeuge mit acht Polizisten, sowie ein Officer zu Fuß.

Die Polizisten gaben sich als solche zu erkennen. Sie trugen außerdem Jacken mit dem Schriftzug »Police«.

»Als sie sich dem Fahrzeug näherten«, sagte Hall, »sahen sie einen Verdächtigen eine Waffe auf sie richten. Einer der Polizisten rief: ›Vorsicht, sie haben eine Waffe!‹«

»Daraufhin schossen mehrere Polizisten ins Fahrzeuginnere. Der Mann auf dem Beifahrersitz sprang aus dem Fahrzeug und floh auf ein unbebautes Grundstück. Er trug eine Handfeuerwaffe, und mehrere Polizisten schossen auf ihn. Die Schießerei dauerte nur wenige Sekunden.«

Hall sagte, nach Einstellung des Feuers näherten sich zwei Polizisten dem Auto und gaben vier weitere Schüsse ab, als sie sahen, dass sich »zwei der Verdächtigen im Auto bewegten und nach einer Schusswaffe auf dem Boden griffen«.

Hall zufolge wurden insgesamt 23 Schüsse aus Shotguns und 12 Schüsse aus Handfeuerwaffen vom Kaliber .45 auf die mutmaßlichen Täter abgegeben.

Mehrere Anwohner sagten, sie seien durch die Schüsse und die Rufe der Polizisten geweckt worden.

»Mein Mann schrie, ich solle die Polizei rufen«, berichtete Ronda Caracci, von deren Wohnung aus der Tatort ebenfalls zu sehen ist. »Ich schaute aus dem Fenster und sagte: ›Es ist ja die Polizei.‹«

ANWALT BEZEICHNET LAPD-SPEZIAL-EINHEIT BEI ERÖFFNUNG VON BÜRGER-RECHTSPROZESS ALS »KILLER«

Verfahren wird sich auf Vorgehen der Ermittler konzentrieren, die drei Tatverdächtige erschossen.

10. Januar 1992

Beamte einer umstrittenen LAPD-Einheit, die 1990 nach einem Raubüberfall in Sunland drei Männer erschossen, wurden am Donnerstag von einem Anwalt, der in einem Bürgerrechtsprozess die Familien der Toten vertritt, als »Killer mit Dienstmarken« bezeichnet.

Rechtsanwalt Stephen Yagman erhob die Anschuldigung in seinem Eröffnungsplädoyer im Prozess vor einem U.S. District Court, der sich mit dem Vorgehen der Special Investigations Section des LAPD befasst. Die SIS ist eine Observierungseinheit, die aus 19 Beamten besteht und sich auf mutmaßliche Serienstraftäter konzentriert.

Zusammen mit dem vierten am Raubüberfall beteiligten Mann, der angeschossen wurde, aber überlebte, machen die Familien der drei Männer, die bei der Schießerei am 12. Februar 1990 ums Leben kamen, geltend, dass die SIS eine »Todesschwadron« sei, die Verdächtige beschattet, Straftaten zulässt, und die Täter dann bei der Festnahme häufig erschießt.

»Im Grunde versuchen sie, das Leben der Menschen, die sie beschatten, auszulöschen«, erklärte Yagman den zehn Geschworenen.

Dem hielt Deputy City Attorney Don Vincent entgegen, das Vorgehen der Polizisten habe allen Vorschriften entsprochen. Die SIS sei eine wichtige Polizeieinheit. »Es handelt sich um eine notwendige Einheit, wie sie die meisten Police Departments haben«, sagte er. »Und ganz besonders wichtig ist sie in Los Angeles, einer Stadt mit einer Fläche von 945 Quadratkilometern ... wo die Kriminellen genauso mobil sind wie die Polizei.«

Der Prozess unter dem Vorsitz von Judge J. Spencer Letts wird voraussichtlich mindestens zwei Wochen dauern. Auf der Liste der Angeklagten stehen Angehörige der SIS, Polizeichef Daryl F. Gates, Bürgermeister Tom Bradley, die Police Commission und alle früheren Commissioners und Polizeichefs während des 25-jährigen Bestehens der Einheit. Nach Auffassung Yagmans haben die Verantwortlichen ein Umfeld geschaffen und geduldet, in dem eine »zwielichtige« Einheit wie die SIS operieren kann. Die Schießerei vor einer McDonald's-Filiale am Foothill Boulevard ereignete sich nach längeren Ermittlungen zu einer Überfallserie auf Restaurants. Laut Aussagen der Polizei identifizierten die Ermittler Ende des Jahres 1989 die Verdächtigen – Jesus Arango, 25, und Herbert Burgos, 37, aus Venice sowie Juan Bahena, 20, und Alfredo Olivas, 21, aus Hollywood.

SIS-Officers observierten die vier Männern mit Unterbrechungen drei Monate lang, bevor sie sie beim Einbruch in einen McDonald's beobachteten. Dort hielt sich Geschäftsführerin Robin L. Cox allein auf, nachdem sie das Restaurant geschlossen hatte.

Die Männer fesselten und knebelten Cox und verbanden ihr die Augen, dann verließen sie das Restaurant mit 14 000 Dollar Beute aus dem Safe.

Als alle vier Verdächtigen in ihrem Fluchtauto saßen, näherten sich die SIS-Officers in Autos und zu Fuß. Laut Aussagen der Polizisten richteten zwei der Männer Schusswaffen auf sie, woraufhin sie das Feuer eröffneten. Sie töteten drei der Männer und trafen Olivas am Bauch. Laut Polizeiangaben wurden drei Luftpistolen gefunden, die wie echte Pistolen aussahen.

Später erklärten die Officers, sie hätten vor dem Raubüberfall keine Verhaftungen vornehmen können, weil die vier Männer zu schnell agiert hätten und über das ganze Restaurant verteilt gewesen seien.

Der Prozess wird sich unter anderem mit der Frage beschäftigen, ob die Männer im Auto bewaffnet waren, als die Polizisten das Feuer eröffneten. Yagman sagte, sie hätten keine Waffen bei sich gehabt und seien in den Rücken geschossen worden.

Olivas, der als Erster in den Zeugenstand gerufen wurde, sagte aus, die Männer hätten ihre Waffen vor dem Einsteigen im Kofferraum verstaut. Wenige Sekunden später fielen die ersten Schüsse, sagte Olivas, der wegen der Raubüberfälle eine 17-jährige Haftstrafe verbüßt.

Dem widersprach Vincent in seinem Eröffnungsplädoyer nachdrücklich. Er sagte, zwei der Männer hätten die Schüsse der Polizisten provoziert, indem sie ihre Waffen auf sie richteten. »Polizisten haben ein Recht auf Selbstverteidigung«, sagte er. »Sie müssen nicht warten, bis jemand das Feuer auf sie eröffnet.«

FBI UNTERSUCHT TÖTUNG VON TATVERDÄCHTIGEN DURCH LAPD

Bundespolizeiliche Untersuchung wird bei Prozess gegen SIS-Einheit bekannt, die nach Überfall auf Restaurant im Valley drei Männer getötet hat.

16. Januar 1992

Das FBI ermittelt in der Tötung von drei Männern, die einer Serie von Raubüberfällen verdächtigt wurden, durch eine umstrittene Polizeieinheit. Das Justizministerium hat den Fall vor ein Bundesgericht gebracht, wie am Mittwoch aus gerichtlichen Unterlagen hervorging.

Das Ermittlungsverfahren wurde bekannt, weil die Staatsanwaltschaft es zur Sprache brachte, als sie einen Bezirksrichter ersuchte, die Vorladung eines FBI Agents zurückzuziehen, der in dem Zivilverfahren um die tödlichen Schüsse als Zeuge aussagen sollte.

Aus dem Antrag geht hervor, dass die Schüsse der Special Investigations Section schon seit fast einem Jahr Gegenstand von Ermittlungen sind.

FBI Agent Richard Boeh war vorgeladen worden, um als Zeuge in dem Bürgerrechtsprozess auszusagen, der nach den Vorfällen vom 12. Februar 1990 angestrengt worden war. Neun SIS-Officers feuerten auf das Fluchtauto von vier Männern, die ein McDonald's-Restaurant in Sunland überfallen hatten. Sie töteten drei der Männer und verletzten den vierten schwer.

Rechtsanwalt Stephen Yagman, der die Kläger vertritt, rief Boeh in den Zeugenstand. Dem FBI Agent lägen Informationen vor, die maßgeblich zum Nachweis des Hauptvor-

86

wurfs beitragen könnten – dass die Verdächtigen ihre Luftpistolen vor dem Einsteigen in den Kofferraum des Fluchtautos gelegt hätten und daher unbewaffnet gewesen seien, als die SIS-Officers sie stellten und das Feuer eröffneten.

Laut Yagman begannen die FBI-Ermittlungen Anfang vergangenen Jahres, als Boeh den einzigen Überlebenden verhörte, den inzwischen 21 Jahre alten Alfredo Olivas, der wegen des Raubüberfalls eine 17-jährige Haftstrafe verbüßt.

»Es würde unserem Justizsystem nicht gerecht, wenn die Geschworenen über diesen Fall beraten würden, ohne gehört zu haben, was das FBI herausgefunden hat«, erklärte Yagman außerhalb des Gerichtssaals.

Doch die Bundesanwaltschaft beantragte, Boehs Vorladung rückgängig zu machen. In einer dem Antrag beigefügten Erklärung teilte Boeh mit, er ermittle seit April 1991 in dem Fall und habe vor einer Grand Jury als Zeuge ausgesagt.

»Meine Zeugenaussage in diesem Prozess würde gegen die Schweigepflicht in Zusammenhang mit meiner Aussage vor der Grand Jury verstoßen«, erklärte Boeh.

Boeh wies darauf hin, dass er im Fall seiner Vorladung auch die Identität von Informanten und andere Details des bundespolizeilichen Ermittlungsverfahrens preisgeben müsse.

»Meines Wissens sind die Angaben der Informanten und ihre Identität nur Regierungsbehörden bekannt«, sagte Boeh. »Meine Zeugenaussage würde diese Fakten enthüllen, und die Ermittlungsstrategie der Behörden möglicherweise gefährden.«

Assistant U.S. Attorney Sean Berry, der Boehs Zeugenaussage zu verhindern versucht, gab keine Stellungnahme ab. Die Bundesanwaltschaft verweigert grundsätzlich jeden Kommentar zu Grand-Jury-Verfahren, die Geheimsache sind.

Los Angeles Deputy City Attorney Don Vincent, der in dem Zivilprozess die SIS-Officers und andere Angeklagte vertritt, darunter Polizeichef Daryl F. Gates und Bürgermeister Tom Bradley, stand am Mittwoch nach der Vertagung der Verhandlung für einen Kommentar nicht zur Verfügung.

Judge J. Spencer Letts hat noch nicht entschieden, ob er Yagman gestatten wird, Boeh in den Zeugenstand zu rufen.

Am Mittwoch sagten im Prozess zahlreiche ehemalige Führungskräfte des Police Department über ihre Rolle bei der Polizei aus – der einige schon in den frühen 6oer-Jahren angehörten.

Yagman rief 13 ehemalige Mitglieder der zivilen Police Commission und drei ehemalige Polizeichefs in den Zeugenstand, um den Hauptanklagepunkt zu untermauern, dass die SIS, eine Geheimeinheit, die verdächtige Straftäter observiert, eine »Todesschwadron« sei, die 25 Jahre lang willkürlich habe operieren können, weil Commissioners und Polizeichefs wenig Kontrolle über die Polizei ausgeübt hätten.

Laut Zeugenaussagen war die Einheit seit 1965 in 45 Schießereien verwickelt und hat 28 Personen getötet sowie 27 verletzt.

Die meisten der ehemaligen Commissioners sagten aus, sie hätten ihren Posten als Teilzeitjob betrachtet, und vier bezeugten, während ihrer Zeit in der Police Commission nie etwas von der SIS gehört zu haben. Der ehemalige Polizeichef Tom Reddin, der dieses Amt von 1967 bis 1969 innehatte, sagte in einer kurzen Zeugenaussage, er habe von der Existenz der Einheit gewusst, aber nie Nachforschungen über ihre Aktivitäten angestellt.

Roger Murdock, der 1969 für eine Übergangszeit von sechs Monaten als Polizeichef im Amt war, sagte aus, er habe gedacht, die SIS-Einheit sei gegründet worden, um im Fall des Attentats auf Senator Robert F. Kennedy zu ermitteln.

Den republikanischen Senator Ed Davis aus Santa Clarita, der von 1969 bis 1978 Polizeichef war, befragte Yagman nicht über die SIS. Stattdessen fragte ihn Yagman, wie er die Rolle der Police Commission während seiner Amtszeit als Polizeichef gesehen habe.

»Vielleicht täusche ich mich da, aber ich dachte immer, sie wären meine Chefs«, sagte Davis. »Sie waren strenge Chefs ... Ich tanzte nach ihrer Pfeife. Ich wollte meinen Posten eine Weile behalten.«

ANMERKUNG: FBI Agent Richard Boeh weigerte sich, über seine Ermittlungen gegen die SIS auszusagen, und wurde wegen Missachtung des Gerichts in Beugehaft genommen. Der Agent legte sofort Berufung ein, und der Haftbeschluss wurde vom 9th Circuit Court of Appeals aufgehoben. Daraufhin wurde der Prozess mit einmonatiger Verzögerung ohne seine Aussage fortgesetzt.

DER CHRISTOPHER REPORT:
EINE ZWEISCHNEIDIGE ANGELEGENHEIT

Erkenntnisse des von der Stadt eingesetzten Untersu-
chungsausschusses könnten sich bei Zivilprozessen wegen
Polizeibrutalität nachteilig für L. A. auswirken.

4. *Februar 1992*

Bürgermeister Tom Bradley saß mit einem gequälten Lächeln im Zeugenstand. Er sah sich mit einer schwierigen Situation konfrontiert, an die er und die Stadt sich möglicherweise werden gewöhnen müssen.

Bradley sagte im vergangenen Monat vor einem Bundesgericht als Zeuge in einem Bürgerrechtsprozess aus.
Er betonte, er stimme den Untersuchungsergebnissen der
Christopher Commission uneingeschränkt zu. Dieser hoch-
rangig besetzte unabhängige Ausschuss stellte letztes Jahr
Untersuchungen über das Los Angeles Police Department
an und enthüllte dabei Missstände im Management sowie Fälle von unverhältnismäßiger Gewaltanwendung und
Rassismus.

»Stimmen Sie diesen Untersuchungsergebnissen ohne Vor-
behalte zu?«, fragte der Anwalt des Klägers, Stephen Yagman.

»Ja«, sagte Bradley zu den zehn Geschworenen.

Bradley sagte in einem Bürgerrechtsprozess aus, in dem
Polizeibeamte beschuldigt werden, drei Männer, die eines
Raubüberfalls verdächtigt wurden, grundlos getötet zu
haben. Darüber hinaus werden Teile der Polizeiführung
und Bradley in dem Verfahren beschuldigt, übertriebene

Gewaltanwendung sowie viele der von der Kommission angeführten Missstände innerhalb der Polizei geduldet zu haben.

Der Bürgermeister wurde gewissermaßen mit seinen eigenen Waffen geschlagen: Er war – neben wenigen anderen – die treibende Kraft hinter der Gründung des Ausschusses. Nun könnten aber gerade die Untersuchungsergebnisse dieser Kommission von entscheidender Bedeutung sein für die Entscheidung der Geschworenen, ob das Verhalten der beteiligten Polizisten unangemessen war und ob ihre Vorgesetzten – bis hinauf zu Bradley selbst und Polizeichef Daryl F. Gates – dafür verantwortlich zu machen sind.

Dieser Prozess ist zwar der erste, in dem der Abschlussbericht der Kommission in einer Zivilklage gegen die Polizei und Angehörige der Stadtverwaltung hinzugezogen wird, aber er wird aller Wahrscheinlichkeit nach nicht der letzte bleiben.

Yagman, ein Bürgerrechtsanwalt, der sich auf Polizeiprozesse spezialisiert hat, sagte, er vertrete weitere Mandanten in insgesamt fünf Fällen, die noch in diesem Jahr zur Verhandlung kommen sollen. Er plant, in jedem dieser Prozesse den Abschlussbericht der Kommission als Nachweis anzuführen, dass die Polizeibehörde seinen Aussagen zufolge außer Kontrolle geraten ist. Andere Bürgerrechtsanwälte erklärten letzte Woche, sie hätten das Gleiche vor.

»Es ist paradox und sehr erfreulich«, sagte Yagman über den Umstand, dass ausgerechnet die Stadt, die seine Mandanten verklagen, ein für ihn so hilfreiches Dokument erstellt hat. »Diesen Report zur Verfügung zu haben, ist wie das Tüpfelchen auf dem I.«

Gleichzeitig erklärte Deputy City Attorney Don Vincent, der in diesen Prozessen für die Verteidigung der Stadt zuständig ist, sein Mitarbeiterstab entwickle Strategien, wie mit dem Report der Kommission umzugehen sei, wenn er in

Prozessen herangezogen werde. Er bestätigte, dass in dieser Hinsicht vielleicht noch einiges auf ihn zukommen werde.

»Er ist ein hilfreiches Werkzeug für alle Bürgerrechtsanwälte«, sagte Vincent. »Ich bin sicher, damit werden wir uns noch einige Jahre herumschlagen müssen.«

Obwohl der Abschlussbericht der Kommission beim Prozess im Beisein der Geschworenen in aller Ausführlichkeit diskutiert wurde, hofft Vincent, verhindern zu können, dass das 228 Seiten starke Papier im Prozess als Beweisstück zugelassen wird. Vincent wies darauf hin, dass der Report zu zahlreichen für die Polizei positiven Schlussfolgerungen gelangt und dass seine nachteiligen Behauptungen größtenteils auf Hörensagen beruhen und lediglich die Meinung der Ausschussmitglieder wiedergeben, aber keine Beweiskraft haben.

Das derzeitige Verfahren befasst sich mit der Schießerei vom 12. Februar 1990, bei der neun Angehörige der Special Investigations Section des LAPD das Feuer auf vier Verdächtige eröffneten, die nach einem Überfall gerade aus einem McDonald's in Sunland gekommen waren.

Die Familien der drei Toten und der Überlebende, der später wegen Raubes zu einer Haftstrafe verurteilt wurde, strengten eine Zivilklage gegen die Polizisten sowie gegen Bradley, Gates und die Police Commission an. Sie machen geltend, dass die Bürgerrechte der Verdächtigen verletzt wurden, weil die Polizei das Feuer ohne angemessenen Grund eröffnete. In dem Zivilprozess geht es außerdem um den Vorwurf, die SIS sei eine »Todesschwadron«, die in einem von laxer Führung, Brutalität und Rassismus in der Polizei geprägten Klima ins Leben gerufen und gefördert worden sei.

Über ein Jahr später legte die Christopher Commission, die von Bürgermeister Bradley nach den massiven Protesten gegen das Vorgehen der Polizei gegen Rodney G. King eingesetzt worden war, einen Bericht vor, der sich sehr kritisch über die Polizeiführung äußert und Tendenzen zu übermäßiger Gewaltanwendung und Rassismus sowie einen »Kodex des Stillschweigens« unter Polizisten bemängelt.

Erst kürzlich äußerte Yagman in einem Interview, viele der Befunde des Reports spiegelten die Anschuldigungen in dem Prozess wider, dem die Schüsse vor dem McDonald's vorangegangen waren.

Er bemühte sich erfolglos darum, Warren Christopher, den Vorsitzenden des Ausschusses, als Zeugen aufrufen zu dürfen. Allerdings gestattete ihm U.S. District Judge J. Spencer Letts, den Abschlussbericht der Kommission zu verwenden, um Zeugen wie Bradley, Gates und verschiedene Police Commissioners zu befragen.

Voraussichtlich entscheidet Letts demnächst, ob der Report als Beweismittel zugelassen wird und ob sich die Jury bei der Urteilsfindung darauf stützen darf.

Unabhängig von dieser Entscheidung des Richters stellen der Report und seine Befunde bereits einen großen Teil des Prozessprotokolls dar. Judge Letts unterbrach Bürgermeister Bradley sogar bei seiner Zeugenaussage, um die Geschworenen darauf hinzuweisen, sie hätten bei diesem Prozess nicht über die Angelegenheit zu entscheiden, auf die der Report Bezug nehme.

»Lassen Sie sich nicht durcheinanderbringen«, sagte Letts. »Hier geht es nicht um Rodney King.«

Außerhalb des Gerichtssaals äußerte Yagman Reportern gegenüber, bei der Zeugenvernehmung »jeden einzelnen Abschnitt« des Reports angeschnitten zu haben.

Wie wichtig der Abschlussbericht der Christopher Commission für diesen und weitere Prozesse sein wird, wird sich erst zeigen, wenn die Jury zu einer Entscheidung gekommen ist.

Die Geschworenen im McDonald's-Fall haben widersprüchliche Zeugenaussagen über den Report zu hören bekommen. Bradley sagte, er halte die Schlussfolgerungen des Berichts für richtig, während Gates erklärte, er halte viele davon für unwahr oder übertrieben.

Obwohl er bestätigte, voll und ganz hinter dem Report zu stehen, versuchte Bradley, jeglichen Schaden, den er der Verteidigung damit zufügte, wiedergutzumachen, indem er betonte, der Report betreffe nur einen kleinen Teil der Polizei. Alles in allem habe die Stadt das beste großstädtische Police Department des Landes.

Dagegen sagten Yagman und andere Anwälte, der Abschlussbericht der Kommission werde Zivilklagen wegen polizeilichen Amtsmissbrauchs automatisch ein höheres Maß an Plausibilität verleihen.

»Diese Befunde stammen nicht von einem blauäugigen Bürgerrechtsanwalt, sondern von einem angesehenen Ausschuss, der eingesetzt wurde, um das Vorgehen des LAPD objektiv zu beurteilen«, erklärte Anwalt Benjamin Schonbrun. Er plant, den Report in zwei in Kürze beginnenden Prozessen gegen die Polizei von Los Angeles als Beweismittel einzubringen.

»Genau dasselbe sage ich schon seit Jahren«, erklärte Yagman zu den Befunden des Reports. »Inzwischen glaubt es jeder.«

Andere Anwälte, die sich auf Klagen wegen polizeilichen Fehlverhaltens spezialisiert haben, erklärten, der Report werde enorme Auswirkungen darauf haben, wie sie künftig Zivilklagen gegen die Polizei von Los Angeles vorbereiten würden, und sich bei der Festsetzung von Schadenersatzforderungen möglicherweise als sehr kostspielig erweisen.

»Auf jeden Fall ist er ungeheuer wichtig«, sagte Hugh R. Manes, seit mehr als 35 Jahren Bürgerrechtsanwalt in Los Angeles. »Ich glaube, er ist ein extrem wichtiges Werkzeug gegen das LAPD. Er basiert auf dessen eigenen bis zu zehn Jahre zurückreichenden Akten und Unterlagen und dokumentiert damit ein anhaltendes Muster der unterschiedlichsten Formen polizeilichen Fehlverhaltens.«

Durch diese umfassende Bestandsaufnahme von polizeilichen Missständen werden laut Manes zumindest Teile des Reports bei fast allen Fällen, in die das LAPD verwickelt ist, relevant und damit auch zulässig.

Donald Cook, ein weiterer Anwalt, der schon zahlreiche Prozesse gegen die Polizei geführt hat, hat gerade ein Bundesgerichtsverfahren gegen Gates und die Stadt anhängig, in dem es ebenfalls um Fehlverhalten seitens der SIS geht.

»Und jetzt raten Sie mal, was ich als Beweismittel verwenden werde?«, fragte er kürzlich.

Er sagte, er werde wie Yagman versuchen, den Abschlussbericht der Kommission als Beweis dafür heranzuziehen, dass die Polizei schlecht geführt werde und übertriebene Gewaltanwendung stillschweigend dulde.

»Der Report ist ein phantastisches Beweisstück – eine wirklich vertrauenswürdige und glaubhafte Untermauerung von dem, was wir seit Jahren behaupten«, sagte Cook. »Was für eine Ironie, dass wir es ausgerechnet vonseiten der Stadt bestätigt bekommen.«

»Ich glaube, die Stadt wird jetzt erfahren, was Gerechtigkeit heißt.«

Vincent, der Deputy City Attorney, muss die Verteidigungsstrategie der Stadt im aktuellen Fall erst noch entwerfen. Er lehnte es ab, dazu genauere Angaben zu machen, ließ aber durchblicken, dass seine Aufgabe darin bestehe, eine ganz klare Trennlinie zwischen dem Report und den Fakten der Schießerei zu ziehen, um die es in dem Prozess gehe.

»Wir werden uns an die Fakten des Falls halten«, sagte Vincent. »Wir sind der gleichen Meinung wie der Bürgermeister. Wir haben trotzdem das beste Police Department des Landes.«

Er sagte, fast alle Dokumente, die in Prozessen gegen die

Polizei als Beweismittel Verwendung fänden, stammten aus Protokollen über Schießereien, an denen Polizisten beteiligt gewesen seien, aus polizeilichen Stellungnahmen und aus Disziplinarunterlagen. Mit dem Kommissionsbericht konfrontiert zu werden, sei also keine völlig neue Situation. Trotzdem, erklärte Vincent, könne es besonders schwer werden, dagegen anzugehen.

»Ich glaube, der Bericht hat Gewicht«, sagte er. »Er genießt sicherlich Ansehen und Anerkennung.«

»Aber ich bin überzeugt, dass wir durchaus in der Lage sein werden, damit umzugehen. Wir finden Teile davon anfechtbar. Sie zeichnen ein falsches Bild der Realität.«

Dieses falsche Bild entstehe laut Aussagen Vincents dadurch, dass sich der Report auf Missstände innerhalb der Polizei konzentriere, ohne in gleichem Maß auch über positive Seiten des LAPD zu berichten. Die Schlussfolgerungen des Berichts seien zu allgemein, fügte Vincent hinzu. Die Geschworenen könnten sie nicht auf die an der McDonald's-Schießerei beteiligten Polizisten anwenden, weil weder sie noch ihre Einheit in dem Bericht Erwähnung fänden.

»Derartige Informationen sollten nie verwendet werden«, erklärte Vincent. »In diesem Fall hat das dazu geführt, dass Polizisten vorverurteilt wurden, die im Report nicht einmal genannt werden.«

Dennoch hat sich Vincent bereits damit abgefunden, dass er auch in künftigen Prozessen mit dem Report konfrontiert werden wird.

»Ich bin mir nicht über alle Möglichkeiten im Klaren«, sagte er, »wie er gegen uns verwendet werden kann. Deshalb ist der Bericht ein großes Thema für uns. Wir werden es einfach von Fall zu Fall angehen.«

L. A. DETECTIVE SCHILDERT
EINZELHEITEN TÖDLICHER SCHÜSSE

Ein Polizist sagt als Angeklagter in einem Zivilprozess aus,
in dem die Special Investigations Section beschuldigt wird,
drei unbewaffnete Verdächtige erschossen zu haben.

5. März 1992

In einer fast drei Stunden dauernden Zeugenaussage schilderte ein Officer des LAPD am Mittwoch im Bundesgericht in allen Einzelheiten den Ablauf der Schießerei, bei der er und seine Kollegen vor einem McDonald's in Sunland 35 Schüsse auf vier Verdächtige abgaben, dabei drei von ihnen töteten und den vierten verletzten.

Detective John Helms sagte, er habe sechsmal mit einer Pumpgun und dreimal mit einer Pistole geschossen, als er sah, wie einer der Gangster mit einer Schusswaffe aus dem Fluchtauto floh und ein zweiter Mann im Innern des Autos mit einer Pistole herumfuchtelte.

Hinterher stellte die Polizei fest, dass es sich bei den Waffen, die bei dem Vorfall am 12. Februar 1990 von den Verdächtigen verwendet wurden, um Luftpistolen handelte, Nachbildungen echter Pistolen.

Während der Schießerei, sagte Helms, habe er auf Hinweise geachtet, dass sich die Männer ergeben wollten. Es habe aber nichts darauf hingedeutet.

Der Überlebende, Alfredo Olivas, sagte aus, die Verdächtigen hätten ihre Luftpistolen nach dem Überfall im Kofferraum des Autos verstaut und seien deshalb unbewaffnet gewesen, als das Feuer auf sie eröffnet wurde. Mehrere Polizisten sagten dagegen aus, sie hätten die Männer im Auto Waffen zücken sehen, was sie veranlasst habe, das Feuer zu eröffnen.

In der Verteidigungsphase des Prozesses sagen die Polizisten in aller Ausführlichkeit über den Ablauf des Zwischenfalls aus und warum sie das Feuer eröffnet hätten.

Helms, der während seiner Zeugenaussage über die Schießerei phasenweise von Emotionen überwältigt zu werden drohte, erklärte den Geschworenen, die Polizisten hätten aus taktischen Erwägungen und Sicherheitsgründen nicht einschreiten können, solange die Tatverdächtigen das McDonald's-Restaurant nach dem Überfall auf die Geschäftsführerin nicht verlassen hätten.

Als die vier Männer in ihrem Auto saßen, das am Straßenrand geparkt war, fuhren vier sis-Autos vor, um ihnen den Weg zu versperren. Zwei der Polizeiautos rammten das Fluchtauto sogar und klemmten es hinter einem geparkten Lkw ein.

Als die Polizisten aus ihren Autos sprangen, hörte Helms einen Kollegen »Waffe!« rufen. Dann hörte Helms, wie Schüsse fielen und gerufen wurde: »Polizei! Sie sind verhaftet!«

»Dann passierten mehrere Dinge gleichzeitig«, sagte Helms. »Ich sah einen Mann aussteigen … und ich sah eine Schusswaffe in seiner rechten Hand. Ich sah, wie er loslief.«

Helms sagte, weil die Verdächtigen bei vorangegangenen Straftaten Schusswaffen benutzt hätten, habe er geglaubt, die Männer, die im Auto geblieben waren, seien ebenfalls bewaffnet und die Polizisten damit in Gefahr.

»Ich begann, auf das Heck zu feuern«, sagte Helms. »Und als Nächstes sah ich, wie eine der Handfeuerwaffen durch ein Loch im Heckfenster auf uns gerichtet wurde.«

Helms feuerte erneut und schoss seine Pumpgun leer. Währenddessen schossen andere Polizisten auf den vom

Auto weglaufenden Mann, der sich angeblich umdrehte und eine Luftpistole auf sie richtete.

»Ich hatte keine Munition mehr für meine Pumpgun«, sagte Helms. »Ich legte sie in mein Auto und nahm meine .45er heraus.«

Dann schilderte Helms, wie er und sein Partner sich dem Auto näherten, um sich zu vergewissern, dass von den drei Insassen keine Gefahr mehr ausging. Er sagte, als er in das Auto schaute, habe einer der Männer auf dem Rücksitz nach einer Waffe auf dem Boden gegriffen. Er habe den Mann angeschrien, sich nicht zu bewegen, und zweimal geschossen, als der Mann seiner Aufforderung nicht nachgekommen sei. Dann habe der andere Mann auf dem Rücksitz nach der Waffe gegriffen, worauf Helms auch auf ihn geschossen habe.

Helms gab an, nicht zu wissen, wie lange die Schießerei gedauert habe. »Wenn ich Angst um mein Leben habe, ist mein Zeitgefühl nicht sehr gut«, sagte er.

Während Helms' Kreuzverhör wies der Anwalt der Kläger, Stephen Yagman, darauf hin, dass die Waffe, die der Polizist im Auto gesehen zu haben glaubte, eine ungeladene Luftpistole gewesen sei. Yagman sagte, die Geschworenen hätten darüber zu entscheiden, ob es einleuchtend sei, dass die Männer Luftpistolen gezückt oder nach ihnen zu greifen versucht hätten, während sie von neun Polizisten mit Pumpguns und .45ern gestellt wurden.

GATES WILL »RICHTER, JURY UND HENKER« IN EINEM SEIN, SAGT ANWALT

Anwälte halten ihre Schlussplädoyers im Prozess um eine Schießerei in Sunland im Februar 1990, bei der Polizisten nach einem Raubüberfall drei Verdächtige töteten.

25. März 1992

Das Los Angeles Police Department sei ein »Frankenstein-Monster«, erschaffen von Polizeichef Daryl F. Gates, der zugelassen habe, dass eine Polizeieinheit als »Todesschwadrons« operiere, bekamen die Geschworenen am Dienstag zu hören. In dem Prozess geht es um einen Vorfall, bei dem drei Männer, die mehrerer Raubüberfälle verdächtigt wurden, von Polizisten erschossen wurden.

»In Los Angeles ist die Polizei einfach zu weit gegangen«, sagte Stephen Yagman, der Anwalt der Kläger. »Sie hat es mit der Gewaltanwendung übertrieben.«

»Das LAPD und Daryl Gates führen seit vierzehn Jahren ein Schreckensherrschaft in dieser Stadt«, erklärte Yagman. »Er tut und tat, was ihm passt. Das LAPD ist sein Frankenstein-Monster. Jegliches Maß und Ziel sind ihm abhandengekommen ... Er will Richter, Jury und Henker in einem sein.«

Gates und neun SIS-Officers wird angelastet, unverhältnismäßige Gewalt angewendet und ohne Grund auf die Ankläger geschossen zu haben. Die zehn Geschworenen werden sich voraussichtlich heute zur Beratung zurückziehen.

Deputy City Attorney Don Vincent entgegnete auf Yagmans Anschuldigungen, aus dem vorgelegten Beweismaterial gehe eindeutig hervor, dass die neun Polizisten das Feuer erst eröffneten, nachdem sie den Eindruck gewonnen hatten, sich in unmittelbarer Gefahr zu befinden. In Anbetracht der Tatsache, dass die Polizisten gesehen hätten, dass die Verdächtigen Schusswaffen zückten, bezeichnete er den massiven Schusswaffeneinsatz – 35 Schüsse aus Pumpguns und Handfeuerwaffen – als angemessene Reaktion. Wie sich später herausstellte, handelte es sich um Luftpistolen, die wie echte Waffen aussahen.

Vincent erklärte den Geschworenen, die überlegene Feuerkraft der Polizei sei nicht mit unverhältnismäßiger Gewaltanwendung zu verwechseln. Alle Polizisten hätten um ihr Leben gefürchtet und allen Grund gehabt, das Feuer zu eröffnen. »Wir sind hier nicht im Wilden Westen, wo man sich am helllichten Tag auf offener Straße mit zwei Schießeisen duelliert«, sagte Vincent. »Die Beamten sind nicht die Schießbudenfiguren der Öffentlichkeit.«

Yagman berief sich auf die Entscheidung von U.S. District Judge J. Spencer Letts, den Polizisten habe bereits vor dem Raubüberfall ein hinreichender Grund vorgelegen, die vier Verdächtigen festzunehmen. Laut Yagman hätten die Polizisten die Straftat zugelassen und die Observierung so inszeniert, dass die Schießerei »unausweichlich, unvermeidlich« gewesen sei. Die Sondereinheit sei bekannt dafür, auf taktische Maßnahmen zurückzugreifen, die oft in Schießereien endeten.

Yagman sagte, die Polizei habe die Luftpistolen nach der Schießerei aus dem Kofferraum genommen, eine davon in das Auto gelegt und eine weitere auf die Leiche des Mannes, der aus dem Auto geflohen war, bevor er von der Polizei erschossen wurde. Die Pistole im Auto sei auf Polizeifotos in verschiedenen Positionen zu sehen, was darauf hindeute, dass sich die Polizei an den Beweisstücken zu schaffen gemacht habe.

Er sagte, die Behauptung, die Waffen seien den Männern von der Polizei untergeschoben worden, sei »schwer zu verdauen«, aber die Alternative – die Darstellung der Polizei – widerspreche jedem gesunden Menschenverstand.

»Wer würde, wenn er neun Polizisten mit Schusswaffen gegenübersteht, eine ungeladene, unbrauchbare Luftpistole auf sie richten?«, fragte er. »Was sagt Ihnen Ihr Verstand?«

In seinem Schlussplädoyer widersprach Vincent dem Vorwurf, Polizeichef Gates billige unverhältnismäßige Gewaltanwendung. Außerdem wies er darauf hin, eine umfangreiche innerpolizeiliche Untersuchung habe die Polizisten von jedem Vorwurf des Fehlverhaltens freigesprochen.

Er verwies auf Zeugenaussagen seitens der Polizisten, denen zufolge die Waffe tatsächlich bewegt worden sei. Vincent sagte, die Pistole sei so, wie sie von den Polizisten vorgefunden worden sei, fotografiert und dann aus dem Auto entfernt worden. Später hätten die Polizisten sie aber wieder zurückgelegt, um weitere Fotos zu machen. Die ursprünglichen Fotos seien deutlich gekennzeichnet, erklärte er.

Vincent wies darauf hin, dass die Waffe, die angeblich bei der Leiche von Herbert Burgos platziert worden sei, dieselbe sei, die Burgos laut Aussagen des Überlebenden, Alfredo Olivas, beim Überfall benutzt habe. Vincent fragte die Geschworenen, woher die Polizisten gewusst haben sollten, wem sie welche Waffe unterschieben müssten.

»Nichts wurde nachträglich in dieses Auto gelegt«, sagte er. »Das würde bedeuten, es war Zufall, dass sie die richtige Waffe zu der richtigen Leiche legten.«

Vincent sagte, es werde sich wohl nie feststellen lassen, warum die Männer ungeladene Luftpistolen auf die Polizisten richteten. »Vielleicht dachten sie, es wäre jemand anders, und hoben die Pistolen, um sie einzuschüchtern«, sagte er.

ANMERKUNG: Die Geschworenen entschieden in dem SIS-Fall zugunsten der Kläger und sprachen den Familien der Getöteten und dem Überlebenden Schadenersatz in Höhe von 44 042 Dollar zu.

CITY COUNCIL WEGEN TÖDLICHER
SCHÜSSE DER POLIZEI VERKLAGT

Anwalt bietet an, Anklage gegen Stadtratsmitglieder fallen zu lassen, wenn sie Polizeichef Gates dazu veranlassen, für die im selben Fall erhobenen Schadenersatzforderungen selbst aufzukommen. Die Betroffenen sprechen von Erpressung.

2. April 1992

Am Mittwoch wurden Mitglieder des Los Angeles City Council wegen einer Schießerei verklagt, bei der drei Tatverdächtige nach einem Raubüberfall von Polizisten erschossen wurden. Der Anwalt, der die Klage eingereicht hatte, bot jedoch an, diese zurückzuziehen, wenn der City Council Polizeichef Daryl F. Gates dazu brächte, persönlich für den Schaden aufzukommen, der diese Woche in Zusammenhang mit besagter Schießerei gerichtlich festgesetzt wurde.

Mitglieder des City Council, die mit der neuen Klage vertraut sind, und ein Anwalt, der die Stadt in Fällen verteidigt, die die Polizei betreffen, reagierten zutiefst entrüstet auf das Angebot von Bürgerrechtsanwalt Stephen Yagman, das dem Schreiben an den City Coucil beigefügt war, in dem diesem die neue Klage in Höhe von 20 Millionen Dollar unterbreitet wurde.

»Hört sich ganz nach Erpressung an, oder?«, sagte Deputy City Attorney Don Vincent, der Leiter der polizeilichen Rechtsabteilung der Stadt.

Obwohl sich Councilman Zev Yaroslavsky grundsätzlich dafür ausspricht, Gates die Schadenersatzforderungen aus eigener Tasche bezahlen zu lassen, zeigte er sich dennoch bestürzt über Yagmans Schreiben.

»Niemand lässt sich gern drohen«, erklärte er.

Councilwoman Joy Picus ist unschlüssig, ob Gates zahlen sollte. Sie sagte, Yagman greife auf Maßnahmen wie Belästigung und Einschüchterung zurück.

»Der Mann hat echt Nerven«, sagte sie. »Ich hatte schon öfter mit Anwälten zu tun, die versucht haben, mich zu erpressen und mir zu drohen. Ich müsste schön blöd sein, mich von ihm einschüchtern zu lassen.«

Yagman erklärte, sein Angebot sei weder unangemessen noch erpresserisch.

»Jeder hat das Recht, Leute in Regierungspositionen zu bitten, etwas zu tun oder nicht zu tun, und zu sagen: ›Wenn du auf unsere Forderungen eingehst, ergreifen wir bestimmte Maßnahmen oder verzichten darauf, bestimmte Maßnahmen zu ergreifen‹«, sagte Yagman. »Das hat nichts mit Erpressung zu tun. Es ist ein Versuch, zu einem Vergleich zu kommen.«

Die Klage, die am Mittwoch beim U.S. District Court gegen den City Council und zahlreiche Polizisten und Polizeiverantwortliche eingereicht wurde, ist die jüngste Wendung in dem Rechtsstreit, der über die tödlichen Schüsse vom 12. Februar 1990 vor einem McDonald's in Sunland entbrannt ist.

Nach einem dreimonatigen Gerichtsverfahren entschied die Jury am Montag zugunsten der Kläger und verhängte gegen Gates und neun Beamte der SIS eine Schadenersatzzahlung in Höhe von 44042 Dollar. Die Geschworenen erklärten, der Schadenersatz sei bewusst niedrig angesetzt, weil sie der Meinung seien, der Polizeichef und seine Polizisten sollten ihn aus eigener Tasche leisten. Gates sollte 20505 Dollar zahlen.

Das Urteil der Jury löste diese Woche eine heftige Debatte innerhalb des City Council aus, ob die Stadt für den Schadenersatz aufkommen solle. Bisher hat die Stadt die Kosten für Schadenersatzforderungen, die wegen dienstlicher Vorfälle gegen Polizisten erhoben wurden, automatisch übernommen.

Am Mittwoch wurde die Kontroverse durch die neue Klage zusätzlich angeheizt. Sie ist identisch mit der ersten, wurde aber im Namen der zweijährigen Johanna Trevino eingereicht, der Tochter von Juan Bahena, einem der von der Polizei getöteten Männer.

Yagman sagte, das Mädchen sei sechs Tage nach dem Tod ihres Vaters, dessen richtiger Name Javier Trevino war, geboren worden. Sie könne die Klage aufgrund eines Präzedenzfalls einreichen, der im vergangenen Jahr bei einem anderen Zivilverfahren gegen die SIS geschaffen worden sei. In diesem Fall, in dem ebenfalls Yagman als Anwalt des Klägers auftrat, befand ein Bundesberufungsgericht, dass ein Kind, das noch nicht geboren war, als der Vater von der Polizei getötet wurde, für den Verlust des Elternteils Schadenersatz fordern kann.

Die neue Klageschrift führt 20 SIS-Officers auf, sowie Gates, Bürgermeister Tom Bradley, 17 ehemalige Polizeichefs und Mitglieder der Police Commission und sämtliche Mitglieder des City Council, die zum Zeitpunkt der Schießerei im Amt waren.

In einem Schreiben an den City Council, das der Anklageschrift beigefügt war, erklärte Yagman: »Wenn der Council beschließt, Gates für die Schadenersatzzahlungen in diesem Fall nicht zu entschädigen, werden diejenigen von Ihnen, die die Mehrheit dieser Entscheidung bilden, in dem neuen Verfahren als Angeklagte gestrichen.«

Vincent, der Anwalt der Stadt, erklärte, er könne sich nicht zu der Klage äußern, solange sie ihm nicht vorliege. Aber über Yagmans Schreiben sagte er: »Ich habe noch nie von einem Anwalt gehört, der so etwas getan hat.«

Auch Mitglied des Councils, die das Schreiben am Mittwoch erhielten, reagierten mit Entrüstung.

Councilwoman Joan Mike Flores sagte, die Klage und Yagmans Vorgehen seien unerhört.

»Ich werde mich von solchen Maßnahmen nicht einschüchtern lassen«, erklärte sie in einem Statement.

Yaroslavsky befürchtet, Yagmans Schreiben könne die Bemühungen der Councilmitglieder, die der Meinung seien, Gates solle den von den Geschworenen festgesetzten Schadenersatz selbst leisten.

»Ich glaube nicht, dass Yagmans Schreiben der Sache irgendwie zuträglich ist«, sagte er. »Ich finde es unnötig und unangebracht. Ich tendiere dazu, nicht für Chief Gates zu zahlen … Zu einer endgültigen Entscheidung werde ich anhand von Fakten kommen, nicht wegen einer Drohung.«

Yagman dagegen führte an, sein Schreiben sei ein Versuch, den Stadtrat dazu zu bringen, sich an die Empfehlungen der Jury zu halten.

»Alles, was wir sagen, ist: Wir lassen die Anklage fallen, wenn sie sich weigern, Gates zu entschädigen«, sagte Yagman. »Es wäre vielleicht falsch gewesen, mit einer Klage zu drohen. Aber das haben wir nicht getan. Wir haben sie verklagt und dann gesagt: ›Wenn Sie sich verantwortungsvoll verhalten, ziehen wir in Erwägung, Sie von dieser Klage auszunehmen.‹«

ANWÄLTE ERHALTEN IN PROZESS UM POLIZEIBRUTALITÄT 378 000 DOLLAR HONORAR

Entscheidung könnte zu weiteren Auseinandersetzungen zwischen Anwalt und City Council führen.

5. August 1992

Ein Bundesrichter hat Bürgerrechtsanwalt Stephen Yagman und seinen Partnern für ihre Tätigkeit in Zusammenhang mit einem erfolgreichen Prozess wegen unverhältnismäßiger Gewaltanwendung gegen den ehemaligen Polizeichef von Los Angeles, Daryl Gates, und neun Polizisten ein Anwaltshonorar in Höhe von 378 000 Dollar zugesprochen.

Diese richterliche Entscheidung gibt Anlass zu weiteren potenziellen Konflikten in einem laufenden Rechtsstreit zwischen Yagman und dem City Council, in dem es um die finanzielle Unterstützung für Polizisten, die sich gegen Zivilklagen wegen Polizeigewalt verteidigen müssen, seitens des City Council geht.

Yagman brachte Vertreter der Stadt dieses Jahr schon gegen sich auf, als er ihnen eine Rechnung vorlegte, in der er ein Honorar in Höhe von fast einer Million Dollar für sich und die zwei Partner forderte, die an dem Zivilverfahren über einen Fall aus dem Jahr 1990 beteiligt waren, bei dem Polizisten nach einem Raubüberfall auf einen McDonald's in Sunland drei Männer erschossen.

Anwälte der Stadt, die das Honorar bei 216 000 Dollar angesetzt hatten, bezeichneten es als Sieg, dass Yagman wesentlich weniger erhielt, als er gefordert habe, doch Yagman sagte, er sei mit dem Honorar zufrieden. Seitens der Stadt wurde noch nicht entschieden, ob gegen den Beschluss Berufung eingelegt werden soll. Nach dreimonatigem Prozess erhielten der Überlebende der Schießerei und die Familien der drei Toten eine Schadenersatzsumme in Höhe von 44 000 Dollar zugesprochen, für die Gates und die neun Polizisten, die alle der Special Investigations Section angehören, aufkommen müssen. Die Kläger beharrten darauf, dass die Polizisten die Bürgerrechte der Männer verletzt hätten, indem sie ohne Grund auf sie schossen. Gates habe durch seinen Führungsstil solche unverhältnismäßige Gewaltanwendung gefördert.

Die Festsetzung der Anwaltshonorare durch U. S. District Judge J. Spencer Letts am Freitag könnte den Rechtsstreit ausweiten, der zwischen Yagman und dem Stadtrat darüber entbrannt ist, wer die Anwaltshonorare zahlen soll. Obwohl die Geschworenen verlangten, dass Gates und die Polizisten die 44 000 Dollar Schadenersatz persönlich zahlen, entschied der City Council schon früher in diesem Jahr, die Schadenersatzforderungen aus der Stadtkasse zu bezahlen.

Yagman sagte am Dienstag, auch die in dem Verfahren festgesetzten Anwaltshonorare sollten von Gates und den Polizisten persönlich bezahlt werden. Nach Bundesrecht muss ein Anwalt, der ein Bürgerrechtsverfahren erfolgreich zum Abschluss bringt, von den Angeklagten bezahlt werden, wobei die Höhe des Honorars von einem Richter festgesetzt wird, nachdem er die Argumente beider Seiten gehört hat.

»Wir haben kein Urteil gegen die Stadt«, sagte Yagman. »Wir haben ein Urteil gegen neun sis-Officers und Gates. Sie sollten dafür bezahlen. Warum sollte der Steuerzahler dafür aufkommen?«

Yagman sagte, falls der City Council die 378 000 Dollar aus der Stadtkasse bezahlen werde, verhelfe ihm das zu neuer Munition in einer weiteren Klage in Zusammenhang mit den Todesschüssen der Polizei.

Die zweite Zivilklage, die im Namen der Tochter eines der

getöteten Männer eingereicht wurde, führt neben der Polizei auch Stadträte als Beklagte auf. Yagman machte geltend, Stadträte sollten insofern für das Vorgehen der Polizisten zur Verantwortung gezogen werden, als ihre Entscheidung, die Schadenersatzforderungen aus dem ersten Fall aus der Stadtkasse zu bezahlen, eine stillschweigende Duldung des Fehlverhaltens vonseiten der Polizei bedeute, das die Geschworenen festgestellt hätten.

Yagman führte an, jedes Mal, wenn die Stadträte entschieden, Polizisten bei Zivilklagen wegen Brutalität vor persönlichen Strafzahlungen zu schützen, bestätigten sie seine Anschuldigung, dass sie das brutale Vorgehen der Polizei unterstützten, und sollten deshalb ebenfalls persönlich für die dadurch entstehenden Schäden haftbar gemacht werden.

Der Termin für den zweiten Zivilprozess wurde noch nicht festgesetzt. Aber Judge Letts lehnte es letzte Woche ab, die Stadträte von der Liste der Beklagten zu streichen. Er wies das Argument des City Attorney zurück, sie würden bei Zivilklagen in Zusammenhang mit Amtshandlungen automatisch Immunität genießen.

Deputy City Attorney Annette Keller sagte, Stadträte könnten nicht selbst darüber entscheiden, ob sie solche Honorare zahlen oder nicht.

»Es ist Teil der rechtlichen Verpflichtung der Stadt, Angestellte zu verteidigen, die wegen Maßnahmen verklagt werden, die sie im Rahmen ihrer Beschäftigung ergriffen haben«, sagte Keller. »Wir sind verpflichtet, alle gerichtlich festgesetzten Anwaltshonorare zu zahlen. Dieser Punkt unterliegt nicht der Entscheidung des City Council.«

Yagman sagte, sein Honorarvorschlag sei lediglich ein »Wunschzettel« und er sei mit Letts' Entscheidung zufrieden. »Das ist sehr viel Geld, und ich bin froh, es zu bekommen«, sagte Yagman. In einer 24-seitigen Anordnung, in der er die Festsetzung der Honorare erläuterte, sprach sich Letts lobend über Yagman aus, weil er einen Fall übernommen habe, den er als »besonders unattraktiv« bezeichnete, weil die Kläger ein verurteilter Räuber und die Familien von Räubern gewesen seien.

Eine vor vier Jahren durchgeführte Recherche der *Times* über die SIS gab Anlass zu dem Vorwurf, Angehörige der Einheit, die Personen mit einem umfangreichen Vorstrafenregister observierten, sähen oft tatenlos zu, wenn diese Straftaten begingen, damit die Betreffenden wegen möglichst schwerwiegender Anklagepunkte festgenommen werden könnten und möglichst hohe Strafen erhielten.

Von Teenager getötet

JUNGER POLIZIST STIRBT
BEI KAMPF UM DIENSTWAFFE

Sechzehnjähriger Verdächtiger erschossen.

Los Angeles Times
8. Juni 1988

Laut Angaben der Polizei wurde am Dienstag ein junger Officer des LAPD, der noch keine drei Monate im Polizeidienst war, bei einem Kampf um seine Dienstwaffe von einem 16-Jährigen getötet, der eines Einbruchs verdächtigt wurde und den er in der North Hollywood Street gestellt hatte.

Der jugendliche Todesschütze, Robert Steele aus North Hollywood, wurde später von Polizeihunden auf dem Dachboden eines leer stehenden Hauses in der Nähe aufgespürt, wo er von vier Polizisten erschossen wurde, nachdem er wiederholt versucht hatte, den Revolver zu ziehen, den er dem getöteten Polizisten abgenommen hatte, teilte Commander William Booth mit.

Ein 19-jähriger Mittäter des Einbruchs wurde laut Aussagen der Polizei gefasst.

Bei Officer James Beyea, 24, konnte um 1.28 Uhr morgens im St. Joseph Medical Center in Burbank nur noch der Tod festgestellt werden. Weniger als eine Stunde zuvor war ihm – offensichtlich mit seiner eigenen Waffe – in den Kopf und ins Bein geschossen worden, teilte Booth mit.

Beyea und Officer Ignacio Gonzalez, 44, der bereits seit

18 Jahre im Polizeidienst ist und Beyeas ausbildete, waren um 0.20 Uhr zu einem Elektrogeschäft am Lankershim Boulevard 7261 gefahren, nachdem dort durch einen Einbruch die Alarmanlage ausgelöst worden war.

Tür offen

Als die Officers bei Alpha Electronics eintrafen, fanden sie laut Booth eine offene Tür vor und betraten das Geschäft. Sie durchsuchten das ganze Gebäude bis auf einen Lagerraum, der von innen abgeschlossen war, ohne jemanden darin zu entdecken.

Kurz nachdem sie wieder nach draußen gegangen waren, um auf den Inhaber des Geschäfts zu warten, der den Schlüssel zum Lagerraum hatte, wurde die Alarmanlage ein zweites Mal ausgelöst, und die Officers sahen eine Person aus einer Hintertür des Gebäudes flüchten. Sie kehrten zu ihrem Streifenwagen zurück und fuhren um den Block, um dem Verdächtigen den Weg abzuschneiden, teilte Booth mit.

»Dann trennten sie sich«, sagte der Polizeisprecher. »Beyea machte sich zu Fuß auf den Weg, Gonzalez blieb im Auto. Sie hielten das für die beste Möglichkeit, den Verdächtigen zu verfolgen.«

Booth zufolge holte Beyea den Verdächtigen nördlich der Wyandotte Street, etwa zwei Blocks von dem Elektrogeschäft entfernt, in der Hinds Avenue ein und versuchte, ihn festzunehmen. Aus dem Auto beobachtete Gonzalez, wie sein Partner und der Verdächtige um eine Schusswaffe kämpften.

»Gonzalez war etwa einen Block entfernt, als er den Kampf zwischen den beiden sah«, sagte Booth. »Als er auf sie zufuhr, hörte er Schüsse.«

Beyea fiel zu Boden, und der Verdächtige schoss auf den näher kommenden Gonzalez. Gonzalez erwiderte die Schüsse, aber keiner von beiden wurde getroffen. Dann flüchtete der Verdächtige, und Gonzalez eilte Beyea zu Hilfe.

Wie Booth mitteilte, durchsuchten daraufhin 50 Polizisten, unterstützt von einem Hubschrauber und sieben Polizeihunden, ein 16 Blocks umfassendes Areal um den Tatort. Gegen 4.30 Uhr morgens führte einer der Hunde Polizisten zu einem leer stehenden Haus in der Runnymede Street 11 828, das etwa drei Blocks von der Stelle entfernt lag, an der Beyea erschossen worden war.

Die Officers betraten das auf einem dicht bewachsenen Grundstück gelegene eingeschossige Haus und fanden Steele, der sich in einer Ecke des Dachbodens versteckt hatte.

Laut einer Erklärung der Polizei stiegen Sergeant Gary Nanson, 34, und Officer John Hall, 41, auf den Dachboden und forderten Steele auf, die Hände zu heben. Der Jugendliche kam der Aufforderung zunächst nach und sagte den Polizisten, der Mann, den sie suchten, verstecke sich unten. Doch dann griff er nach seiner Schusswaffe.

Laut Aussagen der Polizei gab Hall einen Schuss ab und verletzte Steele am Kopf. Trotz mehrerer Aufforderungen, sich nicht zu bewegen, versuchte Steele noch zweimal, nach der Waffe zu greifen. Daraufhin wurde er von Nanson und zwei anderen Polizisten erschossen, die ebenfalls auf den Dachboden gestiegen waren, heißt es in dem Statement.

Die bei Steele gefundene Waffe war Beyeas Dienstwaffe, sagte Booth. Ballistische Untersuchungen sollen zeigen, ob der Polizist mit dieser Waffe getötet wurde.

Laut Aussagen der Polizei wurde keine andere Schusswaffe gefunden, und in dem Haus hielt sich keine weitere Person auf.

Bei einer Durchsuchung des Areals fanden Polizisten Alberto Hernandez, 19, der sich etwa einen Block von der Stelle entfernt, an der Beyea getötet worden war, im Gebüsch versteckt hatte. Er gab zu, an dem Einbruch beteiligt gewesen zu sein, und wurde unter Mordverdacht festgenommen, teilte die Polizei mit.

Erster Todesfall in diesem Jahr

Beyea ist der erste Polizist des LAPD, der dieses Jahr im Dienst getötet wurde. Im vergangenen Jahr waren zwei getötet worden.

Der in Reseda ansässige Beyea trat im vergangenen Oktober in die Police Academy ein und machte dort am 25. März seinen Abschluss. Laut Captain Charles (Rick) Dinse, Leiter der North Hollywood Division, dem der Dienstanfänger zugeteilt worden war, wurde Beyea, wie in solchen Fällen üblich, einem erfahrenen Kollegen an die Seite gestellt, der über eine Qualifikation als Ausbilder verfügte.

»Beyea wurde von seinen Vorgesetzten und seinem Ausbilder als einer unserer besten Männer eingeschätzt«, sagte Dinse. »Er war mit Leib und Seele Polizist, und wir dachten alle, er würde es einmal zu etwas bringen.«

Beyea, der alleinstehend war, wurde in Reseda geboren und machte 1981 an der Cleveland High School seinen Abschluss. Er diente in der Air Force und in der Air Force Reserve.

Beyeas Großvater war in Los Angeles Verkehrspolizist und ging 1961 in den Ruhestand.

Der Termin für die Beerdingung stand am Dienstag noch

nicht fest. Beyea hinterlässt seine Mutter Cathleen Beyea aus Northridge. Beyea ist innerhalb von drei Jahren der zweite North Hollywood Officer, der im Dienst getötet wurde. Am 31. Oktober 1985 wurde Detective Thomas C. Williams, 42, erschossen. Der Täter wollte ihn, wie aus Polizeikreisen verlautet, daran hindern, in einem Raubüberfallprozess auszusagen.

An diesem Artikel hat Times-Redaktionsmitglied Steve Pa-*dilla mitgewirkt.*

AUGE UM AUGE

Jugendlicher war gelegentlich mit dem Gesetz in Konflikt geraten, entsprach aber nicht dem Bild eines Polizistenmörders.

9. Juni 1988

Bobby Steele war ein guter Batter und hatte am Sonntag mit seinem Jugendliga-Baseballteam, den Sun Valley Park Pirates, den neunten Sieg in Serie erzielt.

Am Montag ging der 16-Jährige wegen eines morgendlichen Zahnarzttermins nicht in die Schule. Seine Großeltern, bei denen er aufwuchs, hatten nichts dagegen, dass er den Rest des Tages zu Hause verbrachte.

Doch um 21 Uhr verließ er sein Zuhause in North Hollywood, in dem er sein ganzes Leben verbracht hatte. Er backte Kekse und traf sich dann mit einem Freund. Als er aus dem Haus ging, ließ er alles zurück, was seinen normalen Alltag bislang ausgemacht hatte.

Ein paar Stunden später und ein paar Straßen weiter tötete Robert Jay Steele laut Aussagen des LAPD einen Polizisten. Noch einmal wenige Stunden später tötete die Polizei ihn.

»Ich kann mir das einfach nicht erklären«, sagte seine Großmutter Pauline Steele am Mittwoch. Sie saß auf dem Bett ihres toten Enkels und starrte auf die Baseball-Pokale auf seiner Kommode.

»Ich kann das alles gar nicht mit der Person vereinbaren, die ich kannte«, sagte seine Schwester Lori Lyn Steele. In den Augen seiner Familienangehörigen mag Steele ein schwieriger Jugendlicher gewesen sein, der in der Schule und mit der

Polizei seine Probleme hatte, aber er entsprach nicht dem Bild eines Polizistenmörders.

Doch am Dienstag kämpfte der Teenager um 0.20 Uhr laut Aussagen der Polizei mit einem Officer, der erst seit Kurzem im Polizeidienst war, um dessen Dienstwaffe. Nach wenigen Sekunden fiel Officer James Beyea, 24, tödlich am Kopf getroffen zu Boden.

In die Enge getrieben und getötet

Daraufhin schoss Steele, der verdächtigt wurde, unmittelbar zuvor in ein in der Nähe gelegenes Elektrogeschäft eingebrochen zu sein, mit der Dienstwaffe des Polizisten auf dessen näher kommenden Partner und flüchtete. Später wurde er auf dem Dachboden eines leer stehenden Hauses gestellt und von Polizisten erschossen, nachdem er laut Polizeiangaben wiederholt nach der Waffe zu greifen versuchte.

»Er ist auch früher schon in Schwierigkeiten geraten, aber nie auch nur annähernd so wie in diesem Fall«, sagte seine 23-jährige Schwester. »Ich habe das Gefühl, dass er einfach Angst hatte. Er hat sich mit den falschen Leuten eingelassen, irgendwas ausgefressen und Angst bekommen.«

Die Polizei wollte sich nicht dazu äußern, ob Steele bereits zu Jugendstrafen verurteilt worden war. Laut Aussagen seiner Familie war er im vergangenen Jahr mehrmals wegen Kleinigkeiten mit dem Gesetz in Konflikt geraten, darunter eine Prügelei mit einem Lehrer und eine Festnahme, als ein Polizist zwei Schlagringe bei ihm im Auto entdeckte. Einzelheiten zu diesen Vorfällen standen am Mittwoch nicht zur Verfügung.

Steele besuchte die North Hollywood High School, wo er dem Unterricht häufig fernblieb. Im Mai wurde er in ein Hilfsprogramm des Jugendamts Los Angeles County gesteckt. Zu den Gründen dieser Maßnahme wollten sich die zuständigen Stellen nicht äußern.

»Er liebte Sport und machte oft irgendwelchen Unsinn«, sagte Ricardo Davis, Freizeitleiter im Sun Valley Park, der Steele seit acht Jahren kennt. »Aber so richtig kennengelernt habe ich ihn eigentlich nie. Er kam unmittelbar vor den Spielen auf den Platz und verschwand danach sofort wieder. Ich weiß nicht, ob seine Freundschaften mit den Jungs aus der Mannschaft über das Spielfeld hinausgingen.«

Polizeiangaben zufolge war Steele außerhalb des Baseball mit Alberto Hernandez, 19, aus North Hollywood, befreundet. Nachdem Steele am Montagabend das Haus seiner Großeltern verlassen hatte, brachen er und Hernandez laut den Ermittlern bei Alpha Electronics ein, das etwa sechs Straßen weiter lag.

Als dort am Dienstag um 0.20 Uhr die Alarmanlage ausgelöst wurde, fuhren Officer Beyea und sein Partner, Officer Ignacio Gonzalez, zu dem Geschäft. Nachdem sie das Gebäude durchsucht hatten, sahen sie jemanden flüchten und nahmen die Verfolgung auf.

Die Polizisten trennten sich. Beyea setzte die Verfolgung zu Fuß fort, Gonzalez im Auto. Wenig später sah Gonzalez, wie Beyea auf der Straße mit jemandem kämpfte. Er war noch etwa einen Häuserblock entfernt, als er zwei Schüsse hörte und seinen Partner zu Boden gehen sah.

Daraufhin gab Steele mehrere Schüsse auf Gonzalez ab und floh zu einem leer stehenden Haus. Dort spürte ihn um 4.30 Uhr ein Polizeihund auf.

Laut Angaben der Polizei holten der Hundeführer Jon Hall und Sergeant Gary Nanson, einer von mehreren Dutzend Polizisten, die in der Zwischenzeit nach dem Verdächtigen suchten, eine Leiter aus der Garage des Hauses, legten sie in der Diele an die Luke zum Dachboden an und kletterten mit ihren Taschenlampen nach oben.

Sie entdeckten Steele zwischen zwei Dachsparren in einer Ecke des Dachbodens und forderten ihn auf, sich zu ergeben. Dieser Aufforderung kam Steele zunächst nach und erzählte den Polizisten, im Haus befinde sich ein weiterer Verdächtiger. Doch dann versuchte er den Polizisten zufolge plötzlich, nach einer neben ihm liegenden Schusswaffe zu greifen. Hall gab einen Schuss ab und traf Steele im Gesicht.

Laut Aussagen der Polizei krochen Hall und Nanson auf Steele zu und gelangten nach einer kurzen Untersuchung zu der Überzeugung, er sei tot. Damit der Tatort für die Ermittler unberührt blieb, ließen sie die Schusswaffe neben ihm liegen und zogen sich zurück.

Hall stieg vom Dachboden wieder nach unten, um das Haus zu durchsuchen. Etwa drei Minuten nach dem ersten Schuss bewegte sich Steele und griff trotz einer Warnung Nansons wieder nach der Waffe.

Nanson gab einen Schuss ab und traf Steele erneut im Gesicht. Zwei weitere Polizisten hörten den zweiten Schuss, kletterten rasch auf den Dachboden und schossen ebenfalls, als sie Steele immer noch nach der Waffe greifen sahen. Ein Schuss traf Steele zum dritten Mal im Gesicht, der andere ging daneben.

Die Polizisten fanden Beyeas Dienstwaffe neben dem toten Jugendlichen.

Hernandez, der in einem Gebüsch in der Nähe des Hauses gefunden wurde, wird heute einem Richter vorgeführt und des Mordes angeklagt.

Die offizielle Trauerfeier für Beyea, den Enkel eines Verkehrspolizisten, findet am Freitag um 11 Uhr im Praiswater Funeral Home in Van Nuys statt, anschließend wird er im Oakwood Memorial Park beerdigt.

1000 MENSCHEN NEHMEN AN FEIERLICHER BESTATTUNG FÜR ERSCHOSSENEN POLIZISTEN TEIL

11. Juni 1988

Die erste Polizeibestattung, an der die März-Absolventen der Los Angeles Police Academy teilnahmen, war die eines Mannes aus ihren Reihen.

Zwei Dutzend Angehörige des Jahrgangs, viele mit tränenüberströmten Gesichtern, standen am Freitag in ihren blauen Uniformen in Reih und Glied und salutierten, als Officer James Clark Beyea im Oakwood Memorial Park unter Trompetenklängen verabschiedet wurde.

Beyea, 24, der gemeinsam mit ihnen am 25. März die Polizeiakademie absolviert hatte, wurde am Dienstag in North Hollywood gegen 1.30 Uhr morgens tödlich getroffen, als er mit einem mutmaßlichen Einbrecher um seine Dienstwaffe kämpfte.

An seinem Begräbnis nahmen etwa 1000 Trauergäste teil, größtenteils Beamte von Polizeibehörden aus dem gesamten südlichen Kalifornien. Unter den Trauernden waren neben Beyeas Familienangehörigen auch Bürgermeister Tom Bradley, Polizeichef Daryl F. Gates und Vertreter der Air National Guard, der Beyea angehört hatte.

Ein schmerzlicher Verlust

»Das ist ein schmerzlicher Verlust«, sagte Officer William Casey, einer von Beyeas Klassenkameraden in der Akademie.

»Es ist schon schlimm genug, wenn ein Beamter in diesem Beruf getötet wird. Aber jemand, der sozusagen zur Familie gehörte, doppelt.«

Officer Dave Porras sagte, Beyea, der Enkel eines Verkehrspolizisten, habe schon einige aufregende Geschichten aus seinem neuen Job zu erzählen gehabt.

»Er erzählte mir ständig von irgendwelchen Verfolgungsjagden und Drogenfestnahmen und wie aufregend das alles war«, sagte Porras mit feuchten Augen vor den Trauergästen im Praiswater Funeral Home in Van Nuys.

»Jim sagte mir einmal, er könne gar nicht glauben, dass er für seine Arbeit bei der Polizei tatsächlich bezahlt würde. Aber ein Menschenleben lässt sich nicht in Geld bemessen. Jim war im Dienst, weil er im Dienst sein wollte.«

Beyea wurde erschossen, als er einen 16-Jährigen stellen wollte, der mutmaßlich in einen Elektroladen eingebrochen war.

Beyea war der erste Polizist in Los Angeles, der im letzten Jahr im Dienst gestorben ist, und der 175., der seit 1907 getötet wurde.

TEIL ZWEI

Die Killer

Ein Mörder auf der Flucht

WILDER DES MORDES
AN EINER HAUSFRAU ANGEKLAGT

South Florida Sun-Sentinel
7. April 1984

Der landesweit gesuchte Christopher Bernard Wilder, der sich dem Zugriff der Behörden weiterhin entzieht, wurde am Freitag des Mordes ersten Grades an einer Hausfrau aus Oklahoma City angeklagt. Er hat auf seinem blutigen Weg quer durchs ganze Land, der ihn nach Auffassung des FBI seit März vom südlichen Florida aus immer weiter nach Westen führt, einen weiteren Zwischenhalt eingelegt.

Die Anklage wurde in Junction City, Kansas, erhoben, nicht weit von der Stelle, wo die Leiche der Frau am 26. März gefunden wurde. Obwohl der Mann aus Boynton Beach nach Ansicht der Behörden eine Spur aus Entführungen und Morden hinter sich herzieht, die von Miami bis Las Vegas reicht, ist dies die erste Mordanklage, die gegen Wilder erhoben wird.

Der 39-jährige Wilder ist in Florida der Entführung und Vergewaltigung einer Studentin des Tallahassee College angeklagt. Der selbstständige Elektriker, Teilzeitrennfahrer und selbst ernannte Fotograf steht seit dieser Woche auf der FBI-Liste der zehn meistgesuchten Verbrecher und wird mittlerweile in mindestens acht Fällen der Entführung oder Ermordung attraktiver junger Frauen verdächtigt.

In Miami veröffentlichten FBI Agents am Freitag ein 1981

aufgenommenes Video des gepflegten und zurückhaltenden Mannes. Er sitzt ganz entspannt vor einer Kamera und spricht über seine Lebensziele, insbesondere über seinen Wunsch, mehr Frauen kennenzulernen, und auch darüber, wie er sich die Frau fürs Leben vorstellt.

Beim FBI hofft man, dass die landesweite Ausstrahlung des Videos zur Festnahme Wilders führen wird.

»Für uns ist das bei der Fahndung eine enorme Hilfe«, sagte FBI-Sprecher Dennis Erich. »Jeder, der dieses Video gesehen hat, wird Wilder erkennen.«

Beim FBI wollte man sich nicht dazu äußern, woher das sechs Minuten lange Video stammt. Es scheint sich um ein Interview für eine Partnervermittlung zu handeln. Das Video zeigt Wilder im gelben Sporthemd und Jeans auf einer Couch sitzend, wie er von einem unsichtbaren Interviewpartner befragt wird.

»Ich habe ein Bedürfnis, mehr Leute kennenzulernen als bisher«, sagt Wilder. »Ich will mit Frauen ausgehen. Ich will mehr Frauen kennenlernen und etwas mit ihnen unternehmen.«

Als er in der drei Jahre alten Videoaufnahme nach seinen Zukunftsplänen gefragt wird, sagt Wilder: »Vor allem hoffe ich, die Richtige zu finden. Jemanden mit Tiefgang, mit Niveau. Jemanden, in dessen Gegenwart ich mich wohlfühle.«

Wilder spricht über seinen Betrieb, seine Hobbys Autorennen und Wasserskifahren und seine Abneigung dagegen, Frauen in Bars kennenzulernen.

»Ich bin noch nie gern in Bars gegangen«, sagt er. »Ich bin an dem Punkt angekommen, an dem ich mich im Big Daddy's einfach nicht mehr wohl fühle.«

»Über dieses Alter bin ich langsam hinaus«, fügt er lachend hinzu.

Das Bild des zurückhaltenden und sympathischen Wilder, wie er sich in dem Video zeigt, steht in auffallendem Gegensatz zu dem Mann, der Wilder nach Auffassung der Behörden zu sein scheint.

Die Polizei nimmt an, dass Wilder Mitte März nach dem Verschwinden von zwei Models aus seinem Haus in Miami in Palm Beach County floh. Am Freitag wurde er nun des Mordes an Suzanne Wendy Logan angeklagt, einer 21-jährigen Frau aus Oklahoma City, die am 25. März aus einem Einkaufszentrum verschwand.

Die Leiche des Opfers wurde am nächsten Tag auf einem Picknickplatz am Milford Lake in Geary County, Kansas, gefunden.

Wilder »ist eindeutig der Mann, den wir suchen«, sagte Geary County Deputy Sheriff William Deppish. Auf dem Haftbefehl wurde die Kaution für den Gesuchten auf zwei Millionen Dollar angesetzt.

Nach Angaben der zuständigen Stellen gilt Wilder als Hauptverdächtiger in dem Fall, weil der Mord an Mrs. Logan auffallende Ähnlichkeiten mit dem Verschwinden anderer Frauen aufweist und weil der Mord in das örtliche und zeitliche Schema des Wegs nach Westen passt, auf dem sich der Flüchtige vermutlich befindet.

»Wir haben Wilder wegen seiner Vorgehensweise im Verdacht«, sagte John DiPersio, Under Sheriff von Geary County. »Er hat die Frauen an den Handgelenken mit Klebeband gefesselt, und dazu kommen noch die blauen Flecken an den Handgelenken und am ganzen Körper sowie lange Schnittwunden am Rücken, wohl von einem Messer.«

»Zeitpunkt und Ort machen ihn zum Hauptverdächtigen«, sagte Max Geiman, FBI Special Agent in Kansas City, Missouri.

Mrs. Logans endgültige Identifizierung erfolgte am Donnerstag mithilfe zahnärztlicher Unterlagen. Ein Fischer hatte ihre Leiche halb versteckt unter den niedrigen Ästen einer Kiefer am Ufer des Milford Lake bei Junction City entdeckt.

Die Obduktion ergab, dass die Frau an einer Stichwunde im Rücken gestorben ist.

Vertreter des FBI sagten diese Woche in Washington, falls Wilder für die Morde und Entführungen verantwortlich sei, wegen denen er gesucht werde, handle es sich um den klassischen Fall eines Serienmörders. Schneller als jeder andere Flüchtige vor ihm wurde Wilder auf die Liste der zehn meistgesuchten Verbrecher gesetzt.

Laut Aussagen von FBI Agents spricht Wilder in Einkaufszentren junge Frauen an und gibt sich als Fotograf aus. Er macht den Frauen Komplimente und spricht über ihr Potenzial als Models. Unter dem Vorwand, Probeaufnahmen machen zu wollen, versucht er sie dann zu überreden, mit ihm zu kommen.

Wilder wird seit 1980 sowohl in Palm Beach County als auch in Australien wegen verschiedenen Straftaten gesucht. Er wird beschuldigt, mehrere junge Frauen entführt und misshandelt zu haben, nachdem er sich ihnen gegenüber als Fotograf ausgegeben hat. In Australien wird er per Haftbefehl wegen Entführung gesucht, in Florida wegen Verstoßes gegen seine Bewährungsauflagen.

Die intensive Fahndung nach Wilder begann Ende März, als FBI-Agenten die Entführung und Vergewaltigung einer Studentin der Florida State University mit zwei früheren Fällen in Verbindung brachten, in denen junge Frauen verschwunden waren.

Nach Ansicht der Polizei setzte sich Wilder von seinem Wohnsitz Boynton Beach in Richtung Westen ab. Er wird verdächtigt, für mehrere Morde und Vermisstenfälle verantwortlich zu sein:

- Am 26. Februar verschwand das Teilzeitmodel Rosario Gonzalez, 20, vom Miami Grand Prix. Sie wird immer noch vermisst.

- Am 3. März verschwand Elizabeth Kenyon, 23, Teilzeitlehrerin und Model, aus Miami. Ihr Auto wurde am Flughafen gefunden. Immer noch vermisst.
- Am 18. März verschwand Theresa Ferguson, 21, ein angehendes Model, aus einem Einkaufszentrum in Merritt Island. Drei Tage später wurde ihre Leiche in einem abgelegenen Bach in der Nähe von Haines City in Polk County gefunden.
- Am 20. März wurde eine 19-jährige Studentin der Florida State University aus einem Einkaufszentrum in Tallahassee entführt, nachdem ihr ein als Wilder identifizierter Mann 25 Dollar die Stunde dafür geboten hatte, sich von ihm fotografieren zu lassen. Sie entkam aus einem Motel in Bainbridge, Georgia, wo Wilder sie ihren Aussagen zufolge gefoltert und vergewaltigt hatte. Wilder wurde der Entführung angeklagt.
- Am 23. März verschwand Terry Walden, 24, eine Schwesternschülerin aus Beaumont, Texas. Drei Tage später wurde ihre Leiche in einem Kanal außerhalb der Stadt gefunden.
- Am 25. März verschwand Suzanne Wendy Logan, 21, eine Hausfrau aus Oklahoma City, Oklahoma. Ihre Leiche wurde am nächsten Tag auf einem Picknickplatz am Milford Lake in Geary County, Kansas, gefunden.
- Am 29. März verschwand Sheryl Bonaventura, 18, aus einem Einkaufszentrum in Grand Junction, Colorado. Immer noch vermisst.
- Am 1. April verschwand Michelle Korfman, 17, ein angehendes Model, aus einem Einkaufszentrum in Las Vegas, Nevada, nachdem sie in einer Fashion Show aufgetreten war. Immer noch vermisst.

An diesem Artikel haben Sun Sentinel-*Redakteure mitgewirkt.*

WILDER FÜHRTE IN
SOUTH FLORIDA DOPPELLEBEN

15. April 1984

Lange bevor Christopher Bernard Wilder der meistgesuchte Verbrecher Amerikas wurde, machte er die Model- und Modeszene von South Florida unsicher.

Laut Aussagen von Ermittlern gelang es Wilder durch seinen gezielt eingesetzten Charme, seine Wortgewandtheit, sein Geld und vor allem durch seine Kamera, sich Zugang zu diesen Kreisen zu verschaffen.

So erschwindelte sich Wilder Zutritt zu hochrangigen Schönheitswettbewerben und Fashionshows und trieb sich als selbst ernannter Fotograf und Talentvermittler in Einkaufszentren und an Stränden herum. Mindestens eine Modelagentur schickte ihm Models für Fotoshootings.

»Wilder lauerte im Dunkeln«, sagte Ken Whittaker jun., ein 28-jähriger Privatdetektiv, der die Polizei als Erster auf Wilder aufmerksam machte. »Er war raffiniert und durchtrieben und konnte die Frauen hervorragend manipulieren.«

»Er trieb schon eine ganze Weile sein Unwesen«, sagte Tom Neighbors, ein Detective des Sheriff's Office von Palm Beach County. »Er hatte eine raffinierte Masche, um an die Sorte Frauen ranzukommen, auf die er stand.«

Die intensive Fahndung nach Wilder, die sich über eine Distanz von 8000 Meilen erstreckte, nahm am Freitag ein Ende. Der in Australien geborene Inhaber einer Elektrofirma und Rennfahrer erschoss sich versehentlich selbst, als er auf einer Tankstelle in einer Kleinstadt in New Hampshire in ein Handgemenge mit einem Polizisten geriet.

Wilder, der auf seinem Weg durch die Vereinigten Staaten eine grausame Spur von mindestens elf entführten oder ermordeten Frauen hinter sich herzog, scheint ein Doppelleben geführt zu haben: das eine luxuriös, geprägt von finanziellem Erfolg, schnellen Autos und attraktiven Frauen; das andere zwielichtig, durchzogen von Festnahmen, Ermittlungsverfahren und Verdächtigungen.

Diesen Schluss legen gerichtliche Unterlagen und die Aussagen von Menschen nahe, die den 39-jährigen Wilder kannten.

»Ich dachte immer, er wäre tatsächlich Fotograf«, sagte eine Frau, die Wilder bei einem Autorennen getroffen hatte und sich einmal bei ihm zu Hause fotografieren ließ. Sie will nicht namentlich genannt werden.

»Das ist mir alles völlig unerklärlich«, sagte sie. »Er muss total durchgedreht sein, um diese Dinge zu tun und so viel zu verbergen. Er wirkte wie ein ganz normaler netter Typ.«

Noch stärker wirkten sich diese unglaublichen Vorfälle auf Wilders Familie in Australien aus. Seine Mutter und sein in Amerika geborener Vater verweigern jede Auskunft, während sein 41-jähriger Bruder Stephen das FBI in den Vereinigten Staaten bei seinen Ermittlungen unterstützt.

»Die Familie bricht total auseinander«, sagte Valerie Wilder, eine Schwägerin. »Das ist gerade nicht einfach für uns. Wir versuchen zurzeit, einen Tag nach dem anderen hinter uns zu bringen.«

Sie sagte, Christopher Wilder sei zum ersten Mal mit einem Jahr in die Vereinigten Staaten gekommen. Die nächsten Jahre wechselte er häufig den Wohnsitz, da sein Vater bei der U.S. Navy war und häufig versetzt wurde. Erst 1959 kehrten die Wilders auf Dauer nach Australien zurück. Christopher Wilder, der zweitälteste von vier Brüdern, zog mit 25 Jahren in die Vereinigten Staaten.

»Chris war mir gegenüber immer ein richtiger Gentleman«,

sagte seine zutiefst bestürzte Schwägerin. »Meine Kinder haben ihn geliebt.«

Doch die Ermittlungen der Polizei deuten darauf hin, dass Wilders höfliches und freundliches Auftreten eine dunklere Seite verbarg.

»Ich hatte von Anfang an das Gefühl, dass er eine Jekyll-und-Hyde-Persönlichkeit war«, sagte Anwalt und Ermittler Ken Whittaker sen., ehemaliger leitender Special Agent der FBI-Dienststelle Miami.

Anfang März waren Whittaker und sein Sohn im Verlauf mehrerer Gespräche mit Wilder zu der Überzeugung gelangt, dass er am Verschwinden zweier Models aus Miami beteiligt sein könnte. Sie waren von den Eltern eines der Models beauftragt worden, nach ihrer Tochter zu suchen.

Eine Woche später gab Wilder seine drei Hunde in einem Zwinger ab und brach zu einer Odyssee auf, die ihn von Florida nach Kalifornien und dann wieder quer durchs ganze Land zurück in den kleinen Ort Colebrook in New Hampshire führte, fünf Minuten von der kanadischen Grenze entfernt.

FBI Agents vermuten, dass er auf dieser makabren Irrfahrt in mindestens neun Großstädten, in denen Frauen entführt oder ermordet wurden, Station gemacht hat.

Wilders Nachbarn in der Mission Hill Road in Boynton Beach berichteten von gelegentlichen Partys, Frauenbesuchen und einem Porsche, der auf einem Anhänger abgestellt war. In letzter Zeit sind Polizei und Presse verstärkt an Auto und Haus interessiert.

»Er ist zu einem historischen Denkmal geworden«, sagte Nachbar Ken Bankowski über den Porsche.

Obwohl die landesweiten Vergewaltigungen und Morde mit Wilders Tod ein Ende gefunden haben, bleiben laut Aussagen der Ermittler viele Fragen offen.

Joseph Corles, leitender Special Agent des FBI in Miami,

sagte, das FBI werde sich weiterhin mit Wilders Vergangenheit befassen. Man erhofft sich, dadurch Hinweise auf andere ungelöste Mordfälle zu erhalten.

»Wir sind auf alles gefasst«, sagte Detective Neighbors.

Einige von Wilders Aktivitäten in den vergangenen Jahren sind bereits dokumentiert.

1983 wurde Wilder bei der Wahl zur Miss Florida gefilmt. Veranstalter des Schönheitswettbewerbs teilten letzte Woche mit, auf Videoaufnahmen, die anlässlich eines Medientages am 1. Oktober 1982 gemacht worden waren, sei Wilder unter einem Dutzend Fotografen am Strand zu sehen. Das Video wurde dem FBI ausgehändigt.

Elizabeth Kenyon, 23, Lehrerin und Model, die am 5. März aus Miami verschwand, war Finalistin dieser Misswahl und lernte Wilder dort kennen. Sie wird nach wie vor vermisst, und Wilder steht im Verdacht, an ihrem Verschwinden beteiligt zu sein.

»Er gab sich bei dem Event als Fotograf der australischen Zeitschrift *Pix* aus«, sagte Grant Gravitt, einer der Veranstalter.

Laut Blaine Davis, Medienkoordinator der Veranstaltung, legte Wilder einen Presseausweis vor, dessen Echtheit man sich jedoch nicht von der australischen Zeitschrift bestätigen ließ.

»Normalerweise hätte ich das bei einer australischen Zeitschrift nicht nachgeprüft«, erklärte Davis. »Er legte einen Ausweis vor, an dem damals nichts auszusetzen war.«

In Australien sagten leitende Angestellte von *Pix*, laut ihren Unterlagen habe die Zeitschrift Wilder nie beschäftigt oder Fotos von ihm erworben.

Erst vor Kurzem hatte ein 20-jähriges Model aus Fort Lauderdale »großes Glück«, wie es das FBI formulierte. Sie konnte einer Einladung, sich am 23. Februar von Wilder fotografieren zu lassen, nicht nachkommen, weil sie keine

Fahrgelegenheit zu seinem Haus in Boynton Beach organisieren konnte.

Die junge Frau äußerte sich zu dem Vorfall nur unter der Bedingung, nicht namentlich genannt zu werden. Sie sagte, ein Fotograf habe ihr erzählt, Wilder hätte Fotos von ihr gesehen, wolle »sie unbedingt kennenzulernen«, und beim bevorstehenden Miami Grand Prix Fotos von ihr machen.

»Als Wilder später an dem Abend anrief, sagte er, er würde eine Budweiser-Werbung machen und wollte in seiner Garage Fotos machen – mit einem Auto, das er am nächsten Tag beim Rennen fahren wollte«, sagte das Model. »Ich fand das schon komisch, ein Shooting in einer Garage zu machen. Aber nachdem mein Fotograf ihn mir empfohlen hatte, dachte ich mir nichts weiter dabei.«

Sie habe sich dann entschlossen, doch nicht zu Wilder zu fahren, weil ihr ihre Eltern, die glaubten, irgendetwas »stimme da nicht«, das Auto nicht leihen wollten.

»Ich rief Wilder an und sagte ihm, ich könne nicht kommen«, sagte sie. »Er schien verärgert und wollte, dass ich ein Taxi nehme. Als ich Nein sagte, fragte er, ob ich mich am nächsten Tag beim Rennen mit ihm treffen würde. Ich sagte, ich hätte schon was anderes vor.«

Das angehende Model Rosario Gonzalez verschwand am 26. Februar vom Miami Grand Prix. Die 20-Jährige wird immer noch vermisst. FBI Agents verdächtigen Wilder, an ihrem Verschwinden beteiligt gewesen zu sein.

»Beim FBI meinten sie, ich hätte großes Glück gehabt«, sagte das Model aus Fort Lauderdale. »Das war verdammt knapp. Ich bin immer noch ziemlich durch den Wind.«

Ted Martin, der Fotograf, der das »Shooting« mit Wilder und der jungen Frau aus Fort Lauderdale arrangiert hatte, sagte, er habe Wilder für einen normalen Fotografen gehalten. Er hatte ihn zwei Jahre zuvor bei einer Fashion Show in der Cutler Ridge Mall kennengelernt.

»Ich hatte beruflich mit ihm zu tun«, sagte Martin. »Er hatte wirklich Ahnung vom Fotografieren.«

Die Ermittler wissen nicht, wie viele andere angehende junge Models das Pech hatten, Wilder über den Weg zu laufen.

Laut Detective Neighbors wird er auch einer Vergewaltigung im Jahr 1979 verdächtigt. Damals meldete ein 17-jähriges Mädchen, es sei am Strand von Lake Worth von einem Mann angesprochen worden, der sich als Scout einer bekannten Modelagentur in Fort Lauderdale ausgab. Nachdem er die junge Frau zu seinem Auto gelockt hatte, brachte der Mann sie in eine einsame Gegend von West Palm Beach und vergewaltigte sie. Neighbors sagte, die Frau habe vor Kurzem der Polizei gegenüber geäußert, ihr Entführer sei Wilder gewesen.

Die Ermittler vermuten, dass Wilder mehrere falsche Namen, Visitenkarten und Tricks einsetzte, um junge Frauen zu Fotoshootings zu locken, bei denen er dann versuchte, sie zu verführen oder zu vergewaltigen.

»Es gibt Hinweise, dass er verschiedene Namen und Visitenkarten benutzte«, sagte Neighbors. »Das war Teil seiner Masche. Er hat das sehr raffiniert angestellt.«

Laut William Silvernail, dem Leiter der Blackthorn-Modelschule in West Palm Beach, bewarb sich Wilder 1981 bei seiner Agentur als selbstständiger Fotograf. Aufträge bekam zwar keine, aber Silvernail hat Wilder im Verdacht, dass er sich von einer Visitenkarte der Agentur Kopien anfertigen ließ, die ihn als Blackthorn-Fotografen auswiesen.

Silvernail sagte, seine Agentur habe von da an immer wieder Anrufe von Eltern erhalten, die sich nach einem Fotografen erkundigten, der ihre Töchter angesprochen hatte. Der Name des Fotografen war oft unterschiedlich, aber die Beschreibung war immer dieselbe: blond, schütteres Haar, Vollbart – eine Beschreibung, die auf Wilder zutrifft.

Die Leiterin der Barbizon School of Modeling in Broward County, Dorothy Girard, sagte, Wilder habe auch den Namen ihrer Agentur benutzt, um junge Frauen und Mädchen anzusprechen. Dabei trug Wilder laut Aussagen Mrs. Girards häufig ein Barbizon-T-Shirt.

»Und damals hatten wir noch gar keine Barbizon-T-Shirts«, sagte sie. »Wenn er unseren Namen verwendete, riefen unsere Schülerinnen an, um sich nach ihm zu erkundigen. Wir sagten ihnen: ›Finger weg, er ist nicht von uns.‹«

Nicht alle Mädchen, die Wilder ansprach, machten sich aber die Mühe, Erkundigungen über ihn einzuziehen. 1980 wurde er wegen Vergewaltigung einer 16-Jährigen verhaftet. Er hatte sie in einem Einkaufszentrum in West Palm Beach angesprochen und ihr in Aussicht gestellt, als Barbizon-Model für eine Pizzawerbung gebucht zu werden.

Dem Gerichtsprotokoll zufolge forderte Wilder das Mädchen zunächst auf, in verschiedenen Geschäften des Einkaufszentrums für ihn zu posen. »Meine Augen sind die Kamera«, sagte er dem Mädchen laut Protokoll. »Achte gar nicht auf mich.«

Sheriff's Detective Arthur Newcomb, der Wilder wegen der Vergewaltigung festnahm, sagte später in einer eidesstattlichen Erklärung, man habe angenommen, dass Wilder immer wieder auf die Fotografenmasche zurückgriff, um junge Frauen zu verführen.

»Wilder gab zu, sich regelmäßig als Modelagent auszugeben«, sagte Newcomb. »Er versucht, an Mädchen ranzukommen, um sie zu verführen. Es gibt Berichte, die nicht in Zusammenhang mit Straftaten stehen, aus denen hervorgeht, dass dieser Mann das oft getan hat. Er leugnet das nicht.«

In diesem Fall bekannte sich Wilder der versuchten Vergewaltigung schuldig und bekam fünf Jahre auf Bewährung. Er wurde psychiatrische betreut, zog aber keinen Schlussstrich unter sein Leben als selbst ernannter Modefotograf.

Laut Polizeiangaben richtete er sich Anfang der 8oer-Jahre in seinem Haus in der Mission Hill Road ein Studio ein, komplett mit Entwicklungs- und Vergrößerungsgeräten, Scheinwerfern, Hintergründen und Schminkutensilien. Ein Bekannter sagte, Wilder habe sogar Ventilatoren gehabt, »damit die Haare der Models wie im Wind wehten«.

Im Dezember 1982, zwei Monate nachdem er sich Zugang zur Miss-Florida-Wahl verschafft hatte, wurde Wilder in Australien verhaftet und der Entführung und sexuellen Belästigung zweier Teenager angeklagt, die er mit dem Versprechen, ihnen einen Modeljob zu beschaffen, vom Strand weggelockt hatte. Zuerst hatte Wilder die Mädchen in einen Zoo gebracht, wo er sie fotografierte, während sie auf einer Steinskulptur posierten.

Der Polizei zufolge befand sich dabei kein Film in seiner Kamera. Am 4. April erschien er nicht zur Gerichtsverhandlung in Australien.

Laut australischen Gerichtsunterlagen und Interpol zeigte Wilder den Mädchen eine Visitenkarte, die ihn als Fotografen von Tide International auswies, einer Modelagentur an der Worth Avenue in Palm Beach.

Detective Neighbors zufolge arbeitete Wilder in den frühen 8oer-Jahren als freier Fotograf für Tide. Die Agentur vermittelte ihm Models für Shootings in seinem Studio.

»Über Tide kam er an Models heran«, sagte Neighbors. »Er rief in der Agentur an und sagte, ich brauche ein Model, und sie schickten ihm eins vorbei. Er buchte sie ganz regulär. Was er mit den Fotos gemacht hat, weiß ich nicht.«

Neighbors zufolge gingen beim Sheriff's Bureau keine Beschwerden von Tide-Models ein, die an Wilder vermittelt wurden. Mehrere von ihnen seien vernommen worden und hätten erklärt, Wilder habe sich absolut professionell verhalten. Sie hätten schockiert auf die Mitteilung reagiert, dass Wilder mehrerer Entführungen oder Morde verdächtigt werde.

Tom Davis, Inhaber von Tide, erklärte, es habe keinerlei Geschäftsbeziehung zwischen Wilder und seiner Agentur gegeben. Davis bestätigte zwar, mit Wilder über den Autorennsport Kontakt gehabt zu haben, sagte aber zugleich, Wilder sei nicht unter den etwa 40 freien Fotografen gewesen, die mit Tide zusammengearbeitet hätten.

»Wir haben ihm nie ein Model vermittelt«, sagte Davis. »Auf gar keinen Fall.«

Wilder könnte in den frühen 80er-Jahren laut Aussagen Neighbors' zwar mit anderen Agenturen in der Region zusammengearbeitet haben, löste aber nach seiner Verhaftung in Australien das Studio in seinem Haus auf und entfernte sein Equipment. Danach brachte der selbst ernannte Modefotograf seine Filme zum Entwickeln wieder in den nächsten K-Mart.

An diesem Artikel haben Sun-Sentinel-*Redakteure Ott Cefkin und Patricia Sullivan sowie Australienkorrespondent Nick Yardley mitgewirkt.*

WILDER-OPFER AUCH
EIN JAHR SPÄTER NOCH VERMISST

23. Februar 1985

Wenn Haydee Gonzalez an die für letzten Juni angesetzte Hochzeit ihrer Tochter denkt, beginnt sie jedes Mal zu weinen.

Delores Kenyon spricht über das Schlafzimmer ihrer Tochter, das voll ist mit ihren unbenutzten Habseligkeiten, und auch sie beginnt zu weinen.

Inzwischen sind zwölf Monate vergangen, seit Rosario Gonzalez verschwunden ist, und fast genauso lang ist es her, dass Beth Kenyon nicht mehr aufgetaucht ist. Doch für die Familien der vermissten jungen Frauen konnte die Zeit den Fragen kein Ende bereiten und den Schmerz nicht lindern.

Obwohl ein Jahr vergangen ist, seit Christopher Wilder zu seiner Odyssee von Entführung, Vergewaltigung und Mord aufbrach, die nach Auffassung der Polizei mit dem Verschwinden zweier Frauen aus South Florida begann, und 8000 Meilen später mit seinem Tod endete, lässt er viele noch immer nicht los.

Die Familien von Gonzalez und Kenyon wissen weiterhin nichts über das Schicksal ihrer Töchter. Auch die zahlreichen Ermittler, die sich mit dem Fall Wilder befassen, tappen im Dunkeln. Und sie wissen auch nicht, wie viele andere Menschen ihm unbekannterweise noch zum Opfer gefallen sein könnten.

Nach dem Tod des mutmaßlichen Mörders gehen die Familien, FBI-Agenten und Polizisten weiterhin allen Hinweisen nach und setzen auf der Suche nach den vermissten Frauen weitere Teile des Wilder-Puzzles zusammen.

»Es ist jetzt schon ein Jahr her, und wir weinen immer noch die ganze Zeit«, sagte Delores Kenyon aus Pompano Beach. Delores und William Kenyons Tochter Beth, 23, wurde zum letzten Mal am 6. März mit Wilder an einer Tankstelle in Coral Gables gesehen.

»Ich kann einfach nicht anders, ständig kommen mir die Tränen«, sagte sie diese Woche. »Ich kann mir nichts vorstellen, was einem das Herz noch mehr brechen könnte. Wir machen das jetzt schon ein Jahr lang durch, und trotzdem sind wir noch nicht weitergekommen als bis zu dieser Tankstelle. Was danach mit ihr passiert ist, wissen wir nicht.«

»Egal was passiert ist, wir werden es als Gottes Wille akzeptieren«, sagte Haydee Gonzalez. »Aber wir wollen unbedingt wissen, was passiert ist.« Rosario Gonzalez, 20, die Tochter von Haydee und Blas Gonzalez, verschwand an diesem Wochenende vor genau einem Jahr vom Miami Grand Prix.

Im vergangenen Jahr haben die zwei Familien Privatdetektive engagiert, Hellseherinnen konsultiert, Tausende von »Vermisst«-Flyern verteilt, von hier bis nach El Salvador Anzeigen in Zeitungen geschaltet und Reisen bis nach Mexiko und Kanada unternommen – alles in der Hoffnung, ihre Töchter zu finden, ob lebendig oder nicht.

Die Gonzalez und zwei Verwandte wurden letzten Mai am Muttertag wegen Hausfriedensbruch festgenommen, als sie den Garten von Wilders Haus in Boynton Beach nach Anhaltspunkten durchsuchten. Mrs. Gonzalez sagte, aus Frustration, nichts zu wissen, habe sie einfach etwas tun müssen. Die Anklage wurde später fallen gelassen.

Die Familien haben keine Spur von den zwei jungen Frauen gefunden. Von den 13 Frauen, die Wilder mutmaßlich entführt hat, wurden sechs ermordet. Vier entkamen ihrem Entführer, und drei sind noch vermisst. Die Vermissten sind Kenyon, Gonzalez sowie Colleen Orsborne, 15, die am 15. März aus Daytona Beach verschwand.

Wilder kam am 13. April ums Leben, als er in Colebrook, New Hampshire, mit einem State Trooper um eine Schusswaffe kämpfte.

Nicht zu wissen, was mit den vermissten Frauen passiert ist, belastet die Angehörigen am meisten; es belastet sie mehr, als Gewissheit zu haben.

»Sie haben ihre Töchter gefunden und sie begraben«, sagte Delores Kenyon über einige der anderen Familien, denen Wilder eine Tochter genommen hat. »Wir wissen nicht einmal, was aus unseren geworden ist.«

»Die Ungewissheit ist das Schlimmste daran«, sagte Haydee Gonzalez.

Deshalb hat die Familie Gonzalez sogar eine Reise nach Mexico City unternommen, um nach Rosario zu suchen; deshalb fahren sie jedes Wochenende zu einer anderen Stelle im westlichen Dade County, um in den Everglades nach ihr zu suchen; und deshalb werden sie auch an diesem Wochenende beim Miami Grand Prix 10000 Flyer mit dem Foto ihrer Tochter verteilen.

Deshalb rufen die Kenyons Woche für Woche beim FBI an, um sich zu erkundigen, ob sich bei der Suche nach ihrer Tochter irgendetwas getan hat; deshalb haben sie Tausende von Dollars an drei private Ermittlungsbüros gezahlt; und deshalb haben sie sogar den Rat einer Hellseherin befolgt und im fernen Alabama in einem Gestrüpp nach ihrer Tochter gesucht.

Und deshalb gehen auch FBI und Polizei selbst fast ein Jahr nach Wilders Tod noch jedem plausiblen Hinweis oder Anhaltspunkt nach, um die vermissten Frauen zu finden.

»Wir haben absolut noch nicht aufgegeben«, sagte Detective Harvey Wasserman vom Miami Police Department.

»Wir erhalten immer noch Hinweise. Wir gehen ihnen immer noch nach. Aber bisher ist nichts dabei herausgekommen.«

»Wir gehen jedem Hinweis nach, den wir erhalten«, sagte FBI-Sprecher Joe Del Campo. »Wir werden damit nicht aufhören, bevor alle realistischen Ermittlungen abgeschlossen sind und jeder Spur nachgegangen wurde.«

Erst letzte Woche ging bei der Polizei in Miami ein Anruf ein, Rosario Gonzalez sei in Washington, D.C., gesehen worden. Der Hinweis bestätigte sich jedoch nicht.

Um nichts unversucht zu lassen, haben FBI Agents vor Kurzem im Todestrakt eines kalifornischen Gefängnisses mit einem Mann gesprochen, der dort auf seine Hinrichtung wegen Mordes wartet und Wilder gekannt hat, wie ein Informant mit Einblick in die Ermittlungen mitteilte.

Laut Aussagen dieses Informanten hatte der Häftling behauptet, er könne den Ermittlern helfen, die vermissten Frauen zu finden, aber seine Angaben bewahrheiteten sich nicht. Del Campo bestätigte, dass Agents kürzlich nach Kalifornien gereist sind, nicht aber, dass sie mit einem Häftling gesprochen haben.

Auf der Suche nach den vermissten Frauen folgt das FBI bei seinen Ermittlungen jedoch auch noch einer anderen Spur. Anhand von Kreditkarten-, Telefon- und sonstigen Unterlagen versuchen die FBI-Agenten, Wilders Weg zu rekonstruieren.

Laut Aussagen Del Campos planen Agents, Wilders Spur über mehrere Jahre hinweg in die Vergangenheit zurückzuverfolgen und seinen gesamten Werdegang auf ungeklärte Straftaten in der jeweiligen Region zu überprüfen, die in Zusammenhang mit der Ermordung, Vergewaltigung und Entführung junger Frauen steht.

»Wir ermitteln noch immer sehr aktiv«, sagte Del Campo. »Wir sind nach wie vor dabei, das Wilder-Puzzle zusammenzusetzen. Es könnte Opfer geben, die zeitlich mehrere Jahre in der Vergangenheit liegen und von denen wir noch nichts wissen. Wir lassen nichts unversucht.«

Die lange Liste von Wilders Festnahmen wegen sexueller Belästigung sowohl in Palm Beach County als auch in Australien reicht bis in die 70er-Jahre zurück. Die Ermittler haben herausgefunden, dass Wilder schon in dem Jahr vor der Mordserie, die ihn zum meistgesuchten Verbrecher Amerikas machte, im ganzen Land unterwegs war. FBI Agents konnten Wilder die Entführung und Vergewaltigung einer jungen Frau im Jahr 1983 in San Mateo, Kalifornien, anlasten.

»Es ist schwer, das alles zu rekonstruieren«, sagte Del Campo. »Wir versuchen, alle Teile zusammenzusetzen. Aber das wird seine Zeit dauern.«

Diese Zeit müssen die Familien von Rosario Gonzalez und Beth Kenyon in quälender Ungewissheit verbringen, seit ihre Töchter im vergangenen Jahr vermisst gemeldet wurden.

Gonzalez wurde zum letzten Mal am 26. Februar 1984 gesehen, als sie beim Miami Grand Prix Proben eines Aspirin-Produkts verteilte. Ermittler haben inzwischen in Erfahrung gebracht, dass das angehende Model an diesem Tag mit einem Mann gesprochen hat, auf den Wilders Beschreibung zutrifft.

Wilder, ein selbstständiger Elektriker mit einem Faible für Autorennen und Fotografie, hatte mit seinem schwarzen Porsche am Tag zuvor an einem Vorrennen des Grand Prix teilgenommen und kam am 26. Februar als Zuschauer zum Hauptrennen. Er hatte seine Kamera dabei, die er den Ermittlern zufolge oft einsetzte, um Frauen in den Tod zu locken.

Die Familie der vermissten Frau hofft, durch die 10 000 Flyer, die sie an diesem Wochenende verteilen will, neue Erkenntnisse über das Verschwinden ihrer Tochter zu gewinnen. Sie stellt darauf für Informationen, die zu einer

Aufklärung führen, eine Belohnung in Höhe von 50 000 Dollar in Aussicht.

»Das FBI konnte nicht zweifelsfrei beweisen, dass es Wilder war, der sie entführt hat«, sagte Mrs. Gonzalez. »Zum Grand Prix kamen Leute aus dem ganzen Land. Da waren Jachten von überall. Vielleicht kommen einige dieser Leute dieses Jahr wieder, und vielleicht kann sich jemand an etwas erinnern, was uns weiterhilft, wenn er ihr Bild sieht.«

In ihrem tiefsten Innern ist Mrs. Gonzalez überzeugt, dass ihre Tochter, die im vergangenen Juni heiraten wollte, noch lebend gefunden werden kann.

»Ich habe das Gefühl, dass sie noch am Leben ist«, sagte sie. »Ich habe keine Ahnung, wo, aber es ist durchaus möglich, dass sie entführt wurde und irgendwo festgehalten wird.«

Die Familien Gonzalez und Kenyon teilen ein ungewöhnliches, wenn auch tragisches Schicksal. Sie rufen sich oft gegenseitig an, um sich zu trösten und sich über Fortschritte bei ihrer Suche auf dem Laufenden zu halten. Als die Kenyons einem Hinweis nachgingen, ihre Tochter halte sich in El Salvador auf, kamen Angehörige der Familie Gonzalez aus Miami nach Pompano Beach, um bei Telefonaten zu dolmetschen.

»Wir tauschen untereinander aus, was wir wissen, und bleiben in Kontakt«, sagte Selva Menendez, eine Cousine der Familie Gonzalez, die oft als Dolmetscherin für Haydee und Blas Gonzalez fungiert, die beide wenig Englisch sprechen. »Wir telefonieren in der Regel alle paar Wochen miteinander. Wir glauben, wenn wir eins der Mädchen finden, wird die andere nicht weit sein.«

Die Spur von Beth Kenyon, wie viele von Wilders Opfern ein angehendes Model, endet an der Tankstelle in der Nähe der Schule von Coral Gables, an der sie unterrichtete. Ihr Auto wurde am Miami International Airport gefunden. Ihre Familie hört nicht auf, nach ihr zu suchen.

»Wenn jemand anruft und sagt, unsere Tochter ist auf dem Mond, schicken wir jemanden auf den Mond, um nach ihr zu suchen«, sagte Mrs. Kenyon.

Doch die Bemühungen der Familie erbrachten enttäuschend wenige Hinweise auf das Schicksal ihrer Tochter. Die Plakate, die sie an Kirchen, Sheriff's Offices und Supermärkte in ganz Florida schickten, führten zu keinerlei brauchbaren Informationen. Auch eine sechstägige Suche nach einer Hütte in North Alabama, wo ihre Tochter sich einer Hellseherin zufolge hätte befinden sollen, erwies sich als erfolglos. Alles Sackgassen – genau wie die Spuren, die nach Kanada und Südamerika führten.

»Wir sind immer noch am gleichen Punkt wie am 6. März«, sagte Delores Kenyon. »Wir können ihr noch immer keinen Schritt weiter folgen als bis zu dieser Tankstelle.«

Wie Haydee Gonzalez hegt auch Mrs. Kenyon die schwache Hoffnung, dass ihre Tochter noch am Leben ist. Sie hat Beths Sachen aus deren Wohnung in Coral Gables in ihr Haus in Lockport, N.Y., bringen lassen. Und sie wartet, hofft und betet, dass der Tag kommt, an dem ihre Tochter sie wieder benutzt.

»Alles wartet auf sie«, sagte Mrs. Kenyon. »Ihr Zimmer wartet auf sie. Alles ist unberührt. Man muss nur immer weiter hoffen. Und beten.«

Dann fing sie an zu weinen.

Verhängnisvolles Versteckspiel

ERMORDUNG DER EHEFRAU
BEENDET DOPPELLEBEN EINES MANNES

Ein ehemals in Granada Hills ansässiger Mann ist in Florida des Mordes angeklagt. Laut Aussagen seiner Ehefrau behauptete er, für die CIA zu arbeiten, und heiratete ein zweites Mal, ohne sich von ihr scheiden zu lassen.

Los Angeles Times
29. September 1991

In seinem Büro in Granada Hills umgab sich David Russell Miller mit Erinnerungsstücken an die Dinge, die ihm am meisten bedeuteten.

Der ehemalige Handelskammerpräsident, der bei keinem kommunalen und geschäftlichen Anlass im San Fernando Valley fehlte, hatte in seinem Büro eine ganze Wand voll mit Fotos wichtiger Persönlichkeiten, die er im Lauf seiner Karriere getroffen hatte. Da waren der Gouverneur, Abgeordnete aus der Region und international bekannte Persönlichkeiten wie Oliver North und sogar Desmond Tutu.

Aber von seiner Frau Dorothy war kein Bild darunter, ebenso wenig wie von ihren zwei kleinen Kindern. Die meisten Leute, die Miller kannten – darunter diejenigen, die jahrelang mit ihm zusammenarbeiteten –, sagten deshalb auch, sie hätten gar nicht gewusst, dass er verheiratet war.

Auch die Geschäftsfrau Jayne Marie Maghy erfuhr davon nichts, als sie Miller im Januar auf einem Flug kennenlernte und sechs Wochen später, nach zahlreichen Fahrten in Nobelkarossen und Essen in teuren Restaurants, in Las Vegas heiratete. Doch schon bald nachdem diese aufregende Kennenlernphase zu Ende gegangen war, schöpfte die frischgebackene Mrs. Miller hinsichtlich der geschäftlichen und privaten Aktivitäten ihres Partners Verdacht.

Mithilfe eines Privatdetektivs erfuhr sie von der Existenz der anderen Mrs. Miller und stellte ihren Mann am 15. September zur Rede.

Dieser Schritt sollte sie nach Angaben der Polizei das Leben kosten. Jayne Miller wurde in der Stadt in Florida, in die das Paar zu Beginn dieses Jahres gezogen war, erschossen. David Miller, 41, wird des Mordes angeklagt und befindet sich gegenwärtig in Sanford, Florida, in Haft.

Der Mord sorgte im Valley für einiges Erstaunen und enthüllte schlagartig David Millers geheimes Leben.

Viele, die ihn zu kennen glaubten, sehen sich nun als Opfer eines Schwindlers. Einige fragen sich, ob sie das gewaltsame Ende von David Millers Doppelleben hätten abwenden können, wenn sie ihren schon früh gehegten Verdacht zur Sprache gebracht hätten.

Dorothy Miller sagte, sie habe David Miller 1979 in Granada Hills kennengelernt. Die frisch geschiedene Inhaberin eines Friseursalons und alleinerziehende Mutter von zwei kleinen Söhnen verliebte sich in Miller, dem sie in einer Anwaltskanzlei begegnet war.

Dorothy Miller sagte, ihr künftiger Ehemann habe ihr erzählt, er sei geschieden. Er habe zuvor in der Gegend um Washington gelebt, wo er verschiedene Stellen im Staatsdienst, unter anderem als Helfer der Nixon-Regierung, gehabt habe, und sei gerade ins Valley gezogen. Er sei in Sardis, Ohio, aufgewachsen und trug einen Ring der Ohio University. Die Universitätsverwaltung bestätigte letzte Woche, dass er dort studiert habe, wollte aber keine Auskünfte über ihn geben, solange Miller seinen finanziellen Verpflichtungen gegenüber der Universität nicht nachkäme.

Innerhalb der nächsten sechs Monate zog das Paar zusammen und kaufte später ein Haus in der Aldea Avenue in Granada Hills. Sie heirateten am 11. August 1985 in einer Hochzeitskapelle in Las Vegas. Dorothy Miller hat den Trauschein noch. Sie sagt, sie seien nie geschieden worden.

Als im Valley ansässiger Lobbyist vertrat Miller zunächst die Interessen der Druckbranche in Kalifornien. 1987 trug ihm sein Ruf als Lobbyist eine Stelle als persönlicher Berater des republikanischen Abgeordneten Tom McClintock (Thousand Oaks) ein. McClintock sagte jedoch, er habe Miller wegen unentschuldigten Fehlens und schlechter Leistungen nach sechs Monaten entlassen. Daraufhin eröffnete Miller in dem Haus, in dem sich auch die Handelskammer von Granada Hills befindet, ein Büro, David Miller & Associates.

Die Firma expandierte und konnte Bauunternehmen als Kunden gewinnen. Millers Engagement in kommunalen Angelegenheiten führte zu seinem raschen Aufstieg in der Handelskammer. Er war eine Amtszeit lang deren Präsident und übernahm dann den Vorsitz der United Chambers of Commerce, eines Dachverbands der 20 Kammern des Valley.

Freunde von Miller beschreiben ihn als einen Mann, der sich gern mit prominenten Bekannten schmückte, einen Jaguar fuhr und auf Reisen in Luxushotels logierte. Er lud Kunden und Geschäftspartner gern in teure Restaurants ein. Einige berichteten, Miller habe sich als Anwalt ausgegeben, obwohl es keine schriftlichen Dokumente gibt, die ihn als Mitglied der kalifornischen Anwaltskammer ausweisen.

»Er konnte richtig gut Geschichten erzählen«, sagte eine Geschäftsfrau, die Miller schon seit Jahren kennt, aber anonym bleiben will. »Sie wurden immer länger und komplizierter. Er konnte wundervolle Geschichten erzählen, aber man wurde das Gefühl nicht los, dass sie genau das waren, nämlich Geschichten.«

Unklar ist, warum Miller seine Frau von seinen geschäftlichen und gesellschaftlichen Aktivitäten fernhielt. Dorothy Miller sagte, ihr Mann habe das ihr gegenüber damit begründet, dass das Leben, das er in Kalifornien führe, nur der Tarnung diene.

In Wirklichkeit, sagte er, arbeite er für die CIA.

»Er hat mir vom ersten Tag an immer irgendwelche CIA-Geschichten erzählt«, sagte sie kürzlich in einem Interview in Belle Vernon, Pennsylvania, wo sie inzwischen lebt. »Er sagte, er wäre als freier Mitarbeiter für den Geheimdienst tätig. Immer war er in irgendwelche internationalen Zwischenfälle verwickelt. Was gerade in den Nachrichten kam.«

Obwohl es ihr inzwischen zugegebenermaßen peinlich ist, sagte Dorothy Miller, sie habe ihrem Mann geglaubt. Und es gab tatsächlich Anzeichen dafür, dass er Auslandsreisen unternahm. Er brachte oft Souvenirs aus anderen Ländern mit, und in ihrem Haus gingen Anrufe ein, die von spanisch sprechenden Telefonistinnen durchgestellt wurden.

Manchmal erzählte er ihr von internationalen Ereignissen, von denen sie in den Nachrichten gehört hatte. Manchmal erzählte er ihr von Ereignissen, über die nicht berichtet wurde – wie damals, als er mit einem blutigen Bein nach Hause kam und behauptete, einen Streifschuss abbekommen zu haben.

»Es war überzeugend«, sagte sie. »Er konnte alles einleuchtend erklären und flocht genügend Einzelheiten ein, um die Geschichte glaubhaft erscheinen zu lassen. Wenn ich Zweifel äußerte, sagte er nur, ich müsse ihm da einfach vertrauen. Das hat er mir ziemlich oft gesagt.«

Dorothy Miller sagte, sie habe nur wenige Personen kennengelernt, mit denen ihr Mann im Valley Geschäfte machte, und nie einen Fuß in sein Büro gesetzt, weil ihr Mann sagte, das sei ein Sicherheitsrisiko. Er erklärte ihr, die Firma gehöre zur CIA und sei nur eine Fassade, mit deren Hilfe eine Zielperson in ein Netz nicht näher spezifizierter internationaler Kriminalität verstrickt werden sollte.

Aber allem Anschein nach diente das Unternehmen nie einem solchen Zweck. 1989 veranlasste Miller den Umzug seiner Frau und ihrer zwei Söhne nach Orlando, Florida. Dorothy Millers Aussagen zufolge erklärte er, dass er das Büro in Kalifornien schließen und ihr Haus verkaufen müsse, weil sich die Familie möglicherweise in Gefahr befände.

»Er sagte, es sei aus Sicherheitsgründen«, sagte Dorothy Miller. »Er sagte: ›Du musst mir vertrauen.‹«

Die Millers kauften in Orlando ein neues Haus, und Dorothy fand eine Stelle in einem Friseursalon. Sie sagte, ihr Mann sei weiterhin viel auf Reisen gewesen. Nur gelegentlich sei er für ein paar Tage nach Hause gekommen und habe sie dann immer mit Geschichten von internationalen Intrigen unterhalten.

Was Dorothy Miller nicht wusste, war, dass ihr Mann sein Büro in Granada Hills nicht geschlossen hatte und dass er weiter im gemeinsamen Haus wohnte. Wenn auch nicht bekannt ist, wohin ihn seine Reisen führten, gibt es keinen Zweifel, dass seine Firma und seine kommunalen Aktivitäten im Valley noch mindestens bis zu Beginn dieses Jahres fortgeführt wurden.

Geschäftliche Bekannte sagten, Miller sei bis zum Jahresbeginn intensiv damit beschäftigt gewesen, das San Fernando Valley Leadership Program auf die Beine zu stellen, ein zehnmonatiges Seminar, bei dem sich Organisatoren von Bürgerinitiativen, Vertreter von Wirtschaftsverbänden und Regierungsbeamte einen Tag im Monat über ein gesellschaftlich relevantes Thema wie zum Beispiel Umweltschutz, Verkehrswesen oder Kriminalität informieren und austauschen können.

Die Teilnahme an dem Seminar, an dem bis zu 30 Personen teilnahmen, kostete 700 Dollar, als es 1987 von Miller ins Leben gerufen wurde. Seitdem findet das Projekt, das von Teilnehmern wie Richard Alarcon, mittlerweile Valley-Delegierter von Bürgermeister Tom Bradley, rundum positiv bewertet wurde, jedes Jahr statt, und die Gebühr wurde auf 1200 Dollar erhöht. Aufgrund des großen Erfolgs bemühte man sich bei Miller & Associates, das Konzept in anderen Kommunen des Landes zu vermarkten.

Miller, der maßgeblich an dem Projekt beteiligt war und sich außerdem neue Kundschaft für seine Consultingfirma erhoffte, stellte im November Ross B. Hopkins ein, einen ehemaligen für die Öffentlichkeitsarbeit zuständigen Manager der Lockheed Corporation.

Aber der erwartete Aufschwung blieb laut Hopkins' Aussagen aus.

»Er hat sich übernommen«, erklärte Hopkins in einem Interview. »Er rechnete mit einigen Aufträgen, die dann aber doch nicht eingingen.«

Gleichzeitig versiegten laut Hopkins auch frühere Einkommensquellen – große Bauprojekte, bei denen Miller als Berater hinzugezogen worden war –, weil die Arbeiten abgeschlossen und die Aufträge erfüllt waren. Anfang 1991 hatte Miller mit ernsten finanziellen Problemen zu kämpfen.

Eine Gläubigerin war Jacklyn Smith, Inhaberin einer Firma für Druckereibedarf in Glendora. Smith sagte, sie habe Miller, den sie seit mehreren Jahren kannte, ein Darlehen in Höhe von 17000 Dollar gewährt, das er im Januar mit einem nicht gedeckten Scheck zurückzahlte. Daraufhin gab er ihr einen Scheck einer anderen Bank, der ebenfalls platzte, sagte sie.

Smith erstattete später Anzeige beim LAPD, und Ermittler versuchen nun festzustellen, ob sich Miller des Betrugs schuldig gemacht hat, als er ihr die Schecks in dem Wissen gab, dass sie nicht gedeckt waren.

Marge Russo, Inhaberin eines Immobilienbüros in Reseda, sagte, sie habe Miller für den Kauf einer Eigentumswohnung in Palm Springs 6500 Dollar geliehen, aber er habe ihr das Geld nicht zurückgezahlt. Sie beantragte daraufhin einen Pfändungsbeschluss gegen ihn.

Bezirksgerichtlichen Unterlagen zufolge stellte Miller die Hypothekenzahlungen für sein Haus ein, und ein Zwangsversteigerungsverfahren wurde eingeleitet. Unterlagen belegen außerdem, dass seine Firma mit den Steuerzahlungen um mindestens 4500 Dollar im Rückstand war.

Dazu kamen noch andere Schulden. Laut Hopkins hörte Miller nach Jahresbeginn auf, ihn und andere Angestellte zu bezahlen. Er sagte, in mindestens zwei Fällen seien Personen ins Büro gekommen, die Miller sprechen wollten und sagten, er schulde ihnen Geld.

Aber seit dem ersten Januar war Miller nur noch selten im Büro, um Kunden oder Geldgeber zu empfangen. Während seine finanzielle Situation rapide bergab ging, tat sich in seinem Privatleben einiges.

Laut Aussagen Dorothy Millers verbrachte ihr Mann die Weihnachtsfeiertage mit ihr in Orlando, aber am 1. Januar sagte er, er müsse in einem geheimen staatlichen Auftrag nach Südamerika fliegen.

Bekannte gaben allerdings an, in Wirklichkeit sei Miller nach Kalifornien zurückgeflogen. Und auf diesem Flug lernte er die 33-jährige Jayne Maghy kennen. Mit der geschiedenen Mutter entspann sich eine Liebesgeschichte, sobald die beiden in Los Angeles gelandet waren.

Laut Aussagen Jodie Bowens, die sich selbst als Maghys beste Freundin in den letzten zehn Jahren bezeichnet, umwarb Miller Maghy mit kostspieligen Einladungen und Geschenken und gab sich als Anwalt mit einem 4-Millionen-Dollar-Vermögen aus. Miller besorgte Plätze in der ersten Reihe bei *Das Phantom der Oper*, lud sie zu Wochenenden in teuren Hotels in Newport Beach und zu Abendessen bei offiziellen politischen Veranstaltungen ein.

»Er war ein richtiger Märchenprinz«, sagte Bowen. »Wir zogen zusammen los und kauften Abendkleider für sie, damit sie ihn auf diese Veranstaltungen begleiten konnte. Und er war total vernarrt in sie. Er rief sie jeden Tag an. Sie war nicht sehr glücklich mit ihrem Job und meinte: ›Er kann mich aus allem hier rausholen.‹«

Am 16. Februar heirateten Miller und Maghy in einer Hochzeitskapelle in Las Vegas. Bowen war Trauzeugin. An diesem Wochenende gewann die frisch gebackene Mrs. Miller 3000 Dollar beim Videopoker, ein glücklicher Start in eine, wie sich zeigen sollte, wenig glückliche Ehe.

David Miller hielt die Heirat nicht geheim. Schon vor der Hochzeit hatte er seine Pläne bei einem Dinner der Handelskammer von Granada Hills bekannt gegeben, und nach der Trauung rief er seine Geschäftspartner umgehend aus Las Vegas an.

»Es war ziemlich schwierig gewesen, ihn zu erreichen«, sagte sein ehemaliger Geschäftspartner Hopkins über diese Zeit. »Er war nie im Büro, und ich dachte, er wäre unterwegs, um Kunden anzuwerben. Doch dann rief er an und sagte: ›Stell dir vor, wir haben geheiratet.‹«

Am 1. März versammelte sich eine Gruppe von Freunden und Geschäftspartnern zu einem kleinen Empfang für das Paar in Millers Büro. Laut Hopkins war jedoch die Freude für das frisch verheiratete Paar nicht ganz ungetrübt. Einige von denen, die auf Miller anstießen, hatten schon einen Monat lang kein Geld mehr von ihm gesehen.

»Ich hatte wegen der Angestellten ein ziemlich schlechtes Gewissen«, sagte Hopkins. »Sie hatten Probleme, und da kommt dieser Kerl an und erzählt von seiner Hochzeitsreise.«

Mindestens einer von Millers Freunden glaubt, dass einige

Leute in seinem Umfeld die Nachricht von der Heirat skeptisch aufnahmen, weil allmählich publik wurde, dass er in ernsten finanziellen Schwierigkeiten steckte. Außerdem waren Gerüchte in Umlauf, dass er bereits verheiratet war.

»Der Witz an der Sache war, dass er sie möglichst schnell heiraten wollte, bevor sie die Wahrheit über ihn herausfand«, sagte eine Frau, die bei Handelskammer-Projekten mit Miller zusammenarbeitete. »Jeder wusste, dass er kein Geld hatte. Und ich glaube, einige Leute wussten bestimmt, dass er schon verheiratet war.«

Nach der Hochzeit eskalierten Millers finanzielle Probleme laut Finanzunterlagen und Aussagen von Bekannten rasch. Geschäftspartner und Geldgeber sagten, es sei immer schwieriger geworden, Miller zu erreichen. Wenn er sich doch sehen ließ, sei er emotional stark aufgewühlt gewesen. Miller erklärte entweder, er stehe vor einer finanziellen Krise, oder behauptete, er habe Krebs.

Alarcon, Bürgermeister Bradleys Abgeordneter für das Valley, sagte, bei einem Treffen von Vertretern politischer Amtsinhaber habe Miller mit Tränen in den Augen erklärt, das Leadership Program sei sein Vermächtnis ans Valley.

»Als ich ihn fragte, was ihm fehlte«, sagte Alarcon, »vertraute er mir an, er hätte Krebs.«

Laut John Dyer, einem Berater und Subunternehmer Millers, der sich das Büro mit ihm teilte, war Miller bei den Gelegenheiten, bei denen er ins Büro kam, auffallenden Stimmungsschwankungen unterworfen.

»Es war für niemanden, der mit ihm zu tun hatte, zu übersehen, dass sich seine psychische Grundverfassung geändert hatte – und zwar beträchtlich«, sagte Dyer. »Er war phasenweise extrem reizbar – er hatte richtige Wutausbrüche. Und manchmal war er wieder zugänglich und freundlich, ganz der Alte.«

Am 18. April musste Miller schließlich laut Aussagen von

Hopkins sein Büro schließen. Angesichts einer drohenden Zwangsversteigerung und Pfändungen für unbezahlte Schulden überschrieben er und seine neue Frau laut Unterlagen der Bezirksverwaltung das Haus in Granada Hills am 7. Mai an einen Kautionsbürgen namens Bert Hopper.

Die Zwangsversteigerung wurde rückgängig gemacht, aber andere Gläubiger sagten, sie hätten nie Geld gesehen. Auf wiederholte Anrufe, bei denen Hopper um eine Stellungnahme zu der Überschreibung des Hauses gebeten wurde, reagierte dieser nicht.

Dann arrangierte Miller den Umzug seiner neuen Frau nach Sanford, Florida, einer Kleinstadt bei Orlando. Dorothy Miller gab an, sie sei zu diesem Zeitpunkt bereits von Orlando nach Belle Vernon, Pennsylvania, umgezogen, weil ihr Mann wieder einmal erklärt habe, der Umzug sei aus Sicherheitsgründen nötig.

Aber nach dem Umzug, sagte Dorothy Miller, habe ihr Mann aufgehört, sie täglich anzurufen. Er kam auch nicht mehr wie früher hin und wieder nach Hause, und sie hatte keine Ahnung, wo er war. Sie sagte, die Verdachtsmomente, die sich über die Jahre hinweg gehäuft hatten, hätten endlich die Oberhand gewonnen. Sie begann herumzutelefonieren.

Zuerst, sagte sie, teilte man ihr bei der CIA mit, ein David Miller habe weder als Angestellter noch freiberuflich jemals für sie gearbeitet. Als Nächstes ergab ein Anruf bei der Handelskammer im Valley, dass ihr Mann dort noch bis vor wenigen Monaten tätig gewesen sei – bis er geheiratet habe.

»Ich dachte, das ist aber komisch, weil ich doch schon seine Frau bin«, sagte Dorothy Miller. »Aber dort wusste niemand etwas von mir. Sie hielten mich für eine Verrückte.«

Als ihr Mann sie im Hochsommer endlich anrief, stellte ihn Dorothy Miller ihren eigenen Aussagen zufolge zur Rede, worauf er zugab, ein zweites Mal geheiratet zu haben. Sie sagte, sie habe jeden Kontakt zu ihm abgebrochen und die Polizei von Belle Vernon gebeten, Ermittlungen gegen ihn anzustellen.

In der Zwischenzeit hatte David Miller seine neue Frau und deren Eltern im Juni trotz seiner Geldprobleme zu einer Europareise eingeladen. Unklar ist, wie er die Reise finanzierte. Vince Bertolini, ebenfalls ein ehemaliger Handelskammerpräsident, der mit Miller zusammengearbeitet hatte, begegnete seinem alten Freund laut eigenen Aussagen am 26. Juni zufällig im Foyer eines Hotels in Rom.

»Es war ziemlich seltsam«, sagte Bertolini. »Er erzählte mir, er vertrete die kuwaitische Regierung in irgendeiner Angelegenheit in Zusammenhang mit dem Golfkrieg. Das klang etwas absurd.«

Laut Aussagen Bertolinis gab Miller auch zu, dass er in finanziellen Schwierigkeiten stecke. Diese Erfahrung habe ihn gelehrt, dass »man erst in solchen Situationen wirklich weiß, wer seine wahren Freunde sind«.

Nach ihrer Rückkehr aus Europa ging es mit der Ehe von David und Jayne Miller bergab. Laut Angaben der Polizei trennte sich das Paar nach wiederholten Auseinandersetzungen, und beide strebten eine einstweilige Verfügung gegen den anderen an. Jayne Miller erklärte laut gerichtlichen Dokumenten, ihr Mann habe wiederholt gedroht, sie umzubringen.

Da Jayne Miller wegen der Machenschaften und Schulden ihres Mannes misstrauisch geworden war, beauftragte sie den Privatdetektiv Bob Brown, Nachforschungen über ihn anzustellen. Brown sagte, Jayne Millers Erzählungen zufolge habe ihr Mann behauptet, Anwalt für Steuerrecht zu sein, und den Umzug von Kalifornien nach Florida mit einer neuen Stelle in Disney World begründet.

Bei einer simplen Internetrecherche stellte Brown fest, dass Millers Name in Zusammenhang mit dem Namen Dorothy Miller auftauchte, wenn es um die Besitzrechte an Autos und Häusern oder um Steuererklärungen ging. Er fand keine Dokumente, aus denen hervorging, dass sich das Paar hatte scheiden lassen.

»Ich sagte Jayne, dass es so aussähe, als hätte dieser Kerl bereits eine Frau«, sagte Brown. »Es sähe so aus, als hätte er zwei Häuser, eins hier und eins in Kalifornien. Offensichtlich war er zwischen den Frauen hin und her gependelt.«

Mithilfe von Browns Informationen und alten Telefonunterlagen, die ihr Mann zurückgelassen hatte, spürte Jayne Miller schließlich in Pennsylvania Dorothy Miller auf. Nun hatten die zwei Frauen Gewissheit über die Existenz der jeweils anderen. Laut Aussagen Dorothy Millers erzählte ihr Jayne Miller, sie sei fest entschlossen, ihren gemeinsamen Ehemann zur Rede zu stellen und die Medien über sein geheimes Doppelleben zu informieren.

»Ich warnte sie, dass er gefährlich ist«, sagte Dorothy Miller, »und riet ihr, sich von ihm fernzuhalten.«

Brown sagte, er habe seiner Klientin das Gleiche geraten. Und ihre Freundin Bowen schickte ihr ein Flugticket, damit sie nach Kalifornien zurückkommen konnte.

Aber Jayne Miller sollte den Flug nicht in Anspruch nehmen. Laut Unterlagen der Polizei von Sanford rief sie am 15. September ihren Mann an und sagte ihm, sie werde seine Sachen aus einem angemieteten Lager entfernen, und er solle kommen und sie abholen.

Nach Auffassung Browns hatte seine Klientin vor, die Sachen ihres Mannes aus dem Lager zu räumen und vor seiner Ankunft wieder zu verschwinden. Möglicherweise hatte sie auch nicht mehr so viel Angst vor ihrem Mann, weil sie einen Monat zuvor darauf bestanden hatte, dass er eine Faustfeuerwaffe, die sich in seinem Besitz befand, der Polizei zur Aufbewahrung aushändigte, und er diesem Wunsch nachgekommen war.

Jayne Miller war jedoch noch im Lager, als ihr Mann dort

eintraf. Polizeiangaben zufolge begann das Paar über Millers andere Frau zu streiten, und er schlug Jayne Miller ins Gesicht. Als sie daraufhin zu ihrem Auto ging und sagte, sie werde die Polizei rufen, ging David Miller seinerseits ganz ruhig zu seinem Auto und holte eine Schusswaffe.

Miller ging laut Darstellung der Polizei auf das Auto seiner Frau zu und gab durch das Fenster auf der Fahrerseite sechs Schüsse auf sie ab. Dann ging er auf die andere Seite und schoss noch einmal in das Auto. Zwei Taxifahrer, die von David Miller mit dem Transport seiner Sachen beauftragt worden waren, sagten, sie hätten die Schüsse beobachtet und versucht, Jayne Miller zu helfen, aber sie sei bereits tot gewesen. Außerdem hielten sie den Mann und die Schusswaffe fest, bis die Polizei eintraf.

Laut Steven Harriett, Polizeichef von Sanford, handelte es sich bei der Waffe, mit der Miller seine Frau tötete, um dieselbe, die er am 27. August zur Aufbewahrung bei der Polizei abgegeben hatte. Allerdings habe Miller die Waffe drei Tage später wieder zurückgefordert. Harriett sagte, die Polizei habe keine Befugnis gehabt, die Herausgabe der Waffe zu verweigern. »Wir konnten nicht vorhersehen, was er damit tun würde«, so der Polizeichef.

Brown bezweifelt, dass seine Klientin wusste, dass ihr Mann die Waffe bereits wieder abgeholt hatte, als sie zu dem Lager fuhr.

»Sie wäre nie dorthin gefahren, wenn sie gewusst hätte, dass er die Waffe wieder bei sich trug«, sagte er. »Sie hat einen Fehler gemacht und dafür bezahlt.«

Harriett sagte, seine Detectives seien zwar über die gegen Miller erhobenen Anschuldigungen bezüglich seines Doppellebens und des Betrugs informiert, stellten aber keine Ermittlungen über die Aktivitäten des Verdächtigen vor dem Mord an. »Das ist zwar eine interessante Geschichte, hat aber nichts mit unserem Fall zu tun«, sagte er.

Einige Bekannte Millers glauben, dass mehr über den Mann unbekannt bleiben wird, als über ihn bekannt ist.

»Es ist wirklich schlimm«, sagte Dorothy Miller, die inzwischen von Sozialhilfe lebt. »David hat viele Dinge getan, die sich niemand erklären kann oder von denen sich niemand hätte vorstellen können, dass er sie tun könnte. ... Er ist ein schlechter Mensch, und was er getan hat, ist schrecklich.«

Zumindest ein gewisses Maß an Ernüchterung und Schuldgefühlen hat sich auch im Valley breitgemacht. Die Frau, die bei Veranstaltungen der Handelskammer mit David Miller zusammenarbeitete, sagte, in seinem Bekanntenkreis wünschten sich jetzt wohl viele, sie hätten ihren Verdacht hinsichtlich seiner früheren Ehe und seiner finanziellen Probleme nicht verschwiegen.

»Ich bin fest davon überzeugt, dass es alle von uns wussten«, sagte sie. »Aber niemand wollte die Verantwortung übernehmen. Und jetzt will niemand damit in Verbindung gebracht werden. Sie sagen einfach, er war ein sympathischer Mensch, und sind tief bestürzt. Niemand ist bereit zuzugeben, dass wir der armen Jayne hätten Bescheid sagen sollen.«

ANMERKUNG: Ein Gericht in Florida lehnte den Antrag von David Russel Millers Verteidiger ab, seinen Mandanten für unzurechnungsfähig zu erklären, und sprach ihn des Mordes an seiner Frau schuldig. Er wurde zu einer lebenslänglichen Haftstrafe verurteilt.

Der Stalker

Los Angeles Times
25. Februar 1991

Jonathan Karl Lundh sagt, er fühle sich wie eine Roman-figur – ein Unschuldiger, der eines abscheulichen Verbre-chens beschuldigt wird und ganz auf sich allein gestellt ist, um seine Unschuld zu beweisen.

»Es ist wie in einem billigen Schundroman. Ich kann ein-fach nicht glauben, was die da mit mir machen«, sagte Lundh im Los Angeles County Jail.

Der 39-Jährige aus Minnesota plädierte vergangene Woche auf nicht schuldig, als er angeklagt wurde, vor neun Jahren eine Mitarbeiterin der Cal State Northridge erwürgt zu ha-ben. Die lagen wegen Raub und Vergewaltigung wurden fal-len gelassen, weil diese Straftaten bereits verjährt waren.

Lundh wirkt intelligent und gebildet und scheint juris-tische Kenntnisse zu haben wie ein Anwalt. Aus diesem Grund hat er sich auch dafür entschieden, sich selbst zu ver-teidigen, obwohl er sein Jurastudium in Harvard laut eige-nen Aussagen vorzeitig abgebrochen hat. Er ist ruhig und zurückhaltend. Er hat eine junge Frau und Freunde, die seine Fassungslosigkeit und Entrüstung über die gegen ihn erhobene Mordanklage teilen.

Den Behörden zufolge entspricht dieses Bild von Lundh

als unschuldigem Opfer der Justiz jedoch nicht den Tatsachen. Sie machen geltend, dass er ein raffinierter Betrüger und Mörder sei. Vieles von dem, was er über sein Leben sagt, sei frei erfunden, und den Rest verheimliche er.

»Es besteht überhaupt kein Zweifel daran, dass er sehr intelligent ist«, sagte LAPD-Detective Larry Bird. »Aber ich weiß nicht, ob ich irgendetwas glauben würde, was er sagt ... Er ist ein Betrüger.«

Laut Polizei und Staatsanwaltschaft verbirgt sich hinter Lundhs ruhigem, wortgewandtem Auftreten ein gefährlicher Mann, der Frauen nachstellte. Diese Unterstellung findet Lundh, dessen Festsetzung auch gegen Stellung einer Kaution nicht ausgesetzt wurde, seinen eigenen Aussagen zufolge genauso belastend wie den Verlust seiner Freiheit.

»Ich bin doch kein tollwütiger Hund, der durch die Straßen läuft, um Frauen anzufallen«, sagte er vor Kurzem in einem Interview. »Jeder, der einer Frau so etwas antut, gehört hinter Gitter. Aber ich bin nicht so jemand. Ich bin unschuldig!«

Lundh wird beschuldigt, am 27. April 1982 Patty Lynne Cohen ermordet zu haben. Der Fall sorgte damals in Los Angeles für einiges Aufsehen.

Cohen, 40, eine Assistentin des Dekans der CSUN School of Arts, wurde aus der Tiefgarage eines Holiday Inn in Burbank entführt, wo sie an einem Selbstoptimierungskurs teilgenommen hatte. Ihre nackte Leiche wurde fünf Tage später in einer Gasse in North Hollywood im Kofferraum ihres Autos gefunden.

Lundh, der gerichtlichen Unterlagen zufolge neun weitere Namen verwendete und in mindestens fünf Bundesstaaten wegen nicht gewalttätiger Vergehen verhaftet wurde, galt schon zwei Wochen nach der Tat als Verdächtiger. Er wurde später schuldig gesprochen, nur wenige Minuten vor Cohens Verschwinden vor dem Hotel gegen eine andere Frau handgreiflich geworden zu sein.

Des Mordes an Cohen wurde er jedoch erst im vergangenen Jahr angeklagt – nachdem die Polizei das ruhende Verfahren wieder eröffnet hatte, weil sie ihren Aussagen zufolge auf neue Beweise gestoßen war, die Lundh mit dem Fall in Verbindung brachten.

Zu diesem Zeitpunkt war Lundh wieder in seine Heimatstadt St. Paul gezogen. Er wurde im vergangenen Monat von einem Gefängnis in Minnesota nach Los Angeles ausgeliefert. Dort verbüßte er eine Haftstrafe wegen Diebstahls, weil er laut Polizeiangaben mehrere tausend Dollar einer Frau ohne deren Wissen dazu verwendet hatte, ein Auto zu kaufen.

In Interviews und Gerichtsprotokollen gab Lundh unterschiedliche Schilderungen seines persönlichen Werdegangs.

1983 erzählte er schriftlichen Unterlagen zufolge einem Bewährungshelfer, er habe ein Jahr lang in Harvard Jura studiert, bevor er das Studium aus finanziellen Gründen abgebrochen habe. Er sagte, er habe an sechs anderen Universitäten studiert, darunter auch in Princeton.

Lundh erzählte dem Bewährungshelfer, er verdiene seinen Lebensunterhalt damit, Autos für Filmdrehs zu beschaffen; außerdem sei er für mehrere Top-Entertainer als Agent tätig. Der Bewährungshelfer gelangte zu dem Schluss: »Dieser Angeklagte ist als extrem raffinierter Betrüger anzusehen, der es dank seiner Intelligenz hervorragend versteht, andere zu manipulieren.«

Vor Kurzem fügte Lundh in einem Interview seinem Jurastudium ein weiteres Jahr hinzu. Er sagte, er habe sein Studium in Harvard nach zwei Jahren abgebrochen, weil er von den Los Angeles Express, einem mittlerweile nicht mehr existierenden Profi-Footballteam, als Defensive End rekrutiert worden sei.

»Ursprünglich wollte ich Jura studieren, aber nach einer Weile gingen meine Interessen in eine andere Richtung«, sagte er.

Seinen eigenen Aussagen zufolge wurde Lundh von Express-Trainern angeworben, weil er für die UCLA, wo er 1974 seinen Abschluss gemacht habe, als Defensive End gespielt hatte. »Außer an der UCLA«, sagte Lundh, »habe ich noch eine Weile an der University of Hawaii studiert.«

Doch Bemühungen, Lundhs Behauptungen zu verifizieren, blieben erfolglos.

»In unseren Unterlagen weist nichts darauf hin, dass sich dieser Mann hier eingeschrieben oder Jura studiert hat«, erklärte Harvard-Sprecherin Mary Ann Spartichino.

Auch Vertreter der UCLA und der University of Hawaii sagten, sie hätten keine Unterlagen finden können, aus denen hervorgehe, dass Lundh die Universitäten besucht habe.

Ein Handbuch, in dem ehemalige UCLA-Footballspieler aufgeführt sind, enthielt Lundhs Namen nicht. Außerdem konnten sich die Express nach ihrer Gründung im Jahr 1982 nur ein paar Spielzeiten halten, und in dieser Zeit saß Lundh vorwiegend im Gefängnis.

Auf den Hinweis, die Unstimmigkeiten in seiner Biographie könnten eindeutig belegt werden, sagte Lundh, sein Lebenslauf sei nicht wichtig. »Wenn Sie nach Widersprüchen suchen wollen«, sagte er, »dann sehen Sie sich das Beweismaterial in meinem Fall an.«

Lundh sagte, er sei Opfer eines Rachefeldzugs der Polizei; er sei des tätlichen Angriffs in dem Hotel in Burbank im Jahr 1982 fälschlicherweise angeklagt worden und müsse nun als Sündenbock für die erfolglosen Ermittlungen im Fall Cohen herhalten.

»Weshalb sie sich dafür ausgerechnet mich ausgesucht haben, weiß ich nicht«, sagte Lundh. »Ich war an besagtem Abend nicht in Burbank, und das wissen sie. Wenn es auch nur den Ansatz eines Beweises gegen mich gäbe, hätten sie mich 1982 angeklagt, aber sie hatten den Falschen. Es stimmt nicht, dass sie nicht genügend Beweise hatten; sie hatten gar keine Beweise.«

»Das bringt seit neun Jahren mein Leben durcheinander«, fügte er hinzu. »Ich habe die Nase voll von der Justiz.«

Dagegen sagte Bird, der an den Ermittlungen zu dem Fall von Anfang an beteiligt war, die Beweislast gegen Lundh sei schon damals beträchtlich gewesen, doch erst nach der Wiederaufnahme des Verfahrens und der Beschaffung zusätzlicher Beweise hätte man sich bei der Staatsanwaltschaft dazu entschlossen, Anklage gegen ihn zu erheben.

»Wir hatten immer schon gute Argumente«, sagte er. »Aber jetzt haben wir noch bessere.«

Bird und Deputy District Attorney Phillip H. Rabichow, der für den Fall zuständige Ankläger des Los Angeles County, wollten keine Auskunft darüber geben, welche zusätzliche Beweise gegen Lundh beschafft werden konnten.

Laut Lundh, der sich in dem Prozess selbst verteidigt und deshalb Zugang zu gerichtlichen Unterlagen hat, steht in der richterlichen Anordnung für seine Auslieferung, die Ermittler hätten einen Zeugen, der Lundh zweifelsfrei als den Mann identifizieren könne, den er am Abend von Cohens Tod deren Mustang habe fahren sehen.

Lundh kann über solche Beweise nur müde lächeln. Für die Jury sei eine solche Zeugenaussage unglaubwürdig, wenn sie neun Jahre nach dem Mord gemacht würde.

»Niemand kann wirklich glauben, dass sich jemand nach neun Jahren noch an so etwas erinnert«, sagte er.

In polizeilichen und gerichtlichen Unterlagen werden die Geschehnisse des 27. April 1982 wie folgt dargestellt:

Cohen war zum Holiday Inn gefahren, um mit etwa 100 anderen an einem Selbsthilfekurs teilzunehmen. Als die Veranstaltung gegen 22.30 Uhr zu Ende war, sah Ruth Kilday, eine weitere Teilnehmerin, auf dem Flur vor dem Seminarraum einen Mann stehen. Sie sagte, der Mann sei ihr auf den

Parkplatz gefolgt und mit einem Messer auf sie zugekommen, als sie die Autotür öffnete.

Kilday gelang es, in ihr Auto zu springen und zum Zeichen, dass sie Hilfe brauchte, zu hupen. Als der Mann daraufhin wegrannte, startete sie den Wagen und versuchte, ihm zu folgen. Doch als der Mann in die Tiefgarage des Hotels flüchtete, gab Kilday die Verfolgung auf.

Cohen hatte laut Polizeiangaben in dieser Tiefgarage geparkt, und es wird vermutet, dass sie auf dem Weg zu ihrem Auto dem Mann begegnete, der vor Kilday geflohen war.

»Ich glaube, er lauerte ihr genauso auf, wie er dem anderen Opfer aufgelauert hatte«, sagte Rabichow.

Am nächsten Tag wurde Cohen vermisst gemeldet. Ihr Auto mit ihrer Leiche im Kofferraum wurde erst gefunden, als es ein Mann aus North Hollywood, der es aus Medienberichten über das Verschwinden der Frau erkannte, in einer Gasse stehen sah. In der Zwischenzeit hatte die Polizei ein mit Kildays Hilfe angefertigtes Phantombild des Täters veröffentlicht.

Eine Woche später wurde Lundh in North Hollywood festgenommen, als ihn ein Polizist in einer gestohlenen Corvette entdeckte. Lundh gab seinen Namen als John Robert Baker an und galt wegen seiner Ähnlichkeit mit dem Phantombild sofort als Verdächtiger in den Fällen Cohen und Kilday.

Obwohl Polizeichef Daryl F. Gates Baker Lundh damals als »einen sehr aussichtsreichen Verdächtigen« bezeichnete, wurde gegen Lundh nur wegen Autodiebstahl und dem Angriff auf Kilday Anklage erhoben. Es gab nicht genügend Beweise, um ihm den Mord an Cohen anzulasten.

Nach seiner Festnahme behauptete Lundh, er sei am Abend des Angriffs auf Kilday um 23 Uhr in einer Tankstelle in West Los Angeles gewesen, weshalb er unmöglich in Burbank hätte sein können. Aber bei einem Prozess im Jahr 1983 identifizierte Kilday ihn als ihren Angreifer, worauf er wegen Angriffs mit einer tödlichen Waffe und Autodiebstahls verurteilt wurde. Er wurde zu vier Jahren Haft verurteilt und 1986 entlassen.

Die Ermittlungen im Mordfall Cohen verliefen bis zu einem Zufallstreffer im Jahr 1990 im Sand. Ein Detective fragte im Zuge seiner Ermittlungen in einem anderen Mordfall die HITMAN-Datenbank der Polizei (Homicide Information Tracking Management Automation Network) nach ähnlichen Morden ab.

Daraufhin zeigte die Datenbank, die Informationen über alle Morde in Los Angeles in den letzten zehn Jahren enthält, laut Aussagen Birds den Cohen-Fall an. Die Staatsanwaltschaft sprach zwar mit Bird über den Fall Cohen, gelangte aber zu der Überzeugung, dass keine Verbindung zu dem Fall bestehe, in dem der andere Detective ermittelte.

Nach einer neuerlichen Prüfung des Cohen-Falls äußerten die Ankläger jedoch Bird gegenüber, es gebe inzwischen fast genügend Beweise, um gegen Lundh Anklage zu erheben. Sie drängten darauf, den Fall neu aufzurollen und weitere Ermittlungen anzustellen.

Bird spürte Lundh in St. Paul auf, wo er eine Haftstrafe wegen Diebstahls abgesessen hatte und erst vor Kurzem auf Bewährung entlassen worden war. Bird sagte, er habe Lundh dort vernommen und sei dann nach Los Angeles zurückgekehrt, um neue Beweise zu sammeln.

Anfang 1990 wurde Lundh in Colorado verhaftet und wieder ins Gefängnis gebracht, weil er Minnesotas entgegen seiner Bewährungsauflagen verlassen hatte. Lundh sagte, er sei nach Colorado gekommen, um zu heiraten und eine Hochzeitsreise zu machen. Die Polizei glaubt aber, dass er untertauchen wollte, weil er wusste, dass der Cohen-Fall neu aufgerollt wurde.

Er wurde am 31. Mai 1990 des Mordes an Cohen angeklagt

und im Januar nach Los Angeles überstellt. Der Transport erfolgte mit dem Auto und dauerte eine Woche. Wegen seiner Flugangst hatte Lundh sich geweigert, ein Flugzeug zu besteigen.

Inzwischen wartet er hier auf die Anklageerhebung, die sich jedoch verzögern könnte, weil Lundh geltend machte, er habe nicht genug Zeit gehabt, um sich auf die Verhandlung vorzubereiten.

Lundhs Frau Gale, die nach Los Angeles gezogen ist, ist fest davon überzeugt, dass ihr Mann, mit dem sie seit anderthalb Jahre verheiratet ist, kein Schwindler oder Mörder ist.

»Sie haben den Falschen«, sagte sie. »Aber in diesem Rechtssystem gilt nicht, unschuldig bis zum Beweis der Schuld. Hier gilt, schuldig bis zum Beweis der Unschuld. Das Schlimme daran ist, dass sich die Person, die es wirklich getan hat, immer noch in Freiheit befindet.«

ANMERKUNG: Lundh wurde zweimal wegen des Mordes an Patty Lynne Cohen vor Gericht gestellt. Er verteidigte sich in beiden Prozessen selbst. Der erste Prozess endete damit, dass die Geschworenen zu keiner Entscheidung kommen konnten. Im zweiten Prozess wurde er dann des Mordes ersten Grades schuldig gesprochen. Er wurde zu lebenslanger Haft ohne die Möglichkeit einer vorzeitigen Entlassung verurteilt.

Amerikas meistgesuchter Verbrecher

MANN AUS TARZANA WEGEN MORD AN VERMISSTEM VATER IN HAFT

Los Angeles Times
4. Dezember 1987

Ein 21-jähriger Mann aus Tarzana wurde am Donnerstag unter dem Verdacht festgenommen, seinen Vater ermordet zu haben, einen wohlhabenden japanischen Geschäftsmann, der seit sieben Monaten vermisst wird.

Laut Lt. Dan Cooke befindet sich Toru Sakai im Gefängnis der North Hollywood Division in Untersuchungshaft.

Sakais Vater Takashi (Glenn) Sakai, 54, wurde, seit er am 21. April vermisst gemeldet wurde, nicht mehr gesehen.

»Uns liegen inzwischen Beweise vor, die den Schluss nahelegen, dass er ermordet wurde«, sagte Cooke.

Nähere Angaben, welche Beweise darauf hindeuten, dass der Mann tot ist oder warum sein Sohn mit der Tat in Verbindung gebracht wird, wollte die Polizei jedoch nicht machen.

Toru Sakai wurde festgenommen, als Polizisten in dem Haus im Braewood Drive, das er zusammen mit seiner Mutter Sanae Sakai bewohnt, eine Durchsuchung der Finanzunterlagen der Familie durchführten.

Wie die Polizei mitteilte, hatten sich die Eltern des Verdächtigen seit drei Jahren auseinandergelebt. Zum Zeitpunkt von Takashi Sakais Verschwinden befand sich das Paar in einem Rechtsstreit über das Vermögen und die bevorstehende Scheidung.

Sanae Sakai, 50, die in ihrem Haus ein Immobilienbüro betreibt, wurde im Zuge der um 7.15 Uhr erfolgenden Durchsuchung ebenfalls festgenommen, aber laut Cooke »gelangten die Ermittler im Zuge der den ganzen Tag dauernden Ermittlungen zu der Überzeugung, dass sie auf freien Fuß gesetzt werden sollte«. Mehr wollte er dazu nicht sagen.

Laut Polizeiangaben wurde Takashi Sakai, Gründer der Investmentgesellschaft Pacific Partners in Beverly Hills und Berater zahlreicher anderer Investmentgesellschaften, zum letzten Mal gesehen, als er am 20. April sein Büro verließ.

Die Polizei wollte nicht bekannt geben, wo er zu diesem Zeitpunkt wohnte. Er wurde am nächsten Tag von einer Freundin vermisst gemeldet.

Drei Tage später wurde am Los Angeles International Airport sein Auto entdeckt, doch die Polizei fand keinerlei Hinweise darauf, dass er tatsächlich in ein Flugzeug gestiegen war.

Daraufhin begannen Ermittler, Beweise dafür zu sammeln, dass Sakai Opfer einer Straftat geworden war, teilte Cooke mit.

Robert Brasch, Präsident der World Trade Bank, der Muttergesellschaft von Pacific Partners, sagte am Donnerstag, Takashi Sakai sei ein angesehener Geschäftsmann und Unternehmer gewesen, der japanische Firmen dabei unterstützt habe, in Unternehmen in den Vereinigten Staaten zu investieren.

ANMERKUNG: Toru Sakai wurde nach dreitägiger Haft aus dem Gefängnis entlassen. Polizei und Staatsanwaltschaft waren zu der Ansicht gelangt, noch nicht genügend Beweise vorliegen zu haben, um ihn wegen Mordes anzuklagen. Daraufhin tauchte er unter.

MORDFALL

Schwere Entscheidungen bei Deal um eine ausschlag-
gebende Aussage.

1. Juni 1988

Der Polizei gelang es nur deshalb, den Mord an Takashi Sakai
aufzuklären, weil einer der Männer, der an der Tat beteiligt
war, einen Fehler machte: Er hinterließ einen Fingerabdruck
auf einem Parkschein, als er das Auto des Toten am Los Angeles International Airport abstellte.

Dieser Mann, der 21-jährige Greg Meier, wird jedoch für
seine Beteiligung an dem Mord nicht einen Tag im Gefängnis verbringen, obwohl er gestanden hat, geholfen zu haben,
dem wohlhabenden japanischen Geschäftsmann aufzulau-
ern, ihn mit einem Eisenrohr niederzuschlagen und seine
Leiche zu vergraben.

Mithilfe des Fingerabdrucks, den die Polizei im Zuge ihrer
10-monatigen Untersuchung von Sakais Verschwinden als
entscheidendes Beweisstück beschafft hatte, brachten die Ermittlungsbehörden Meier im Februar dazu, ihnen zu schildern, was mit dem vermissten Mann aus Tarzana passiert war,
und sie zu seiner Leiche zu führen.

Als Gegenleistung für diese Hilfe und für die Einwilli-
gung, vor Gericht über den Mord auszusagen, wurde Meier
Straffreiheit zugesichert. Nun wird erwartet, dass er im
Verfahren gegen seinen besten Freund Toru Sakai, 21, dem
der Mord und die Verschwörung zum Mord seines Vaters
vorgeworfen wird, als Kronzeuge der Anklage auftreten
wird.

Es wird auch damit gerechnet, dass Meier eine wichtige

Rolle im Verfahren gegen die Witwe des Toten, Sanae Sakai, spielen wird, die der Beihilfe zum Mord angeklagt ist.

Dass Meier Straffreiheit zugesichert wurde, zeugt von den Schwierigkeiten, mit denen die Behörden bei der Aufklärung eines nach ihren Aussagen fast perfekten Verbrechens zu kämpfen hatten.

Deputy District Attorney Lonnie A. Felker, der im Verfahren gegen die Sakais die Anklage vertritt, ist keineswegs glücklich darüber, dass Meier nicht belangt wird, aber ihm blieb seinen eigenen Aussagen zufolge keine andere Wahl. Das gegen Meier vorliegende Beweismaterial wäre laut Felker voraussichtlich nicht ausreichend gewesen, um ihn wegen Beihilfe zu der Tat zu verurteilen. Aber die Angaben, die Meier nach Zusicherung von Straffreiheit machte, seien unerlässlich gewesen, um Anklage gegen den Mann zu erheben, der nach Auffassung der Behörden der wahre Mörder ist, nämlich Toru Sakai.

»Leider mussten wir jemanden ohne Haftstrafe davonkommen lassen«, sagte Felker. »Eine andere Möglichkeit gab es nicht. Wir hatten die Wahl, entweder alle oder nur einen davonkommen zu lassen. Wir wollten die Person, die Takashi Sakai die tödlichen Stiche beigebracht hat, hinter Gitter bringen. Es war Toru, den wir wollten.«

Aber das Strafverfahren gegen Toru Sakai muss warten, bis ihn die Polizei aufgefunden hat. Sein Verbleib ist unbekannt, seit er aus dem Haus seiner Eltern in Tarzana verschwunden ist, wohingegen Meier mit den Behörden zusammengearbeitet hat. Unterdessen plädierte seine Mutter vor dem Los Angeles Superior Court auf nicht schuldig.

Takashi (Glenn) Sakai, 54, Gründer von Pacific Partners, einer Tochtergesellschaft der World Trade Bank in Beverly Hills, verschwand am 20. April 1987. Die Polizei war von Anfang an der Auffassung, dass er Opfer eines Verbrechens geworden war. Es sei schwer vorstellbar gewesen, dass Sakai eine erfolgreiche Karriere als Berater japanischer Unternehmen, die in den Vereinigten Staaten zu investieren beabsichtigten, aufgegeben habe.

Die Ermittler stellten rasch fest, dass er von seiner Frau getrennt lebte und es darüber zu einem tiefen Zerwürfnis mit seinem Sohn und seiner 51-jährigen Ehefrau gekommen war, einer ehemaligen japanischen Schönheitskönigin, die aus einer der fünf Familien stammt, die vor 1945 die japanische Führungsschicht bildeten.

Zwei Tage nach Sakais Verschwinden wurde sein Mercedes am Los Angeles International Airport gefunden. Die Polizei fand keine Hinweise darauf, dass er ein Flugzeug genommen hatte, und nur einen einzigen Hinweis darauf, was ihm zugestoßen sein könnte: den Fingerabdruck auf dem Parkschein, der im Auto liegen gelassen worden war.

Während der nächsten Monate gingen die Ermittlungen nur schleppend voran. Sakais Leiche blieb verschwunden, und die Polizei wusste nicht, um wessen Fingerabdruck es sich handelte.

Dann informierte im November der Betreiber einer privaten Postfachagentur in Hollywood, bei der Takashi Sakai ein Postfach gemietet hatte, die Polizei von Los Angeles, dass ein junger Mann in die Agentur gekommen sei, den Schlüssel zum Postfach vorgelegt und um Zugang gebeten habe. Das wurde dem Mann verweigert, weil er nicht Sakai war, und er ging wieder. Der Betreiber der Agentur notierte sich das Kennzeichen des Autos, mit dem er wegfuhr.

Detectives Jerry LeFrois und Jay Rush stellten fest, dass das Auto einem Greg Meier aus San Marino gehörte.

Enge Freunde

Den Behörden zufolge waren Meier und Toru Sakai eng befreundet. Sie hatten sich in der San Marino High School beim Tennisspielen kennengelernt. Beide galten als stille Jugendliche, die kaum an Schulveranstaltungen teilnahmen. Die gemeinsamen Interessen, die die Basis ihrer Freundschaft bildeten, waren Tennis und der Wunsch, Musiker zu werden.

Im Jahrbuch von 1983 verzichtete Toru Sakai auf ein positiv gestimmtes Motto, wie es die meisten Schüler unter ihr Foto setzen, und entschied sich für einen eher pessimistischen Ausspruch, der Mick Jagger zugeschrieben wird:

»Es gab gute Zeiten; es gab schlechte Zeiten; ich hatte auch schon richtig schlimme Zeiten, und ich habe meinen Glauben an die Welt verloren …«

Meiers Spruch lautete: »Wenn du das Leben nicht kriegst, kriegt das Leben dich.«

Die Freundschaft überdauerte die Highschool und den Umzug der Sakais von San Marino nach Tarzana. Die beiden besuchten eine Weile gemeinsam die UCLA. Später arbeiteten sie gelegentlich zusammen und unternahmen in Häusern, die Sanae Sakai für japanische Investoren verwaltete, Renovierungs- oder Instandhaltungsarbeiten.

Nachdem das Kfz-Kennzeichen mit Meier in Verbindung gebracht worden war, bestellten ihn Ermittler ein, um ihm Fragen zu stellen und die Fingerabdrücke abzunehmen. Meier kam der Aufforderung nach, wurde aber nicht verhaftet. Es gab nicht genügend Beweise, um wegen einer Straftat Anklage gegen ihn zu erheben.

Übereinstimmung der Fingerabdrücke

Bis Anfang Februar hatte die Polizei jedoch festgestellt, dass einer von Meiers Fingerabdrücken mit dem Abdruck auf dem Parkschein übereinstimmte.

Meier wurde am 9. Februar festgenommen und darauf hingewiesen, dass der Fingerabdruck zusammen mit anderen Beweisen einen hinreichenden Grund darstelle, Anklage gegen ihn zu erheben.

»Wir stellten ihn zur Rede«, erinnerte sich Felker. »Er deutete an, dass er uns vielleicht helfen könnte.«

Meier konsultierte einen Anwalt und bot dann an, den Behörden gegen Zusicherung von Straffreiheit zu schildern, was passiert war. Den Behörden blieb laut Felker keine andere Wahl, als auf dieses Angebot einzugehen: Sie hatten keine Leiche, keinen Tatort, kein Motiv Meiers für Sakais Ermordung und außer dem Fingerabdruck wenig andere Beweise gegen ihn.

»Wir ließen uns darauf ein – es war unsere einzige Chance«, sagte Lt. Ron Lewis, der die polizeilichen Ermittlungen leitete. »Ich kann mir keinen Polizisten vorstellen, der besonders glücklich darüber wäre, jemanden ungestraft davonkommen zu lassen, aber man muss die Sache realistisch sehen. Es ist mir natürlich ein Dorn im Auge, aber eine andere Wahl hatten wir nicht.«

Bevor Meier Straffreiheit zugesichert wurde, stellten die Behörden laut Felker durch Ermittlungen und Gesprächen mit Meier und seinem Anwalt sicher, dass er nicht derjenige gewesen war, der Takashi Sakai die tödlichen Stiche beigebracht hatte.

Offizielle Begründung

»Wir vergewisserten uns, dass er nicht der tatsächliche Mörder war, und wir vergewisserten uns, dass die Idee zu dem Mord nicht von ihm stammte«, sagte Felker. »Wir sicherten ihm Straffreiheit zu, weil er nicht die Person war, die dem Opfer die tödlichen Verletzungen zugefügt hatte.«

Einen Tag nach Gewährung der Straffreiheit führte Meier ein Ermittlerteam zu der Stelle im Malibu Canyon, wo Takashi Sakai zehn Monate zuvor vergraben worden war. Außerdem machte er genauere Angaben zum Hergang der Tat, an deren Aufklärung sich die Ermittler schon ebenso lang die Zähne ausgebissen hatten.

Öffentlich wurden diese Einzelheiten zum ersten Mal in der vergangenen Woche, als Meier bei der Vorverhandlung gegen Sanae Sakai als Zeuge aussagte. Der Verhandlung wohnten mehr als zwei Dutzend japanische Journalisten bei. Wegen der Stellung der Familie Sakai und des mutmaßlichen Vatermords, der in Japan eine Seltenheit darstellt, stößt der Fall bei der japanischen Bevölkerung hier wie auf der anderen Seite des Pazifiks auf reges Interesse.

Meier, der ruhig sprach, aber oft nervös ins Mikrophon atmete, gab an, Toru Sakai habe Anfang 1987 drei Monate lang immer wieder davon gesprochen, dass er seinen Vater umbringen wolle. Das Thema sei vor allem zur Sprache gekommen, wenn die zwei Freunde in Torus Porsche in den Santa Monica Mountains unterwegs gewesen seien oder in der Nähe der UCLA in Restaurants gegessen und getrunken hätten.

Erbitterte Scheidung

Laut Aussagen Meiers wollte Toru Sakai seinen Vater töten, weil seine Eltern einen erbitterten Scheidungskrieg führten und er fürchtete, er und seine Mutter würden in finanzielle Schwierigkeiten geraten.

»Er erzählte mir, dass er seinen Vater hasse und nicht wisse, was er sonst tun sollte«, sagte Meier.

Laut Aussagen Meiers lockte Toru Sakai seinen Vater am 20. April 1987 in ein leer stehendes Haus in Beverly Hills, das Sanae Sakai für einen Investor verwaltete. Meier sagte, er habe mit einem Eisenrohr hinter der Eingangstür gewartet, als Sakai senior das Haus betreten habe.

»Er machte ein paar Schritte in das Haus, und ich näherte mich ihm von hinten«, sagte Meier. »Ich traf ihn zwar am Nacken, aber er ging nicht zu Boden. Irgendwie dachte ich, ich könnte ihn niederschlagen – wie im Kino. Aber so läuft es nicht.«

Es kam zu einem erbitterten Kampf. Takashi Sakai wurde von seinem Sohn und Meier mehrere weitere Male getroffen, bevor er überwältigt, mit Handschellen gefesselt und die Kellertreppe hinuntergestoßen wurde, sagten die Ankläger.

»Er lag stöhnend am Fuß der Treppe und rief um Hilfe«, sagte Meier. Daraufhin habe Toru Sakai ihn aufgefordert, seinen Vater zu töten.

»Er zog ein großes Messer aus einer Tüte«, sagte Meier. »Er wollte, dass ich nach unten gehe und ihm den Rest gebe.«

Vergrabene Leiche

Da sich Meier, wie er sagt, weigerte, sei Toru Sakai selbst in den Keller gegangen und habe seinen Vater getötet. Danach wickelten die Freunde die Leiche in einen Teppich und luden sie in Toru Sakais Porsche. Sie fuhren in den Malibu Canyon und vergruben die Leiche. Am nächsten Tag kehrten sie in das Haus in Beverly Hills zurück, um die Spuren zu beseitigen und die blutbespritzten Wände zu überstreichen.

Meier erzählte den Ermittlern, er sei am Tag nach dem Mord mit dem Auto des Toten zum Los Angeles International Airport gefahren. Er habe Handschuhe getragen, um im Auto keine Fingerabdrücke zu hinterlassen. Als er jedoch den Arm aus dem Fenster streckte, um nach dem Parkschein zu greifen, habe er die Handschuhe ausgezogen, um keinen Verdacht zu erregen. Anschließend habe er die Handschuhe wieder angezogen und versucht, sämtliche Fingerabdrücke vom Parkschein abzureiben.

»Aber das Fett von einem seiner Finger war bereits vom Papier aufgesogen worden«, sagte Felker. »Der Abdruck ließ sich nicht mehr entfernen.« Das war der eine Punkt, der Meier mit Takashi Sakais Verschwinden in Verbindung brachte.

Mehrere Monate später, als Meier den Behörden seine Beteiligung an dem Mord gestand, fügte er laut Felker dem ohnehin schon erschreckenden Fall ein weiteres grauenvolles Detail hinzu.

Meier erzählte den Ermittlern, er und Toru Sakai seien etwa zwei Monate nach dem Mord in den Malibu Canyon zurückgekehrt und hätten Takashi Sakais Leiche zum Teil ausgegraben. Toru Sakai habe dem Toten einen Finger abgeschnitten, um ihm einen Goldring abnehmen zu können. Anschließend hätten sie die Leiche wieder vergraben.

Ein Jahr später, sagte Felker, habe der Fall die Behörden in die unerfreuliche Lage gebracht, eine Wahl treffen zu müssen, welcher der Beteiligten seine gerechte Strafe erhalten sollte.

»Unser wichtigstes Interesse ist es, dass am Ende so viele Beteiligte wie möglich angemessen bestraft werden«, sagte Felker. »Aus meiner professionellen Perspektive habe ich deswegen hinsichtlich unseres Vorgehens keine Bedenken. Ich tue, was getan werden muss, um der Gerechtigkeit zum Sieg zu verhelfen. Rein persönlich habe ich allerdings ein schlechtes Gefühl bei der Sache, weil nicht jeder, der daran beteiligt war, strafrechtlich verfolgt werden kann. Es ist schrecklich, mit ansehen zu müssen, wie solche Menschen ungestraft davonkommen.«

Auch wenn Meier sich in dem Fall nicht vor Gericht verantworten muss, muss er das zumindest vor seinem Gewissen tun, führte der Ankläger an.

»Ich weiß beim besten Willen nicht, wie man beurteilen sollte, wie viel Reue er empfindet«, sagte Felker. »Ich weiß, dass er ein schlechtes Gewissen hat. Das hat er mir mehrmals gesagt. Bis zu dem Mord war das Ganze gar nicht richtig real für ihn. Doch dann steckte er schon so tief mit drinnen, dass er nicht mehr zurückkonnte.«

Meier war für eine Stellungnahme nicht erreichbar. Doch er geriet bei seiner Zeugenaussage in der vergangenen Woche einmal ins Stocken, als er zu dem Mord befragt wurde.

»Das ist sehr schwer«, sagte er. »Wirklich schwer, so gefühlsmäßig.«

AUCH ZWEI JAHRE NACH MORD
AN VATER NOCH IMMER KEINE SPUR
VOM MUTMASSLICHEN TÄTER

Toru Sakai wurde 1987 unmittelbar nach dem Tod seines Vaters festgenommen, musste aber mangels Beweisen wieder freigelassen werden. Inzwischen hat die Polizei ihren eigenen Aussagen zufolge zwar genügend Belastungsmaterial, doch der Verdächtige ist verschwunden.

6. November 1989

Am 3. Dezember 1987 hatte die Polizei von Los Angeles Toru Sakai genau da, wo sie ihn haben wollte: in einer Gefängniszelle in North Hollywood. Er war wegen des Verdachts festgenommen worden, seinen Vater ermordet zu haben.

Aber was sie damals nicht hatten, war die Leiche des Vaters Takashi Sakai, eines wohlhabenden japanischen Geschäftsmanns, der in Tarzana lebte. Ohne Leiche oder andere stichhaltige Beweise, dass ein Mord begangen worden war, wurde Toru Sakai, damals 21, nach zwei Tagen aus der Haft entlassen, ohne dass Anklage gegen ihn erhoben wurde.

Die Polizei erhielt keine zweite Chance, den auffallend kleinen ehemaligen UCLA-Studenten zu verhaften. Bis die Ermittler die Leiche des Opfers und die nötigen Beweise gefunden hatten, um den Sohn wegen Mordes anzuklagen, war Toru Sakai verschwunden.

Heute, nachdem die Polizei fast zwei Jahre lang über 500 Hinweisen nachgegangen ist und Reisen bis Washington und Tokio unternommen hat, haben die Ermittler keinen Anhaltspunkt, wo sich Toru Sakai aufhalten könnte. Sie sagen, eine der aufsehenerregendsten Straftaten von Los Angeles in den letzten Jahren scheine in einer Sackgasse zu enden. Der Fall ist aufgeklärt, sagt die Polizei. Aber der Tatverdächtige befindet sich auf freiem Fuß.

»Wir fahnden immer noch nach Toru Sakai, wir erhalten immer noch Hinweise«, sagte Detective Jay Rush. »Aber es fehlt jede Spur von ihm ...«

»Es ist frustrierend, wenn man den Mörder und seine Motive kennt und ihn trotzdem nicht fassen kann. Das ist noch frustrierender als ein Fall, der ungelöst bleibt.«

Der Fall Takashi Sakai blieb den größten Teil des Jahres 1987 ungelöst. Der 54-jährige Gründer von Pacific Partners in Beverly Hills, einer Tochtergesellschaft der World Trade Bank, wurde nicht mehr gesehen, seit er am 20. April 1987 sein Büro verlassen hat.

Zunächst wurde der Fall wie eine Vermisstenmeldung behandelt, doch bei der Polizei gelangte man rasch zu der Überzeugung, dass Sakai das Opfer einer Straftat geworden war. Das plötzliche Verschwinden Sakais, der in den Vereinigten Staaten den Vornamen Glenn benutzte, erschien der Polizei verdächtig, da er sich gerade inmitten wichtiger Geschäftsverhandlungen befand. Sein Mercedes wurde am Los Angeles International Airport gefunden, aber der Fingerabdruck auf dem Parkschein stammte nicht von ihm.

Weil Sakai, ehemaliger Präsident der Little Tokyo Chamber of Commerce, in internationalen Geschäftskreisen sehr bekannt und einflussreich war, stellten die Behörden die Theorie auf, er sei entführt worden. Der Vermisstenfall wurde an die für Entführungen zuständige Robbery-Homicide Division weitergegeben.

Als keine Hinweise auf eine Entführung gefunden wurden, richtete sich das Augenmerk der Detectives Rush und Jerry Le Frois verstärkt auf Sakais Familie. Der Vermisste war im vorangegangenen Jahr aus dem Haus der Familie in Tarzana ausgezogen und lebte getrennt von seiner Frau Sanae Sakai, einer ehemaligen Schönheitskönigin, die aus einer vornehmen japanischen Adelsfamilie stammt. Zum Zeitpunkt seines Verschwindens hatte Sakai in den Hollywood Hills gewohnt.

Den Ermittlern zufolge ging die Ehe nicht in gegenseitigem Einvernehmen zu Ende, und Toru Sakai hatte sich in diesem erbitterten Rosenkrieg, bei dem es vor allem um Geld ging, auf die Seite seiner Mutter geschlagen. Die Detectives nahmen an, dass das Verschwinden von Sakai senior mit diesem Streit zusammenhing.

»Glenn Sakai hatte mehreren Personen gegenüber geäußert, dass seine Frau und sein Sohn dahinterstecken würden, falls ihm etwas zustoßen sollte«, sagte Le Frois.

Aber den Ermittlern fehlte es an Beweisen. Zur entscheidenden Wende kam es in dem Fall erst im November 1987, als ein Mann versuchte, mit Glenn Sakais Schlüssel Post aus einem privaten Postfach in Hollywood abzuholen. Der Mann wurde abgewiesen, weil er nicht Sakai war, und der Betreiber der Postfachagentur notierte sich sein Autokennzeichen.

Das Kennzeichen führte die Ermittler auf die Spur Gregory Meiers, eines ehemaligen Klassenkameraden und Tennispartners von Toru Sakai. Meier gab der Polizei gegenüber an, den Postfachschlüssel von Toru Sakai erhalten zu haben. Daraufhin wurde Toru Sakai am 3. Dezember 1987 wegen Mordverdachts festgenommen. Aber da es keine Leiche, keinen Tatort und wenige andere Beweise gab, wurde er nicht unter Anklage gestellt und wieder freigelassen.

Nachdem es jedoch der Polizei zwei Monate später gelungen war, den Fingerabdruck auf dem LAX-Parkschein Meier zuzuordnen, erklärte sich dieser bereit, gegen Zusicherung von Straffreiheit mit der Polizei zu kooperieren. Er sagte, Glenn Sakai sei von seinem Sohn erstochen worden. Dieser habe ihn in eine unbewohnte Villa in Beverly Hills gelockt, die von Sanae Sakai für den abwesenden Eigentümer verwaltet worden sei. Meier, der sich laut eigenen Aussagen an dem Überfall auf Sakai beteiligt, ihm aber nicht die tödlichen Verletzungen beigebracht hatte, führte die Polizei zum Grab des Mordopfers im Malibu Canyon.

Am 10. Februar 1988 kam die Polizei erneut zum Haus der Sakais, um Toru zu verhaften, aber er war verschwunden. Daraufhin wurde Sanae Sakai verhaftet und der Beihilfe zum Mord beschuldigt. Die Behörden warfen ihr vor, ihrem Sohn geholfen zu haben, die Tat zu vertuschen.

Die Anklage gegen Sanae Sakai wurde fallen gelassen. Sie hat immer geleugnet, etwas über die Tat oder den Verbleib ihres Sohnes zu wissen.

Die einzige glaubhafte Spur von Toru Sakai könnte nach Auffassung der Polizei ein Anfang 1988 eingegangener anonymer Anruf einer Frau sein, die unveröffentlichte Einzelheiten über die Familie Sakai und den Fall wusste und den Ermittlern sagte, Toru habe das Land verlassen und sich nach Vancouver in Kanada abgesetzt.

Falls der Verdächtige das Land verlassen hat, muss er das laut Aussagen der Behörden ohne seinen Pass getan haben. Dieser war nach seiner Verhaftung im Jahr 1987 eingezogen worden. Dennoch halten es die Behörden für möglich, dass Sakai von Vancouver nach Japan gelangt sein könnte. Laut telefonischen Hinweisen aus der japanischen Gemeinde von Los Angeles, von denen der jüngste erst vor einem Monat eingegangen ist, hält sich der Flüchtige in Japan auf, sagte Le Frois. »Er könnte sich einen Pass beschafft und nach Japan gelangt sein«, sagte der Detective.

Toru Sakai wurde in Japan geboren, kam aber im Alter von einem Jahr mit seinen Eltern nach Kalifornien. Laut Aussagen der Ermittler sprach er nur wenig Japanisch und hatte sich als Jugendlicher die Augen operieren lassen, um eine doppelte Lidfalte zu bekommen – Faktoren, aufgrund deren er in Japan auffiele.

Dennoch ist Sakai den Behörden zufolge bisher nicht gesichtet worden, weder in Japan noch sonst irgendwo. Dass jegliche brauchbare Hinweise ausbleiben, ist ungewöhnlich. Nach Angaben der Ermittler können flüchtige Straftäter oft aufgrund der eigenen Fehler gefasst werden: wenn sie Kreditkarten oder Pässe benutzen, wenn Telefongespräche registriert werden, wenn sie eine richtige Sozialversicherungsnummer angeben oder Fingerabdrücke hinterlassen und gleichzeitig unter einem falschen Namen auftreten.

»Irgendeine Spur gibt es normalerweise immer«, sagte Los Angeles County Deputy District Attorney Lonnie A. Felker, der gegen Toru Sakai Mordanklage erhoben hat. »Aber in diesem Fall gibt es keine Spur. Japan ist eine Möglichkeit. Kanada ebenfalls. Aber er könnte auch noch hier sein. Wir wissen es nicht.«

Detectives flogen sogar nach Tokio und informierten die dortige Polizei über Einzelheiten des Falls, der in Japan großes Aufsehen erregt hat, weil Vatermord dort sehr selten ist und Toru Sakai aus einer angesehenen Familie stammt.

Auch nach Washington flogen Ermittler, um dort telefonische Hinweise entgegenzunehmen, nachdem in der Fernsehsendung *America's Most Wanted* zweimal Einzelheiten des Falls, Fotos von Toru Sakai sowie Hinweise auf seine Tennisbegeisterung und seine Verwendung des Namens Chris ausgestrahlt worden waren. Durch die Fernsehsendung, die in einer Synchronfassung auch in Japan ausgestrahlt wurde, wurden diese Informationen weit verbreitet, was Hunderte von Hinweisen nach sich zog. Sie führten die Ermittler in neun verschiedene Bundesstaaten und nach Japan, aber keiner von ihnen führte sie auf die Spur des richtigen Toru Sakai.

Am vielversprechendsten schien ein Hinweis aus Palm Springs. Der Anrufer gab an, in einer abgelegenen Wohnanlage der Wüstengemeinde lebe ein Asiate. Der Mann nannte sich Chris, schien keiner festen Beschäftigung nachzugehen und spielte in der Anlage oft Tennis.

»Alles passte«, sagte Le Frois. Die Polizei von Palm Springs erhielt Fotos. Sie ging dem Hinweis nach und meldete eine auffallende Ähnlichkeit nach Los Angeles. Der Mann könne Toru Sakai sein.

Daraufhin schlug die Polizei von Palm Springs zu und verhaftete den Mann direkt aus dem Swimmingpool der Wohnanlage. Gleichzeitig waren Rush und Le Frois mit den Fingerabdrücken des Verdächtigen nach Palm Springs unterwegs. Aber schon bei ihrer Ankunft dort wurde ihnen klar, dass sie den Falschen hatten. Der Mann aus dem Swimmingpool war zu groß, und ein Vergleich der Fingerabdrücke bestätigte endgültig, dass der Mann nicht Toru Sakai war.

»Sie ist einfach kalt«, sagte Le Frois über die Spur ihres Verdächtigen.

Den Angaben der Behörden zufolge wird die Fahndung nach Toru Sakai fortgesetzt, und die Detectives treffen sich regelmäßig mit Felker, dem Deputy District Attorney, um den Fall auf den neuesten Stand zu bringen. Das ändert jedoch nichts an der Tatsache, dass sie immer noch auf den Anruf warten, der sie auf die Spur des mutmaßlichen Mörders führt, oder dass ihm ein Fehler unterläuft.

»Er könnte einen Fehler machen«, sagte Rush. »Er könnte wegen etwas anderem verhaftet werden, und ihm könnten Fingerabdrücke abgenommen werden …«

»Er ist irgendwo da draußen«, fügte der Detective nachdenklich hinzu. »Wahrscheinlich ist er ständig auf der Hut … und vor mir sollte er auch besser auf der Hut sein.«

ANMERKUNG: Toru Sakai wurde nie gefasst. Sein Verbleib ist weiterhin unbekannt.

Der Ehefrauenmörder

MORDVERDÄCHTIGER HATTE STREIT MIT TOTER EHEFRAU, SAGT TOCHTER

Los Angeles Times
15. Januar 1991

Michael J. Hardy wird angeklagt, vor fünf Jahren seine Frau ermordet und ihre Leiche im Garten vergraben zu haben. Am Tag ihres Verschwindens habe er stundenlang mit dem Opfer gestritten, sagte die Tochter des Angeklagten am Montag im Van Nuys Municipal Court aus.

Außerdem gab Cheryl Hardy an, gesehen zu haben, dass ihre Stiefmutter, Deborah Hardy, während des Streits im Haus des Paares in Canoga Park an Thanksgiving 1985 infolge der Schläge ihres Mannes vorübergehend bewusstlos gewesen sei.

Ihre Zeugenaussage erfolgte im Zuge einer Vorverhandlung gegen den des Mordes angeklagten Michael Hardy, 46, der auf nicht schuldig plädiert hat.

Der inzwischen in La Jolla ansässige Hardy wurde am 2. November festgenommen, nachdem das LAPD im Garten des ehemaligen Hardy-Hauses im Sherman Way eine Leiche geborgen hatte, die später als Deborah Hardy identifiziert wurde.

Veranlasst worden war die Polizei zu dieser Maßnahme durch einen Tipp des 25-jährigen Sohnes des Verdächtigen. Robert Hardy. Er erzählte den Ermittlern, er habe seinem Vater helfen müssen, seine Stiefmutter zu vergraben, nachdem Hardy sen. sie durch einen Schlag mit einer Taschenlampe getötet habe.

Der Sohn, der in einem kalifornischen Gefängnis eine Haftstrafe verbüßt, habe der Polizei gegenüber geäußert, die Tat belaste ihn schon seit Jahren, teilte die Polizei mit. Er muss nicht mit einer Anklage rechnen.

Michael Hardy, ein arbeitsloser Schauspieler, wurde bei einem Auftritt in der Fernsehsendung *Geraldo* sowie in einem Porträt der Zeitschrift *New York* von 1977 als »Mafiakiller« bezeichnet. Der Polizei von Los Angeles liegen keine Beweise vor, die ihn mit anderen Morden in Verbindung bringen.

Am Montag sagte Judith Samuel, Leiterin des Frauenhauses Haven Hills, vor Gericht, Deborah Hardy sei am Tag vor Thanksgiving 1985 in die Unterkunft gekommen und habe gesagt, sie und ihre Tochter Debra seien von ihrem Mann geschlagen worden. Laut Samuel gingen die zwei Frauen wieder, nachdem ihnen versichert worden war, die zuständigen Behörden würden in Kenntnis gesetzt.

Cheryl Hardy, die jetzt in San Diego wohnt, sagte aus, sie sei an Thanksgiving aus ihrem Zimmer gekommen und habe ihre Stiefmutter bewusstlos auf dem Boden liegen sehen.

Ihre Stiefmutter sei später wieder zu sich gekommen, aber am nächsten Tag verschwunden gewesen. Als sie ihren Vater fragte, was passiert sei, »sagte er, sie ist gegangen«, gab Cheryl Hardy vor Gericht an.

Michael Hardy, der im Gefängnis von Van Nuys festgehalten wird, ist wegen tätlichen Angriffs mit einer tödlichen Waffe, Kindesentführung und tätlichen Angriffs gegen einen Polizisten mit einer Schusswaffe bereits dreimal vorbestraft.

Laut gerichtlichen Unterlagen strebte Deborah Hardy 1985 eine einstweilige Verfügung gegen ihren Mann an. Sie führte an, er habe ihr sieben Rippen gebrochen, ihre Milz verletzt und ihre Tochter geschlagen.

SELBSTERNANNTER »AUFTRAGSKILLER« BEKENNT SICH DER TÖTUNG SEINER FRAU IM JAHR 1985 SCHULDIG

17. August 1991

Ein Mann aus La Jolla, der sich in den Medien als Mafiakiller darstellen ließ, obwohl dies laut Aussagen der Polizei jeder Grundlage entbehrt, stellte am Freitag einen »Nolo contendere«-Antrag gegen die Anklage, vor sechs Jahren während eines Streits an Thanksgiving seine Frau getötet und anschließend im Garten ihres damaligen Hauses in Canoga Park vergraben zu haben.

Michael J. Hardy, 46, stellte diesen Antrag – der nach kalifornischem Strafrecht einem Schuldgeständnis gleichkommt – im Van Nuys Superior Court, wo er des Totschlags an seiner Frau Deborah L. Hardy, 31, angeklagt ist.

Die sterblichen Überreste des Opfers wurden im vergangenen Jahr hinter einem Haus im Sherman Way entdeckt, nachdem Michael Hardys 25-jähriger Sohn Robert, der wegen Einbruchs eine Haftstrafe verbüßt, der Polizei von dem Mord erzählt und die Stelle beschrieben hatte, an der er seinem Vater half, die Leiche zu vergraben.

In einem 1977 erschienenen Artikel der Zeitschrift *New York* und in einer vor Kurzem gesendeten Folge von *Geraldo* wurde Hardy als »Mafiakiller« bezeichnet, der 14 Menschen getötet hat. Der Polizei zufolge hat Hardy zwar ein langes Vorstrafenregister, aber sie glaubt nicht, dass er jemals ein Mafiakiller war.

Wenn Judge Judith M. Ashmann nächsten Monat das Strafmaß verkündet, muss Hardy mit elf Jahren Gefängnis rechnen. Hardy, der ursprünglich wegen Mordes angeklagt war, hätte zu 42 Jahren Haft verurteilt werden können, wenn sein Fall vor Gericht zur Verhandlung gekommen wäre und mit einem Schuldspruch geendet hätte. Deshalb entschloss er sich dazu, auf die herabgesetzte Anklage mit einem »Nolo contendere« zu reagieren, teilte sein Anwalt James E. Blatt mit.

»Er wollte nicht riskieren, den Rest seines Lebens hinter Gittern zu verbringen«, sagte Blatt.

Wie genau Deborah Hardy an Thanksgiving 1985 ums Leben gekommen ist, wird möglicherweise nie ans Licht kommen. Der Obduktionsbefund gelangte zu keinem eindeutigen Ergebnis, und Hardy selbst ist der einzige Zeuge ihres Todes, sagte Deputy District Attorney Marsh Goldstein, der für den Fall zuständig war.

Robert Hardy half seiner eigenen Aussage nach dabei, die Leiche zu vergraben, sah aber nicht, wie seine Mutter getötet wurde. Er sagte der Polizei, sein Vater habe ihm gegenüber zugegeben, seine Frau mit einer Taschenlampe erschlagen zu haben.

Sein Vater dagegen erklärte nach seiner Festnahme, er habe seiner Frau einen Stoß versetzt, durch den sie gestürzt und tödlich verletzt worden sei, nachdem sie ihn mit einer Schusswaffe bedroht habe.

Aufgrund dieser Widersprüche und der Tatsache, dass das Paar laut polizeilichen Unterlagen mehrere gewalttätige Auseinandersetzungen gehabt hatte, erklärte sich die Anklage damit einverstanden, dass Hardy auf Totschlag plädierte, teilte Goldstein mit.

»Obwohl das Ganze auch Mordmerkmale aufweist, läuft es in diesem Fall darauf hinaus, dass das Paar eine lange Vorgeschichte von gewaltsamen Auseinandersetzungen hatte und er in diesem Fall zu fest zugeschlagen hat. Das ist Totschlag«, sagte Goldstein.

Seinem Verteidiger Blatt zufolge könnte Hardy, wenn er die Höchststrafe von elf Jahren erhält, wegen guter Führung und wegen des einen Jahres, das er bereits in Haft verbracht hat, schon nach fünf Jahren wieder aus dem Gefängnis entlassen werden.

Hardy ist wegen tätlichen Angriffs mit einer tödlichen Waffe, Kindesentführung und Angriffs auf einen Polizisten mit einer Schusswaffe bereits dreimal vorbestraft.

1977 brüstete sich Hardy in einem Porträt der Zeitschrift *New York* damit, 800 Autodiebstähle und 250 Raubüberfälle begangen und Verbindungen zum organisierten Verbrechen zu haben. In dem Artikel wurde auch angedeutet, er wäre an 14 Auftragsmorden beteiligt gewesen. Im vergangenen Jahr war Hardy verkleidet in einer Fernsehsendung von Geraldo Rivera über mutmaßliche Auftragskiller aufgetreten. In dem Gespräch mit Geraldo bestätigte er seine Beteiligung an den Auftragsmorden nicht, leugnete sie aber auch nicht.

»Ich gestehe doch hier im Fernsehen keinen Mord. Dafür zahlen Sie mir nun wirklich nicht genug«, sagte Hardy, der in der Sendung unter dem Namen Michael Hardin auftrat.

Die Behörden fanden keine Hinweise darauf, dass es sich bei Hardy tatsächlich um einen Auftragskiller handelt.

»Ich glaube, er ist ein Wichtigtuer«, sagte Goldstein. »Er hat ein von Gewalt geprägtes Leben geführt, aber kein Killer, der sein Geld wert ist, würde in der Öffentlichkeit darüber prahlen.«

Wo Gangster um die Ecke knallen

MORD AUF BESTELLUNG

South Florida Sun-Sentinel
1. Oktober 1987

Die Angelegenheit wäre zum Lachen gewesen, hätte sie nicht mehrere Menschenleben erbarmungslos ausgelöscht oder zumindest mit Angst und Schrecken überschattet. Sie wurden »die Gang, die ständig danebenschoss« genannt, doch sie hatten so viel Munition, dass sie manchmal einfach nicht anders konnten, als ihre Ziele zu treffen. Das bedeutete, dass Menschen sterben mussten.

Sie versuchten monatelang, Doug Norwood umzubringen, aber egal, ob sie es mit Maschinenpistolen, Bomben oder Stun Guns versuchten, sie scheiterten jedes Mal von Neuem. Mit Dana Free war es das Gleiche. Dreimal schossen sie daneben. Und als es darum ging, Victoria Barshear zu beseitigen, na ja, da fanden sie, sie sei zu hübsch, um zu sterben.

Solche Pannen machten sie zur Lachnummer. Aber im Fall von Richard Braun und Anita Spearman gab es nichts zu lachen. Braun wurde in seinem Vorgarten getötet, obwohl sie auch dafür zwei Versuche brauchten. Im Fall Anita Spearmans war nur ein einziger Besuch der Gang nötig. Sie wurde tot in ihrem Bett gefunden.

Sie waren Suchanzeigenkiller, eine Gruppe von Losern, Außenseitern und gescheiterten Polizisten, angeführt von einem Mann mit dem treffenden Namen Richard Savage.

Ihre Opfer fanden sie von West Palm Beach bis St. Paul, ihre Auftraggeber vom Atlantik bis zu den Rocky Mountains.

Es war nicht persönlich gemeint. In einer schummrigen Strip-Bar in Tennessee plante die Gang den Tod von Menschen, denen sie nie begegnet waren: Anita Spearman, die bekannte und beliebte stellvertretende Leiterin der Stadtverwaltung von West Palm Beach; Doug Norwood, ein Jurastudent aus Arkansas; Dana Free, ein Bauunternehmer aus Georgia. Und andere, viele andere.

Sie sahen sich selbst als Mörder gegen Bezahlung. An einem Tag Türsteher in einer Kneipe, am nächsten landesweit operierende Auftragskiller. Kein Auftrag war ihnen zu groß oder zu klein. Ein Mitglied der Gang half einem Mann, eine Bombe in einem Flugzeug mit 154 Passagieren zu platzieren. Einer schoss einen Mann unter den Augen seines entsetzten Sohns in seiner Hauseinfahrt nieder. Ein weiterer warf Handgranaten in ein Haus, in dem ein 14-Jähriger und seine Mutter schliefen.

Um kein festes Schema entstehen zu lassen, das der Polizei die Ermittlungen erleichtert hätte, verübten sie ihre Anschläge im ganzen Land. Was hatte der Bombenanschlag auf den Van eines Geschäftsmanns aus Atlanta mit der Explosion eines Koffers im Frachtraum eines Jets in Dallas zu tun? Welcher Zusammenhang bestand zwischen der Brandstiftung in einer Geflügelfarm in Iowa und dem Mord an einer hohen Verwaltungsbeamtin in Palm Beach County?

Auf den ersten Blick keiner, und vermutlich wäre eine solche Frage erst gar nicht gestellt worden. Dennoch fand ein weitreichendes Netzwerk von Ermittlungsbehörden, die an den zahlreichen einzelnen Fällen arbeiteten, den gemeinsamen Nenner in weniger als einem Jahr – auf den letzten Seiten einer Zeitschrift für Waffenfanatiker. Dort entdeckten die Ermittler die einzelnen Teile des Puzzles, das sie daraufhin zusammenzufügen begannen. Sie haben selbst heute noch das Gefühl, großes Glück gehabt zu haben.

»Ein gutes Beispiel dafür, dass die Realität seltsamer ist als irgendwelche erfundenen Geschichten – es ist einfach verrückt«, sagt Special Agent Tom Stokes, Leiter der Dienststelle Atlanta des Federal Bureau of Alcohol, Tobacco and Firearms (ATF). »Manchmal brauchten wir ein Flussdiagramm, um das auf die Reihe zu kriegen. Diese Typen schlugen übers ganze Land verteilt zu. Gott sei Dank haben wir das koordiniert bekommen.«

Am Ende starben zwei Menschen, mehrere wurden verletzt und viele ihr Leben lang traumatisiert. Doug Norwood, der dem Tod durch Schüsse oder Bomben dreimal entrann, trägt immer noch eine Waffe bei sich. Wer kann es ihm verdenken? Savages Gang hatte eine Spur aus Schrecken und tödlicher Unfähigkeit durchs ganze Land gezogen.

Angefangen hat alles im Frühling 1985 in Knoxville, Tennessee. Richard Savage hatte sein viertes Unternehmen in fast genau so vielen Jahren gestartet. Es war nicht vorhersehbar, ob sein Continental Club besser laufen würde als das Restaurant oder das Motel oder das Seniorenheim, die er zuvor schon in den Sand gesetzt hatte.

Savages neue Tätigkeit – Betreiber eines heruntergekommenen Strip-Clubs – war seine bisher ausgefallenste. Sie schien so weit entfernt von seinen Anfängen. 37 Jahre zuvor in Knoxville geboren, hatte er sich nach der Highschool zur Army gemeldet. Dort hatte er, einschließlich eines Einsatzes als Kurier in Vietnam, sechs Jahre gedient. Nach seinem Ausscheiden beim Militär beschloss er, eine neue Uniform anzulegen, die eines Polizisten.

Allerdings sah Savage in der neuen Uniform keine dauerhafte Zukunftsperspektive. Nachdem er in Kentucky einen Abschluss in Strafrechtspflege erworben hatte, arbeitete er nur kurze Zeit als Cop in Oklahoma, dann als Wärter in einem Bundesgefängnis in Lexington, Kentucky. Er trieb sich im Mittleren Westen herum und war bis 1980 an einer Reihe gescheiterter Unternehmen beteiligt.

1985 beschloss Savage, die Fähigkeiten, die er sich in seinen früheren Berufen angeeignet hatte, gewinnbringend einzusetzen. Er beschloss, sich als Dienstleister zu versuchen.

Die letzten Seiten der Zeitschrift *Soldier of Fortune* sind Anzeigen vorbehalten, in denen Produkte und Dienstleistungen für den, wie es das Magazin nennt, »Berufsabenteurer« angeboten werden. In diesem Forum wird jeden Monat von Informationen über Observierungsabwehr bis hin zu Söldner- und Rache-Handbüchern alles annonciert.

In den frühen 80er-Jahren waren im Anzeigenteil von *Soldier of Fortune* allerdings noch dubiosere Angebote zu finden. Laut Aussagen von Ermittlern bot dort eine Reihe von Auftragskillern ihre Dienste an. Und auf diesem Markt positionierte sich im Sommer 1985 auch Richard Savage:

Mädchen für alles: 37-jähriger Berufssöldner sucht Aufträge. Vietnamveteran. Diskret und unauffällig. Bodyguard, Kurier und andere Einsatzmöglichkeiten. Alle Anfragen werden in Betracht gezogen.

Auf dem Cover der Juni-Ausgabe des Hefts, in der Savages »Mädchen für alles«-Anzeige versprach, dass alle Aufträge in Betracht gezogen würden, war Sylvester Stallone als Rambo abgebildet. In der Annonce war die Telefonnummer des Continental Club angegeben, und schon wenige Tage später gingen die ersten Anfragen ein.

Die Anrufe kamen von Leuten, die jemanden anheuern wollten oder Arbeit suchten. Bis zum Hochsommer hatte sich Savage mit einer Truppe von Männern umgeben, die einen Job bei einem telefonischen Killerdienst suchten. Da war der

21-jährige Sean Doutre, der sich als Türsteher im Continental Club anstellen ließ. Da war Michael Wayne Jackson, 42, ehemaliger Polizeichef einer texanischen Kleinstadt, der inzwischen als Mechaniker arbeitete. Da war William Buckley, 35, ein Sicherheitsbeamter aus der Gegend. Und es gab noch andere – lauter Männer, die ihre Macho-Vorstellungen von sich selbst anscheinend in den Action-Storys und Anzeigen von *Soldier of Fortune* widergespiegelt fanden.

Außerdem riefen Kunden an, die irgendwelche zwielichtigen Aufträge erledigt haben wollten. Savage wurde beauftragt, in Alaska Gold zu bewachen oder nach Männern zu suchen, die in Vietnam vermisst wurden. Aber hauptsächlich riefen Leute an, die einen Mord in Auftrag geben wollten.

»Ich konnte es kaum glauben«, sollte Savage ein Jahr nach dem Erscheinen seiner ersten Anzeige zu einem *News / Sun-Sentinel*-Reporter sagen. »Fast jeder wollte irgendjemanden getötet haben. Sie wollten, dass ich ihre Frauen, Mütter, Väter und Freundinnen umbringe.«

Laut Ermittlern, Anklageschriften und Gerichtsprotokollen gingen Savage und seine Gang mit einer ganzen Reihe von Anrufern tödliche Abmachungen ein. Das Standardhonorar für einen Mord betrug 20 000 Dollar.

Nach Auffassung der Ermittler nahm Savage wenige Wochen nach seiner ersten Annonce im *Soldier of Fortune* den ersten Auftrag an und schickte ein Killerteam in eine Vorstadt von Atlanta, um einen 43-jährigen Geschäftsmann namens Richard Braun umzubringen. Am 9. Juni wurde in Brauns Van ein Sprengsatz platziert, der jedoch explodierte, bevor Braun in den Wagen stieg. Die Bombenleger bügelten ihren Schnitzer zwei Monate später aus.

Der zweite Auftrag führte die Gang nach Fertile, Iowa. Ein gewisser Richard Lee Foster, Barbesitzer aus St. Paul, Minnesota, hatte Savage angerufen und ihm gegenüber behauptet, die Keough Poultry Company in Fertile habe ihn betrogen. Savage setzte Michael Wayne Jackson und William Buckley auf den Fall Foster an, und in der Nacht des 23. Juni kam es in der Keough-Fabrik zu einer gewaltigen Explosion. Niemand wurde verletzt, aber Foster bekam seine Rache – zunächst.

Anfang August schlug der telefonische Killerdienst wieder in Georgia zu, diesmal in Marietta, wo ein Bauunternehmer namens Dana Free umgebracht werden sollte. Savage hatte von einer Frau aus Denver, die wegen einer fehlgeschlagenen Investition wütend auf Free war, 20 000 Dollar erhalten. Aber Free umzubringen war gar nicht so einfach.

Am 1. August brachten Buckley und Jackson zwei Handgranaten unter Frees Auto an. Free fuhr einen Tag lang mit den Sprengkörpern unter seinem Auto herum, aber nichts geschah – ein Grund war, dass der Sicherungsstift einer Granate nicht entfernt worden war. Deshalb kroch Buckley in der folgenden Nacht noch mal unter das Auto und brachte die Granaten neu an – diesmal so, dass die Sicherungsstifte an der Kardanwelle befestigt waren. Sobald das Auto in Bewegung gesetzt würde, würden die Splinte herausgerissen und … kawumm!

Am Morgen stieg Free in sein Auto, aber als er losfahren wollte, sah er eine Granate, deren Sicherungsstift noch steckte, unter dem Auto hervorrollen. Er schaffte es noch rechtzeitig, aus dem Fahrzeug zu springen, bevor die andere Granate explodierte. Free hatte Glück und blieb unverletzt. Er tauchte unter.

Danach ging es wieder zurück in den Mittleren Westen. Barbesitzer Richard Lee Foster war so beeindruckt von der Art und Weise, wie Savage seinen Auftrag bei der Firma Keough erfüllt hatte, dass er ihm einen zweiten erteilte. Diesmal lief es aber nicht so gut. Im Verlauf von drei Nächten, beginnend am 10. August, brachten Gangmitglieder in Harry's

63 Club, einem Konkurrenten Fosters in St. Paul, eine Reihe von Bomben an. Keine davon funktionierte richtig, und in den ersten zwei Nächten drangen die Bombenleger erneut heimlich in die Bar ein, um sie wieder zu entfernen. In der dritten Nacht, als die Bombe zu rauchen begann und einen Alarm auslöste, kam ihnen das Bombenentschärfungskommando der Polizei zuvor.

»Sie bekamen einfach nichts richtig hin«, sagt ATF Special Agent Tom Stokes. »Sie waren wie die Typen in dem Film *Wo Gangster um die Ecke knallen*. Manchmal fragte man sich wirklich, ob das Ganze nur ein Witz war.«

Aber am 26. August war Schluss mit lustig. An diesem Tag schickte Savage den Ermittlern zufolge Doutre noch einmal nach Georgia, und zum ersten Mal schlug die Gang mit tödlicher Präzision zu. Richard Braun, der bereits einmal dem Tod entronnen war, wurde mit einer Maschinenpistole erschossen, als er mit seinem Mercedes aus der Einfahrt seines Hauses fuhr. Brauns 16-jähriger Sohn, der mit ihm im Auto saß, wurde leicht verwundet und sah seinen Vater verbluten.

Als Nächstes übernahmen die Suchanzeigenkiller einen Auftrag von einem gewissen Larry Gray aus Arkansas, der den Freund seiner Ex-Frau, den Jurastudenten Doug Norwood aus Fayetteville, beseitigen wollte.

Als Norwood vier Tage nach dem Mord an Braun seine Wohnungstür öffnete, griffen ihn zwei Männer mit einem Taser an. Norwood konnte entkommen, nachdem er einem einen Schlag versetzt und den anderen durch eine Glastür gestoßen hatte, trug aber Schussverletzungen davon, als er aus seiner Wohnung floh. Er lief zu einem in der Nähe geparkten Auto und bat den danebenstehenden Mann um Hilfe.

»Er sah mich nur an, stieg langsam in das Auto und fuhr weg«, erinnert sich Norwood.

Norwood hatte den Fahrer seiner Angreifer angesprochen,

einen Mann, den er später als Richard Savage kennenlernen sollte. Darauf rannte Norwood in einen Waschsalon in der Nähe und rief die Polizei. Seinen Angreifern, die später als William Buckley und ein weiterer Savage-Mitarbeiter namens Dean DeLuca identifiziert wurden, gelang es, zu entkommen.

Norwood konnte sich nicht erklären, wer ihm nach dem Leben trachten könnte und warum. Er kaufte sich eine .357er Magnum und trug sie immer bei sich. Am 1. Oktober sollte ihm die Waffe jedoch nicht helfen. Als er am Nachmittag auf einem Parkplatz der University of Arkansas den Zündschlüssel drehte, explodierte eine Bombe unter seinem Auto zum Teil. Das Auto wurde zerstört, aber Norwood blieb unverletzt.

Während einige Gangmitglieder auf eine weitere Gelegenheit warteten, Norwood zu beseitigen, bereiteten andere neue Aufträge vor.

In Lexington, Kentucky, heuerte laut Aussagen von Ermittlern eine gewisse Mary Alice Wolf Savage an, die neue Frau ihres Ex-Mannes, Victoria Barshear, umzubringen. Savage beauftragte Doutre, Buckley und DeLuca mit der Durchführung des Anschlags, aber aus der Sache wurde nichts. Nachdem die Killer Barshear gesehen hatten, beschlossen sie, die Frau sei zu hübsch, um umgebracht zu werden, und reisten wieder ab.

Aber die Sache mit Dana Free war noch immer nicht erledigt. Deshalb warf William Buckley, der nicht nur bei Free zweimal gepfuscht hatte, sondern auch bei Norwood und Barshear, am 12. Oktober um 3 Uhr morgens zwei Handgranaten in ein Haus in Pasadena, Texas. Bei der Explosion kam niemand zu Schaden, und Free war nicht einmal in dem Haus, in dem seine Ex-Frau und ihr 14-jähriger Sohn schliefen, als die Handgranaten durchs Wohnzimmerfenster geflogen kamen.

Der nächste Auftrag der Gang hätte der tödlichste werden können, den sie je übernahmen. Als am 30. Oktober auf dem Dallas / Fort Worth International Airport eine American-Airlines-Maschine aus Austin mit 154 Menschen an Bord auf den Terminal zurollte, explodierte im Gepäckraum eine kleine Bombe. Die erschrockenen Passagiere wurden schnell aus der Maschine evakuiert, blieben aber unverletzt.

In einem Gepäckstück von Mary Theilman fanden Ermittler Reste einer Zeitbombe. Sie hätte sterben sollen, vermutlich zusammen mit den restlichen Passagieren. Einen Monat später konnten die Behörden die Tat Theilmans Ehemann Albert anlasten. Es dauerte ein Jahr, bis sie William Buckley, der ihm die Bombe verkauft hatte, vor Gericht bringen konnten.

Im Oktober erhielt Richard Savage mehrere Anrufe von einem gewissen Robert Spearman aus Palm Beach County, Florida. Der Mann hatte folgendes Problem: Er war verheiratet, wollte es aber nicht mehr sein. Eine Scheidung wollte er aber auch nicht.

Am 16. Oktober flog Savage nach Palm Beach, um sich mit Spearman zu treffen und eine Anzahlung von 2000 Dollar auf die 20000 Dollar entgegenzunehmen, für die er Spearmans 48-jährige Frau Anita umbringen sollte. Fünf Tage später schickte Savage Sean Doutre und Ronald Emert, einen weiteren Mitarbeiter aus dem Continental Club, nach West Palm Beach, um den Rest des Geldes zu kassieren.

In den Wochen, nachdem Doutre und Emert das restliche Geld abgeholt hatten, rief Robert Spearman noch einige weitere Male im Continental Club an. Die Behörden machten später geltend, während dieser Anrufe hätte er sich nach dem Stand der Dinge erkundigr und von Savage rasche Erledigung gefordert.

Nach den frühen Morgenstunden des 16. Novembers bestand seitens Spearmans kein Anlass mehr für weitere Anrufe. Nachdem Spearman an diesem Vormittag sein Haus in Palm Beach verlassen hatte, um in das Büro seiner Baufirma zu fahren, drang Sean Doutre durch eine nicht abgeschlossene Tür ins Haus ein, wo Anita Spearman, die sich von einer Sterilisation erholte, noch schlief. Doutre erschlug sie in ihrem Bett.

Kurz darauf kam Robert Spearman nach Hause und fand seine Frau tot, das Haus leer geräumt vor. Er verständigte den Sheriff und spielte den trauernden Ehemann. Seine Schauspielkünste reichten jedoch nicht, um die Polizei lang hinters Licht zu führen.

Da waren also diese vielen Opfer, diese vielen grotesken Straftaten, aber auf den ersten Blick nichts, was sie miteinander verband. Die breite Streuung der einzelnen Ermittlungsverfahren hätte eigentlich dafür sorgen müssen, dass die Gang unentdeckt blieb. Doch dem war nicht so. Denn die Killer hatten nicht nur bei vielen ihrer Mordversuche gepfuscht, sondern mit ihrem Vorgehen auch die Versprechungen ihrer Zeitungsanzeige gebrochen.

In der Annonce hieß es, sie seien diskret und sehr unauffällig. Aber sie hatten Autos gemietet, Quittungen aufbewahrt, Ferngespräche geführt und Zeugen auf sich aufmerksam gemacht. Sie behielten gestohlene Waffen und hatten entweder zu wenig Bargeld bei sich oder riesige Mengen. Sie ließen Hochleistungswaffen ganz offen auf den Sitzen ihrer Autos herumliegen. Und vor allem redeten sie zu viel.

So »diskret und unauffällig« ging zum Beispiel Sean Doutre vor: An dem Tag, an dem er Anita Spearman getötet hatte, wurde er in Maryville, Tennessee, wegen eines Verkehrsdelikts von der Polizei angehalten. Auf dem Rücksitz seines Autos lag eine Flinte Kaliber zwölf, die er nach dem Mord aus Spearmans Haus gestohlen hatte.

Möglicherweise hätte der Suchanzeigenkiller-Fall mit Doutres Verhaftung aufgeklärt werden können. Doch als die Polizisten die Seriennummer der Schrotflinte in eine nationale Datenbank für Diebesgut eingaben, wurde keine Übereinstimmung gefunden. Der Mord in Palm Beach lag erst einen Tag zurück, und die Seriennummer der gestohlenen Waffe war noch nicht in die Datei aufgenommen worden.

Aber zumindest führte Doutre die Ermittler auf die Spur von Richard Savage. Die Polizei von Maryville fand nämlich auch noch eine Maschinenpistole in Doutres Auto. Deswegen wurde automatisch eine Anfrage an die nächste AFT-Dienststelle gerichtet, ob dort jemand Doutre vernehmen wolle.

Daraufhin suchte Grant McGarrity, ein Agent aus Knoxville, Doutre am Nachmittag im Gefängnis auf. Doutre war sehr gesprächig und erzählte McGarrity, er arbeite für einen gewissen Savage, der seine Mitarbeiter mit der Durchführung von Auftragsmorden beauftrage. Selbst eine Straftat begangen zu haben, leugnete Doutre natürlich.

Das waren interessante Informationen. McGarrity hatte bereits von Richard Savage gehört und sammelte Informationen über Waffen, die per Post an den Continental Club geschickt wurden.

Weil Doutre sich nicht selbst belastete, konnte er Maryville nach der Anklage wegen Waffenbesitzes gegen eine Kaution wieder verlassen. Die gestohlene Waffe musste er jedoch in der Asservatenkammer der Polizei zurücklassen.

Währenddessen blieb Doug Norwood, der Jurastudent aus Arkansas, weiter auf der Hut. Die Polizei machte wenig Fortschritte bei ihren Ermittlungen zu den Anschlägen, denen er um ein Haar zum Opfer gefallen wäre. Und sie hielt auch nichts von seiner Theorie, dass ihm der Ex-Mann seiner Freundin die Killer auf den Hals gehetzt haben könnte.

Trotzdem sollte Norwoods Wachsamkeit ihm ein drittes Mal das Leben retten und zur Aufklärung der Straftaten führen. Am 20. Januar 1986 wurde Norwood auf dem Weg zur Universität auf ein Auto aufmerksam, das ihm zu folgen schien. Daraufhin verständigte er die zwei Campus-Detectives, die zu dem Bombenanschlag Ermittlungen anstellten.

Die Polizei hielt das Auto an und sprach mit dessen Fahrer, Michael Wayne Jackson. Dabei sah ein Polizist den Lauf einer Pistole unter einem Pullover auf dem Vordersitz hervorschauen. Jackson wurde festgenommen, und die Polizei konfiszierte mehrere Schusswaffen, darunter ein halb automatisches Gewehr.

»Für mich steht völlig außer Zweifel«, sagt Norwood, »dass mich Jackson mit dieser Maschinenpistole umlegen wollte.«

Jackson erwies sich als ebenso gesprächig wie Sean Doutre. Er erzählte der Polizei, er und Savage seien von Larry Gray, dem Exmann von Norwoods Freundin, beauftragt worden. Und er fügte hinzu, Gray sei durch eine Anzeige in der Zeitschrift *Soldier of Fortune* auf sie aufmerksam geworden.

Der nächste Durchbruch gelang der Polizei am 5. Februar, als Sean Doutre in der Nähe von Athens, Georgia, erneut verhaftet wurde, weil er aus einem Motel abgereist war, ohne die von dort geführten Ferngespräche zu bezahlen. Wieder einmal hörten Polizisten aufmerksam zu, wie Doutre Einzelheiten über Savage und seine Mord-AG erzählte.

Kurz danach beschloss ATF-Agent McGarrity, einem früheren Savage-Mitarbeiter namens Ronald Emert, der wegen Drogendelikten in Knoxville in Haft war, einen Besuch abzustatten. Wie sich herausstellte, war Emert ein weiteres Teilchen des Puzzles. Gegen die Zusicherung, wegen der Auftragsmorde nicht angeklagt zu werden, erzählte er McGarrity von der Reise nach Florida, die er zusammen mit Doutre unternommen hatte, um von einem gewissen Spearman Geld abzuholen. Außerdem sagte er McGarrity, er solle sich bei der Polizei von Maryville nach einer Schusswaffe erkundigen, die in deren Asservatenkammer verstaubte.

Bis zu diesem Zeitpunkt war man in Palm Beach County bei den Ermittlungen im Fall Spearman nur schleppend vorangekommen. Robert Spearman hatte aufgehört, mit dem Sheriff's Department zusammenzuarbeiten, und die Detectives warteten mehr oder weniger nur noch auf einen glücklichen Zufall. Dieser stellte sich nach Emerts Gespräch mit McGarrity ein, der die Waffe aus Maryville abholte.

Detectives aus Palm Beach flogen nach Knoxville. Emert konnte aus einer Reihe von Fotos eines von Spearman identifizieren. Daraufhin begannen Ermittler, Unterlagen über Ferngespräche sowie Belege von Hotels, Autovermietungen und anderen Dienstleistern zu überprüfen, die von Doutre und anderen gesammelt worden waren.

Endlich begann sich die Schlinge zuzuziehen. Polizisten, die aus so weit voneinander entfernten Regionen wie West Palm Beach im Süden, Minneapolis im Norden und Dallas im Westen kamen, trafen sich in Atlanta zu einer Konferenz über die Savage-Gang. Die Beteiligung des ATF machte die Veranstaltung zu einem landesweiten Ermittlungsverfahrens.

»Es hörte sich alles so verrückt und unglaublich an – aber es erwies sich als wahr«, erinnert sich Tom Stokes vom ATF.

Ermittlungsbehörden begannen, Anträge auf Anklageerhebung in den verschiedenen Verschwörungsfällen einzureichen. Savage, Doutre, Jackson, Buckley und ihre Kumpels wurden ebenso inhaftiert wie viele derjenigen Personen, die ihre Dienste in Anspruch genommen hatten.

Unter ihnen war auch Robert Spearman. Als er am 4. April aus einem Geschäft im North Lake Boulevard in West Palm Beach kam, erwartete ihn Palm Beach County Sheriff

Richard Wille mit einem Haftbefehl, in dem er des Mordes an seiner Frau beschuldigt wurde.

Die Suchanzeigenkiller sehen sich in Florida, Georgia, Tennessee, Kentucky, Texas, Minnesota und Iowa mit einer ganzen Reihe von Anklagen wegen Mordes, Verschwörung und unerlaubten Waffenbesitzes konfrontiert.

Der Fall Anita Spearman endete im vergangenen Monat damit, dass Richard Savage in einem Gericht in West Palm Beach des Mordes zweiten Grades schuldig gesprochen wurde. Er wurde zu 40 Jahren Gefängnis verurteilt. Zuvor waren bereits Sean Doutre und Robert Spearman des Mordes ersten Grades für schuldig befunden worden.

Was die Anschläge auf Doug Norwood betrifft, bekannten sich Savage, Larry Gray, William Buckley und Dean DeLuca alle schuldig. Savage und Doutre sind des Mordes an Braun angeklagt. Die Granatenanschläge auf Dana Free führten zu Anklagen gegen Savage, Michael Wayne Jackson und Buckley. Buckley steht außerdem in Zusammenhang mit der Flugzeugbombe in Dallas unter Anklage. Richard Lee Foster und Mary Alice Wolf wurden wegen Verschwörung verurteilt, weil sie die Savage-Gang engagiert haben.

In anderen Fällen sind die Verfahren noch anhängig. Gegenwärtig verbüßen die Suchanzeigenkiller Haftstrafen, die von fünf Jahren bis lebenslänglich reichen.

Währenddessen versuchen die Opfer, die der tödlichen Unfähigkeit der Gang entronnen sind, den Weg in die Normalität zurückzufinden – falls das überhaupt möglich ist.

Doug Norwood zufolge ist es das nicht.

Er hat in diesem Jahr sein Jurastudium abgeschlossen und ist inzwischen Ankläger in Benton County in Arkansas. Er hat *Soldier of Fortune* wegen Fahrlässigkeit verklagt, weil die Zeitschrift die Anzeige veröffentlichte, die zu den Anschlägen auf ihn führte. Er forderte 4 Millionen Dollar Schadenersatz, einigte sich aber gegen Zahlung einer nicht genannten Summe auf einen Vergleich. Er trägt immer noch die .357er Magnum.

»Ich habe umfangreiche Sicherheitsmaßnahmen ergriffen«, sagt er. »Ich lebe wie in Fort Knox. Ich spreche nicht mit Fremden, und ich gehe nur mit meiner Pistole an die Tür. Wahrscheinlich werde ich sie bis an mein Lebensende bei mir tragen.«

Böse, bis er stirbt

PORTRÄT EINES
MUTMASSLICHEN MÖRDERS

Wie ein langer Weg durch das Strafrechtssystem schließlich in die Chatsworth Street führte.

Los Angeles Times
18. Oktober 1987

Roland Comtois war mit dem Ablauf bestens vertraut.

Nachdem er von der Polizei von Los Angeles unter Einbruchsverdacht festgenommen worden war, hakte er seine Brille in den offenen Kragen seines Hemds und blickte kalt in die Kamera. Sein undurchdringlicher Blick verriet nichts. Keine Angst. Keine Besorgnis. Die Kamera klickte, und das Verbrecherfoto war im Kasten.

Für Comtois war das einfach Teil seines Lebens.

Heute ist dieses Verbrecherfoto vom 1. Juni Teil eines Werdegangs, der viel über das Justizsystem aussagt und über den Mann, der angeklagt wird, zwei Teenager aus Chatsworth entführt und erschossen zu haben.

Wendy Masuhara, 14, wurde am 19. September entführt und mit einem Kopfschuss getötet. Ihre Leiche wurde in einem Canyon in einem Auto deponiert, sechs Meilen von der vermeintlich sicheren Wohngegend entfernt, aus der sie und eine 13-jährige Freundin entführt worden waren.

Ihre Freundin wurde unter Drogen gesetzt, sexuell missbraucht, angeschossen und in der Annahme, sie sei ebenfalls tot, zurückgelassen. Aber sie überlebte und konnte der Polizei die nötigen Informationen liefern, um Comtois, 58, und die 33-jährige Marsha Lynn Erickson, die beschuldigt wird, seine Komplizin zu sein, als mutmaßliche Täter zu identifizieren. Beide waren der Polizei und den Gerichten bekannt.

46 Jahre reicht die Spur zurück, die Comtois durch Polizeistationen, Gerichtssäle und Gefängnisse gezogen hat. Er war eine Person, mit der die Justiz nicht fertig wurde, ein Mann, den sie ebenso wenig bessern, wie sie die Gesellschaft vor ihm schützen konnte.

Zurückgeschlagen

»Nicht resozialisierbar«, schrieb ein Bewährungshelfer 1962 »Schlägt immer wieder zurück, um sich an der Gesellschaft zu rächen. Ohne jede Rücksicht auf die Rechte anderer versucht er, sich zu nehmen, was er will ... Er macht einen sehr sachlichen, kalten, feindseligen, zynischen und dreisten Eindruck.«

25 Jahre später beschreibt die Polizei Comtois als jemanden, an dem das System gescheitert ist – nicht, weil er ungestraft davongekommen ist, sondern weil er nie vom Verbrechen losgekommen ist. Alles in allem geht aus gerichtlichen Unterlagen hervor, dass Comtois mindestens vier Haftstrafen verbüßt hat, unter anderem wegen Raubs, versuchter Vergewaltigung und Heroinhandels.

Und nach jeder verbüßten Haftstrafe wurde er anscheinend nur in die Gesellschaft zurück entlassen, um erneut auf die schiefe Bahn zu geraten.

Roland Norman Comtois wurde als das sechste von sieben Kindern frankokanadischer Eltern in Massachusetts geboren. Laut gerichtlichen Unterlagen starb Comtois' Mutter, als er drei Jahre alt war. Darauf wuchs er in Heimen, bei Pflegeeltern und in Jugendstrafanstalten auf. Als Erwachsener behauptete er, in dieser Zeit missbraucht worden zu sein. Er erzählte Bewährungshelfern, er sei zur Strafe für Bettnässen mit Handschellen unter der kalten Dusche angekettet worden. Er zeigte Narben an seinen Handgelenken, die seinen Aussagen zufolge davon herrührten, dass ihm als Kind Handschellen angelegt worden waren. Von einem Heim behauptete er: »Wenn ich dem alten Sack, der dieses Heim geleitet hat, jemals begegne, knall ich ihn ab.«

Comtois' Schulzeit endete in der sechsten Klasse, sein Vorstrafenregister reicht bis ins Alter von elf Jahren zurück. 1947 wurde er als 17-Jähriger wegen eines Einbruchs in das Büro einer Bauholzfirma in West Concord, Massachusetts, zu einer Haftstrafe von mindestens zwei Jahren verurteilt. Wie viel Zeit er im Gefängnis verbracht hat, ist unklar.

Als Comtois 23 war, brachte ihn eine Verurteilung wegen tätlichen Angriffs mit versuchter Vergewaltigung in New Bedford zwei Jahre in ein Staatsgefängnis in Massachusetts. Ein Jahr nach seiner Freilassung wurde er laut gerichtlichen Unterlagen wegen einer Spannereiklage festgenommen, weshalb seine Freilassung auf Bewährung rückgängig gemacht wurde.

1956 ließ Comtois eine gescheiterte Ehe und eine Tochter zurück, um quer durchs Land zu ziehen. Danach wurde er geschieden. Es verschlug ihn nach Los Angeles, wo er wieder heiratete, einen Sohn zeugte, als Lkw-Fahrer arbeitete und genügend Geld verdiente, um einen Lkw kaufen und eine Spedition gründen zu können.

Aber 1960 ging die Firma pleite, und Comtois verfiel wieder in alte Gewohnheiten. Als er 3200 Dollar für Reparaturen an einem Lkw benötigte, plante er laut gerichtlichen Unterlagen einen Überfall auf eine Bank in Bell. Der Überfall ging schief, und er wurde wegen versuchten Bankraubs verurteilt.

Als er vor der Festsetzung des Strafmaßes gegen Kaution

auf freien Fuß gesetzt wurde, kehrte Comtois nach Los Angeles zurück, wo seine Frau von Sozialhilfe lebte. Während er auf den Antritt seiner Haftstrafe wartete, fand er keine Arbeit. Deshalb brach er an einem Aprilmorgen des Jahres 1960 in ein Haus in Alhambra ein, wurde aber von dem Bewohner vertrieben und durch einen Schuss aus dessen Pistole leicht verletzt. Comtois wurde des Einbruchs angeklagt und bekannte sich schuldig. »Ich brauchte dringend Geld …«, schrieb er einem Bewährungshelfer. »Ich habe das ganz spontan gemacht, ohne groß zu überlegen.«

Kriminelle Impulse

Das Gutachten des Bewährungshelfers gelangte im August 1960 zu dem Schluss: »Er scheint keinerlei Kontrolle über seine Impulse zu haben, wenn die Dinge nicht so laufen, wie er sich das vorstellt, und greift deshalb auf kriminelle Verhaltensweisen zurück.«

Am selben Tag, an dem seine Frau eine Tochter zur Welt brachte, wurde Comtois wegen des Bankraubs und des Einbruchs zu einem Jahr Haft in einem Bundesgefängnis verurteilt.

Drei Monate nach seiner Haftentlassung kam Comtois bereits wieder ins Gefängnis, diesmal wegen eines bewaffneten Überfalls auf einen Supermarkt in La Mirada im Juli 1961. »Ich mache niemand anderen verantwortlich für das, was ich getan habe«, sagte er einem Bewährungshelfer. »Ich war bei klarem Verstand.« Wieder einmal bekannte er sich für schuldig im Sinne der Anklage. Es war seine fünfte Verurteilung, und er erhielt seine bis dahin längste Haftstrafe, die bis zum 11. März 1969 dauerte.

Zwei Monate nach seiner Entlassung wurde Comtois, der inzwischen die Hälfte seines Lebens in Gefängnissen, Jugendstrafanstalten und Waisenhäusern verbracht hatte, wegen Verdachts auf Drogenbesitz festgenommen. 1971 hatte seine Frau genug von der Ehe. Laut Scheidungsdokumenten trennte sich das Paar, nachdem Comtois an Thanksgiving in einem Wutausbruch mit der Faust durch eine Tür des gemeinsamen Hauses in der Nähe von Long Beach geschlagen und das für das Festtagsessen gedeckte Geschirr zertrümmert hatte.

Laut den Scheidungsdokumenten schlug Comtois seine Frau oft und neigte zu unkontrollierten Wutausbrüchen.

Eine weitere gescheiterte Ehe

Zwei Jahre später erzählte Comtois einem Richter, das Ende seiner Ehe und die gescheiterten Versuche, sich eine bürgerliche Existenz aufzubauen, hätten ihn in einen weiteren Teufelskreis aus Kriminalität und Drogensucht getrieben. Er wurde des Besitzes von Heroin mit Verkaufsabsicht und des Besitzes einer Schusswaffe als verurteilter Straftäter für schuldig befunden. Außerdem gab er zu, von der Droge abhängig zu sein.

»Ich fing an, meinen Schmuck und andere Besitztümer zu verkaufen, und wollte mir nicht eingestehen, dass ich abhängig war«, schrieb er an den Richter, der über sein Strafmaß zu entscheiden hatte. »Ich wusste nicht mehr weiter. Nachdem ich alles verloren hatte, begann ich, mir von Geschäftspartnern und Freunden Geld zu leihen, bis ich auch sie verlor.«

»Als ich mich schließlich mit der Tatsache abfand, dass ich süchtig war, fing ich an, Drogen zu verkaufen, um meine Sucht befriedigen zu können.«

Comtois stellte einen Antrag, statt einer Haftstrafe einen geschlossenen Entzug machen zu dürfen, aber der Richter schickte ihn weitere drei Jahre ins Gefängnis.

Comtois wurde 1977 aus der Haft entlassen und brachte die anschließende Bewährungsfrist von einem Jahr erfolgreich hinter sich. Was er von da an bis zu der Entführung im vergangenen Monat in Chatsworth tat, wird gegenwärtig von den Ermittlern dokumentiert. »Bisher kann ich nichts Legales bei ihm finden«, sagte Detective Orozco.

Bekannt ist zumindest, dass er ins San Fernando Valley zog, möglicherweise, um seinen zwei Kindern näher zu sein, die bei seiner Ex-Frau in Van Nuys lebten.

Laut Aussagen der Polizei wechselte Comtois ständig den Wohnsitz. Er könnte zeitweise als Hilfsarbeiter gearbeitet haben und erhielt aus unerklärlichen Gründen eine monatliche Arbeitsunfähigkeitsrente, lebte aber nach Auffassung der Polizei vor allem von Einbrüchen und Betrügereien.

Einige von Comtois' Aktivitäten sind bereits offiziell belegt. Laut Deputy District Attorney Bradford Stone betrat Comtois am 5. November 1983 im Valley eine Bank und versuchte, einen gefälschten Scheck in Höhe von 75 000 Dollar einzulösen. Als die Bankangestellte den Scheck auf seine Echtheit prüfen wollte, riss Comtois ihn ihr aus der Hand und verließ die Bank.

Anklage wegen Fälschung

Drei Jahre später, am 7. November 1986, änderte Comtois laut Stone das Datum auf demselben Scheck, ging damit in eine Bank in North Hollywood und ließ ihn sich auf sein Konto gutschreiben. In der darauf folgenden Woche hob er in verschiedenen anderen Banken in Los Angeles 75 000 Dollar von diesem Konto ab. Als ihm die Polizei schließlich auf die Spur kam, wurde er am 18. März dieses Jahres wegen Diebstahls und Fälschung angeklagt.

Der Polizei zufolge benutzte Comtois das ergaunerte Geld,

um Gold im Wert von 30 000 Dollar und ein neues Auto zu kaufen. Im Januar kaufte er sich außerdem ein Wohnmobil, vermutlich von demselben Geld.

Nachdem er gegen eine Kaution von 1500 Dollar wieder auf freien Fuß gesetzt worden war, wurde Comtois vor der Entführung noch mindestens zwei weitere Male verhaftet – im Juni wegen Einbruchverdachts und im Juli wegen des Verdachts, ein gestohlenes Auto zu fahren. Beide Male wurde er gegen Kaution wieder freigelassen.

Bis zum Sommer lebte Comtois in dem braun gestreiften Roadstar-Wohnmobil und war damit im gesamten Valley unterwegs. Laut Aussagen der Polizei wurde er dabei von Marsha Lynn Erickson begleitet. Allerdings ist bisher noch unbekannt, wie und wo sich die beiden kennengelernt haben.

Laut Angaben der Polizei war die in Los Angeles geborene Erickson, die keinen festen Wohnsitz hatte, in den letzten zehn Jahren zwölfmal festgenommen worden, unter anderem wegen Prostitution, Einbruch und Drogenbesitz. Keine der Festnahmen führte zu einer Haftstrafe. Laut polizeilichen und gerichtlichen Unterlagen wurde sie mindestens einmal zu einer Bewährungsstrafe verurteilt. Nach einer anderen Festnahme wurde sie in einen Entzug eingewiesen.

Ericksons Vater bezeichnete sie als langjährige Heroinabhängige, deren Sucht alle Bemühungen, ihr zu helfen, zunichtemachte. Er wollte sich hierzu nur unter der Bedingung äußern, nicht namentlich genannt zu werden.

Komplizin nahm Drogen

»Drogen bestimmten ihr Leben. Drogen zerstörten sie«, sagte er. »Alle ihre Probleme kamen von den Drogen. Diese Einbrüche und alles andere hat sie nur wegen des Heroins gemacht. Wir wiesen sie in jede Entzugsklinik ein, die man sich nur denken kann, aber sie wurde immer wieder rückfällig.«

Marsha Erickson hat insgesamt sechs Kinder, die alle zur Adoption freigegeben wurden. 1984 und 1985 lebte sie bei ihren Eltern in deren Haus in Chatsworth und machte einen Entzug.

Aber sie kam – wie ihr Vater sagte – nicht von ihrer Sucht los und zog vor etwa zwei Jahren bei ihren Eltern aus. Diese wohnten nur etwa eine Meile von der Stelle an der Lurline Avenue entfernt, wo Wendy Masuhara und ihre Freundin entführt wurden. Ihre Eltern, die seitdem keinen Kontakt mehr mit ihr hatten, müssen inzwischen mit dem zunehmend realer werdenden Albtraum leben, dass ihre Tochter in einen Mord verwickelt sein könnte.

»Ich kann sie nicht verteidigen, weil ich sie nicht mehr richtig kenne«, sagte ihr Vater. »Aber es fällt mir schwer zu glauben, dass sie so etwas Extremes getan haben könnte. Sie war immer ein gutes Mädchen, bevor das mit den Drogen losging.«

Laut Angaben der Behörden hätte Erickson in der Nacht, in der die zwei Mädchen entführt wurden, im Gefängnis sein sollen. Am 16. März vergangenen Jahres war ihre Haftaussetzung für eine Verurteilung aus dem Jahr 1983 wegen Scheckfälschung in Höhe von 3200 Dollar aufgehoben worden, nachdem Bewährungshelfer erfahren hatten, dass sie 1986 zweimal wegen Diebstahls festgenommen worden war.

Es wurde zwar ein Haftbefehl gegen Erickson erlassen, der von der Polizei aber nicht vollstreckt wurde. Laut Chet Baker vom Amt für Bewährungshilfe in Van Nuys werden jedes Jahr so viele Haftbefehle wegen Verstößen gegen die Bewährungsauflagen erlassen, dass die Polizei damit häufig in Verzug gerät.

»Der Haftbefehl kommt in den Computer, aber sonst kann die Polizei nicht allzu viel unternehmen«, sagte Baker.

»In L. A. sind zu jedem beliebigen Zeitpunkt Tausende solcher Haftbefehle aktiv. Dazu kommt, dass Erickson keinen festen Wohnsitz hatte. Wo hätte die Polizei sie aufgreifen sollen?«

Selbst nachdem Erickson am 19. August verhaftet worden war, blieb sie laut Aussagen der Polizei weiter auf freiem Fuß. Als Polizisten der Northeast Division sie wegen Einbruchs festnahmen, gab sie bei der Einlieferung ins Gefängnis einen falschen Namen an. Deshalb war sie gegen Kaution bereits wieder aus der Haft entlassen, als die Polizei sie mithilfe ihrer Fingerabdrücke identifizieren konnte und feststellte, dass sie wegen Verstoßes gegen die Bewährungsauflagen gesucht wurde.

Einen Monat vor dem Mord

Weniger als einen Monat später sollte Wendy ermordet werden.

»Wenn alles seinen korrekten Gang genommen hätte«, sagte Baker, »hätte Erickson im Gefängnis gesessen, als es passierte.«

Die Polizei erklärte die Entführung und den Mord im September als eine Gelegenheitstat, einen spontanen Gewaltausbruch. Allem Anschein nach stand Comtois' Wohnmobil an besagtem Abend zufällig in der Lurline Avenue nicht weit von der Devonshire Street, teilte die Polizei mit. Möglicherweise hatte Comtois dort nur angehalten, um einen Schaden an seinem Wohnmobil zu reparieren.

»Ich kann genau wie Sie nur raten, warum sie es getan haben«, sagte Deputy District Attorney Harold Lynn, der im Prozess gegen Comtois und Erickson die Anklage vertreten wird. »Wir glauben nicht, dass sie die Opfer gezielt ausgesucht haben. Sie waren nur zufällig gerade da.«

Wendy und ihre Freundin hatten den Abend im Haus ihrer Eltern in der Lurline Avenue vor dem Fernseher verbracht. Dann beschloss Wendy, ihre Freundin, die eine Straße weiter wohnte, nach Hause zu begleiten. Aber auf dem Weg dorthin kamen sie der Polizei zufolge an Roland Comtois' Wohnmobil vorbei. Erickson lockte die Mädchen wohl in das Wohnmobil, indem sie die beiden um Hilfe bat.

Comtois, der der Polizei zufolge die Schüsse auf die Mädchen abgab, wurde vier Tage nach der Entführung von Polizisten angeschossen und festgenommen. Er erholt sich gerade von seinen Verletzungen. Vergangene Woche wurde in verschiedenen Punkten Anklage gegen ihn erhoben, unter anderem wegen Mordes, versuchten Mordes und Entführung; außerdem soll er das überlebende Mädchen zu sexuellen Handlungen genötigt und ihr Kokain injiziert haben. Erickson befindet sich noch auf freiem Fuß.

Im Fall eines Schuldspruchs droht den mutmaßlichen Tätern lebenslange Haft oder die Todesstrafe. Die Ankläger führten jedoch an, dass der Fall Fragen aufwerfe, die innerhalb der Justiz für einige Unruhe sorgen würden: Wie konnte es so weit kommen, dass Comtois überhaupt frei war und so die Wege von Wendy und ihrer Freundin kreuzen konnte?

Lynn, der Ankläger in dem Fall, sagte, es sei nicht darüber hinwegzusehen, dass die Strafjustiz nicht der Rehabilitation diene.

»Böse, bis er stirbt«

»Der Rehabilitationsgedanke ist ein blauäugiger Wunschtraum«, sagte er. »Ein Mann wie Comtois wird böse bleiben, bis er stirbt. Sein Vorstrafenregister spricht für sich.«

Für Professor Ernest Kamm, Leiter des Instituts für Strafrecht an der California State University in Los Angeles, könnte die Lösung dieses Problems darin bestehen, nicht resozialisierbare Straftäter auf Dauer von der Gesellschaft fernzuhalten. Aber die kalifornischen Gesetze, die darauf abzielten, die Strafen für Wiederholungstäter zu erhöhen und Gewohnheitstäter auf Dauer in Haftanstalten unterzubringen, würden häufig umgangen.

»Tatsache ist, dass diese Gesetze zu viele Schlupflöcher bieten«, sagte er.

Laut Lynn musste Comtois erst ein Schwerverbrechen begehen wie das, dessen er jetzt angeklagt ist, um unter das Gesetz für Gewohnheitsstraftäter zu fallen. Comtois' Vorstrafen wegen Raubs, Einbruchs und Drogendelikte hatten hierfür nicht ausgereicht.

Ein Kommen und Gehen

»In unserem System bekommt man erst lebenslänglich, wenn man eine Tat begeht, die als schwerwiegend gilt«, sagte Lynn. »Solange er unterhalb dieses Richtwerts blieb, gehörte er zu denen, die ständig kommen und gehen.«

Obwohl die Richtlinien längere Haftstrafen für vorbestrafte Kriminelle vorsehen, scheint es Comtois gelungen zu sein, seine Gefängnisaufenthalte zu verkürzen, indem er sich in fast allen Fällen schuldig bekannte. Als 1974 Anklage wegen Drogen- und Waffenbesitzes gegen ihn erhoben wurde, wurden den gerichtlichen Unterlagen zufolge seine Vorstrafen bei der Bemessung des Strafmaßes nicht berücksichtigt, weil er sich schuldig bekannte.

Schließlich ist das System nach Meinung der Behörden überlastet und verfügt nicht über ausreichend Mittel, einzelnen Straftätern die erforderliche Aufmerksamkeit entgegenzubringen, um sie tatsächlich zu rehabilitieren oder die Gesellschaft vor ihnen zu schützen.

»Das System kann den enormen Anstieg von Straftätern nicht bewältigen«, sagte Kamm. »Zu oft können Individuen den Teufelskreis nicht durchbrechen. Das kann dazu führen, dass sie schließlich jemandem enormen Schaden zufügen.«

Roland Comtois' Vorstrafenregister

April 1941: Mit elf Jahren wird er des Diebstahls angeklagt und als nicht resozialisierbarer Straftäter eingestuft. Er wird in Attleboro, Massachusetts, in eine Jugendstrafanstalt eingewiesen.

März 1947: In West Concord, Massachusetts, wegen Einbruchs angeklagt. Er wird zu einer zeitlich nicht begrenzten Haftstrafe von maximal zwei Jahren verurteilt.

Mai 1952: In New Bedford, Massachusetts, wegen tätlichen Angriffs mit Vergewaltigungsabsicht angeklagt. Er wird zu drei bis fünf Jahren Gefängnis verurteilt.

August 1955: In Massachusetts wegen Spanner-Vorfalls angeklagt. Haftaussetzung wird aufgehoben.

Februar 1960: In Los Angeles wegen versuchten Bankraubs angeklagt. Er wird zu einem Jahr Haft verurteilt.

Mai 1960: In La Mirada wegen Einbruchs angeklagt. Seine Strafe wird gleichzeitig mit der Haft in einem Bundesgefängnis verbüßt.

Juli 1961: In Los Angeles wegen Raubes angeklagt. Er wird zu einer Haft von fünf Jahren bis lebenslänglich in einem Staatsgefängnis verurteilt.

Juli 1974: Des Besitzes von Heroin mit Verkaufsabsicht sowie des Besitzes einer Schusswaffe angeklagt, die er von einem verurteilten Straftäter erhielt. Er wird zu fünf Jahren Haft in einem Staatsgefängnis verurteilt.

18. März 1987: In Los Angeles wegen schweren Diebstahls und Fälschung angeklagt. Das Verfahren ist anhängig.

1. Juni 1987: In Los Angeles des Einbruchs angeklagt. Das Verfahren ist anhängig.

27. Juli 1987: In Los Angeles wegen Autodiebstahls angeklagt. Verfahren eingestellt.

24. September 1987: In Los Angeles wegen Mordes, versuchten Mordes, Entführung und verschiedener anderer Delikte angeklagt. Verfahren anhängig.

Quelle: Gerichtliche Unterlagen und Bewährungsprotokolle

ANMERKUNG: Roland Comtois wurde des Mordes schuldig befunden und zum Tod verurteilt. Wegen seiner Drogenabhängigkeit befand er sich in schlechtem gesundheitlichem Zustand. Bei seiner Festnahme wurde er zudem angeschossen. Comtois starb 1994 im Gefängnis, wo er auf die Vollstreckung des Urteils wartete. Marsha Lynn Erickson wurde der Beihilfe zum Mord schuldig befunden und zu einer lebenslangen Haftstrafe verurteilt.

TEIL DREI

Die Fälle

Das namenlose Grab

IDENTITÄT VON MORDOPFER WEITERHIN UNGEKLÄRT

South Florida Sun-Sentinel
14. April 1986

Auf dem Grab in den Hollywood Memorial Gardens steht kein Name. Es gibt ganz einfach keinen, den man darauf schreiben könnte. Die Identität des Mannes, der dort begraben ist, bleibt ein Rätsel.

Er wurde am 11. März 1985 in einem Motelzimmer in Fort Lauderdale ermordet. Er wurde erwürgt. Die Behörden haben inzwischen die Frage geklärt, wer ihn umgebracht hat; ein Mann wurde der Tat schuldig gesprochen und letzte Woche zu einer lebenslangen Haftstrafe verurteilt; nach einem weiteren Verdächtigen wird gefahndet.

Was jedoch weiterhin geklärt werden muss, ist die Identität des Opfers.

»Wir haben nichts, nicht einen Hinweis, wer er war«, sagte Edwina Johnson, eine Ermittlerin des gerichtsmedizinischen Instituts von Broward County. »Wir haben umfangreiche Recherchen unternommen und nichts unversucht gelassen, allerdings ohne jeden Erfolg. Eigentlich sollte man doch meinen, dass irgendjemand wissen müsste, wer er ist.«

Detective Phil Mundy von der Polizei von Fort Lauderdale sagte, in seinen zehn Jahren beim Homicide Bureau habe es zwar schon unidentifizierte Mordopfer gegeben, aber noch keinen Fall, in dem das Opfer unbekannt geblieben sei, obwohl ein Mörder gefasst und verurteilt worden sei.

»Das ist wirklich ungewöhnlich«, sagte er. »Bei einem Whodunit versucht man zuerst, den Toten zu identifizieren, und macht dann von da aus weiter. Aber wir sind bei der Identifizierung bisher noch keinen Schritt weitergekommen. Alles, was wir haben, ist ein toter Mann, der äußerlich keine ungewöhnlichen Merkmale hat. Auf ihn könnte die Beschreibung Tausender Menschen zutreffen.«

In polizeilichen und gerichtsmedizinischen Unterlagen ist das Mordopfer nur bekannt als »nicht identifizierter Weißer, Fall Nr. 85-43959«. In Gerichtsdokumenten sind dieser Beschreibung Fotos des Mannes beigefügt, wie er in einem Motelzimmer aufgefunden wurde oder auf dem Tisch des Gerichtsmediziners lag.

Der Mann wird als 173 cm groß und 81,5 Kilo schwer beschrieben, mit braunem Haar, Schnurrbart und braunen Augen. Er war ungefähr 35 Jahre alt.

Der Mann wurde auf dem Boden eines Zimmers des Interlude Motel, S. Federal Highway 1215, gefunden. Nach Auffassung der Polizei begleitete er zwei männliche Prostituierte in das Zimmer und wurde dann ausgeraubt und ermordet. Seine Leiche war nackt. Es waren keine Kleider oder andere persönliche Dinge im Zimmer. Keine Brieftasche. Kein Ausweis. Nur Spuren eines Kampfs und ein blutiger Handabdruck an der Wand – ein Abdruck, der später zur Identifizierung eines seiner Mörder führte.

»In dem Zimmer blieb nichts zurück, was uns geholfen hätte, das Opfer zu identifizieren«, sagte Mundy. »Die Mörder haben es mitgenommen.«

Deshalb begann der Detective mit den Fingerabdrücken des Toten. Sie wurden zu Vergleichszwecken an bundesstaatliche, nationale und kanadische Behörden sowie an Interpol geschickt. Es ergab sich keine Übereinstimmung.

Es wurden landesweit Vermisstenmeldungen mit einer Zeichnung des Opfers verschickt. Ein paar Hinweise kamen zurück, aber keiner führte zu etwas.

»Nichts brachte uns weiter. Unser Mann war nicht darunter«, sagte Mundy. »Meistens traf die Beschreibung nicht zu. Wir überprüften einige der Namen, die wir bekamen. Aber alle ihre Träger waren noch am Leben und wohlauf.«

Die Ermittler ließen die Zeichnung in Zeitungen und Zeitschriften der Region veröffentlichen und im Fernsehen ausstrahlen, und sie verteilten sie in Hotels und Bars mit vorwiegend homosexueller Klientel. Sie fanden niemanden, der den Mann gesehen hatte.

In der Annahme, das Opfer sei ein Tourist gewesen, erkundigten sich die Ermittler bei Autovermietungen in Broward County nach Autos, die nicht zurückgebracht worden waren, in der Hoffnung, so vielleicht auf den Namen des Mordopfers zu stoßen. Sie erkundigten sich bei sämtlichen Abschleppdiensten der Region nach Fahrzeugen, die nach dem Mord abgeschleppt worden waren, ohne dass sich deren Besitzer gemeldet hatte. Sie erhielten keine Hinweise.

»Falls er sich ein Auto gemietet hat, weiß kein Mensch, wo«, sagte Mundy.

Einen Monat nach dem Mord führte der blutige Handabdruck an der Wand des Motelzimmers zur zweifelsfreien Identifizierung von Peter L. Ruggirello als Tatverdächtigem. Er wurde heute vor einem Jahr in Jacksonville festgenommen. Sein Komplize, ein Mann, den die Polizei als Wayne Moore identifizierte, befindet sich noch auf freiem Fuß.

Mundy zufolge kooperierte Ruggirello nicht mit der Polizei, um das Mordopfer zu identifizieren. Beim Prozess im Broward Circuit Court sagte Ruggirello, der Mann habe Adam geheißen. Er habe ihn und Moore in der Nähe der Backstreet Bar am West Broward Boulevard kennengelernt. Er leugnete, an dem Mord beteiligt gewesen zu sein.

Laut Ankläger Peter LaPorte teilte ein Informant den Behörden mit, Ruggirello habe einmal gesagt, der Name des Mannes sei Henry Faulkner. Die Behörden sind sich nicht sicher, ob einer dieser Namen der richtige ist, glauben aber, dass Ruggirello mehr über den Mann weiß, für dessen Mord er verurteilt wurde, als er zugegeben hat.

»Es gibt immer noch viele Fragen, die nur Ruggirello und der Mann, der sich noch auf freiem Fuß befindet, beantworten können«, sagte Mundy.

Wegen dieser Fragen liegt die Ermittlungsakte weiterhin ganz oben auf Mundys Schreibtisch. Der Fall ist noch offen, obwohl die Chancen, das Opfer zu identifizieren, von Tag zu Tag geringer werden.

»Ich vermute, er war aus einem anderen Bundesstaat«, sagte Mundy. »Er könnte in einem anderen Zuständigkeitsbereich vermisst gemeldet sein, ohne dass wir jemals etwas davon erfahren.«

Doppelleben

MICHAEL BRYANTS DOPPELLEBEN

Nachbarn, die den sympathischen Mann kannten, sind schockiert über die Mordanklage.

Los Angeles Times
22. April 1990

Für seine Bekannten in Woodland Hills war Michael Bryant ein stiller und zuvorkommender Mann, der sehr zurückgezogen lebte.

Trotz seines Einsiedlerdaseins war er keineswegs unfreundlich. Er war Nachbarn gegenüber sehr hilfsbereit. Seiner Vermieterin schickte er Weihnachtskarten und nette Nachrichten. Er ließ seinen Dobermann gern Kunststücke vorführen, die er ihm beigebracht hatte.

Bryant, 44, erzählte den Leuten, er sei selbstständiger Fotograf. Aber er verbrachte viel Zeit in seinem eingezäunten Garten und war sehr stolz auf die selbst angebauten Tomaten, die er an Freunde verschenkte. »Sie waren besser als die, die man im Supermarkt kaufen konnte«, sagte seine Vermieterin.

Aber laut Aussagen der Behörden war das Leben, das Bryant in Los Angeles führte, eine Fassade. Bryant war in Wirklichkeit Francis W. Malinosky, ein ehemaliger Lehrer aus Vermont, der 1979 untertauchte, als er in Zusammenhang mit dem Verschwinden einer Lehrerin, mit der er eine Affäre hatte, zum Hauptverdächtigen wurde.

Malinoskys Doppelleben nahm zu Beginn dieses Monats ein abruptes Ende, als er von lokalen und Vermonter Behörden in Woodland Hills aufgespürt wurde. Man nahm ihn fest und klagte ihn des Mordes an der vermissten Lehrerin an. Während Malinosky im Los Angeles County Jail auf eine Auslieferungsverhandlung wartet, bleibt der Mann geheimnisvoll.

Laut Angaben der Ermittler wurden bei der Durchsuchung von Malinoskys Haus Kameras und eine Visitenkarte gefunden, die den Eindruck erweckten, dass er tatsächlich Fotograf war. Aber die einzigen Fotos, die bei ihm vorgefunden wurden, zeigten ihn lächelnd inmitten von Marihuanafeldern. In seinem Haus waren keine Tomaten, aber in der Garage lagerten laut Aussagen der Polizei mehrere Pfund in unterschiedlichen Mengen abgepackter Cannabissamen. Und in seinem unauffälligen, 23 Jahre alten Volkswagen fanden die Ermittler eine Kaffeedose mit 217 000 Dollar in 100-Dollar-Scheinen.

»Dass wir den Mann gefunden haben, hat nur neue Fragen aufgeworfen«, sagte Sergeant Leo Blais, ein Detective der Vermont State Police, der den Malinosky-Fall über Jahre hinweg verfolgt hat. »Ich versuche mir ein Bild davon zu machen, was er zehn Jahre lang getan hat, und das ist nicht einfach. Wir wissen nicht viel über ihn.«

Auch diejenigen, die dachten, Michael Bryant aus Woodland Hills zu kennen, sehen sich vor einem Rätsel. Ein Mann, den sie als guten Nachbarn oder Mieter kannten, ist des Mordes angeklagt. Er wird verdächtigt, sich hinter mindestens vier falschen Namen zu verstecken und seinen Lebensunterhalt zumindest teilweise mit dem Verkauf von Cannabissamen und Anleitungen zu ihrem Anbau zu verdienen.

»Das kommt wirklich vollkommen unerwartet«, sagte Lilian Darling Holt, seit fast fünf Jahren Bryants Vermieterin. »Es ist unvorstellbar. Michael war ein wundervoller Mieter und Mensch.«

»Irgendwie kann ich das einfach nicht glauben«, sagte sie.

»Man sollte doch meinen, dass es in all den Jahren irgendetwas gegeben haben müsste, bei dem es jetzt Klick macht, sodass ich sagen könnte: ›Ach ja, jetzt wird mir alles klar.‹ Aber das gibt es nicht. Ich habe einfach kein gutes Gefühl bei der Sache. Ich würde gern etwas für ihn tun.«

Holt steht nicht allein da mit ihrer Fassungslosigkeit und dem Wunsch, Bryant zu helfen. Nachbarn am Topanga Canyon Boulevard, mit denen er ein freundschaftliches Verhältnis hatte, erklärten sich bereit, für seinen Hund zu sorgen, solange Bryant im Gefängnis ist. Und ein Rechtsanwalt, der Bryant vor ein paar Jahren in einem Café kennenlernte, hilft ihm jetzt, die Auslieferung nach Vermont anzufechten.

»Diejenigen, die ihn kannten, können es einfach nicht fassen«, sagte der Anwalt, Greff Michael Abrams. »Er war genau die Art von Mensch, die sich die meisten Leute als Nachbarn wünschen.«

Abrams sagte, Malinosky sei aus Vermont verschwunden und habe falsche Namen verwendet, weil er von den dortigen Behörden für ein Verbrechen gejagt worden sei, das er nicht begangen habe.

»Hinter diesem Fall steckt mehr, als auf den ersten Blick ersichtlich wird«, sagte Abrams. »Man muss kein Genie sein, um zu verstehen, warum er Vermont verlassen hat. Er glaubte, es käme zu einer Hexenjagd auf ihn, und beschloss deshalb unterzutauchen.«

Aber die Behörden sind fest davon überzeugt, dass ihnen kein Versehen unterlaufen ist. Im Fall Judith Leo-Coneys, die am 5. November 1979 verschwand und offensichtlich ermordet wurde, ist Malinosky der einzige Tatverdächtige. Die 32-jährige Mutter eines kleinen Jungen war verschwunden, nachdem sie Freunden erzählt hatte, sie fahre zu einem Haus, das Malinosky gehöre.

»Niemand, mit dem ich hier darüber spreche, kann es glauben«, sagte Blais letzte Woche in Los Angeles, wo er Nachforschungen über Malinoskys Leben anstellt. »Alle sagen, dafür ist er nicht der Typ.«

Bisher hat Blais herausgefunden, dass Malinosky Anfang der 8oer-Jahre im Großraum Los Angeles lebte und als Maler arbeitete. Dann zog er nach Utah und von dort wieder zurück nach Los Angeles, wo er seit Ende 1985 in dem 3-Zimmer-Haus am Topanga Canyon Boulevard lebte.

In dieser Zeit nahm Malinosky einen anderen Namen an – Barry Vandiver Bryant –, im Übrigen der Name einer tatsächlich existierenden Person, teilte Blais mit. Der echte Barry Bryant aus Charlotte, North Carolina, hat in der Zwischenzeit wegen Kreditproblemen im Zusammenhang mit Malinoskys Identitätsdiebstahl, seinen eigenen Namen geändert.

1979 war Malinosky zunächst niemand, dem man einen Mord zugetraut hätte. Er hatte mehrere Jahre in verschiedenen Schulen um Burlington unterrichtet und war in der Region im Norden Vermonts vielen Menschen bekannt. Mit 34 wurde er im Burlington School Department stellvertretender Abteilungsleiter für Förderschulen.

Er hatte einen Vollbart und schütteres Haar und liebte das Leben in der freien Natur. Er besaß in Burlington eine Wohnung und im ländlichen Shelburne ein Haus, das er für die Jagd und zum Skifahren nutzte. Der stille und zurückhaltende Witwer – seine Frau hatte sich 1976 erschossen – zog eine Tochter und einen Sohn auf.

Als Leo-Coneys jedoch Mitte 1979 ihre zweijährige Beziehung mit ihm beendete, führte dies anscheinend zu einer tiefen Krise in Malinoskys Leben. Gerichtlichen Unterlagen aus Chittenden County zufolge wühlte ihn die Trennung stark auf, er konsultierte deswegen einen Therapeuten und war mindestens einmal dabei beobachtet worden, wie er durch die Fenster von Leo-Coneys' Wohnung spähte.

Laut gerichtlichen Unterlagen bedrohte Malinosky Leo-

Coneys zwei Wochen vor ihrem Verschwinden mehrere Stunden lang mit vorgehaltener Waffe und versuchte, sie zu überreden, die Beziehung mit ihm fortzusetzen.

Am Morgen des 5. November 1979 erzählte Leo-Coneys Freunden und Verwandten, sie werde zu Malinoskys Haus in Shelburne fahren und dort ihre Sachen abholen. Sie hatte sich für diesen Zeitpunkt entschieden, weil sie wusste, dass Malinosky an diesem Tag in Burlington arbeiten würde.

Doch Leo-Coneys wurde nie mehr gesehen. Sie wurde noch am selben Tag von ihrer Familie als vermisst gemeldet, und Ermittler brachten in Erfahrung, dass Malinosky an diesem Tag weder zur Arbeit erschienen war noch im Büro angerufen hatte, um sich zu krankzumelden. Als er am Abend in Shelburne in seinem Van gesehen und von der Polizei vernommen wurde, sagte er, er habe sich den Tag frei genommen, um auf Vogeljagd zu gehen, und habe Leo-Coneys nicht gesehen.

Leo-Coneys' Auto wurde am Tag danach auf einem Schrottplatz in Roxbury gefunden. Unter dem Scheibenwischer klemmte ein Zettel, auf dem stand, das Auto könne ausgeschlachtet werden. Er war mit »R. Peterson« unterschrieben.

Malinosky wurde nach Leo-Coneys' Verschwinden mehrere Male verhört. Am 2. Dezember 1979 setzte er seine Kinder schließlich in einen Bus zum Wohnort seiner ehemaligen Schwiegereltern, hob das gesamte Geld von seinen Bankkonten ab und verschwand. Obwohl Leo-Coneys' Leiche nie gefunden wurde, geben die Behörden an, stichhaltige Beweise vorliegen zu haben, die auf Malinosky als Täter deuten.

Gerichtlichen Unterlagen zufolge wiesen FBI-Experten mit Schriftproben Malinoskys nach, dass der Zettel an Leo-Coneys' Auto auf dem Schrottplatz in Roxbury von ihm stammte. Außerdem fanden Ermittler einen Taxifahrer, der bezeugte, Malinosky am Tag von Leo-Coneys' Verschwinden in Roxbury gefahren zu haben. Die Telefonistin, die den Anruf in der Taxizentrale entgegengenommen hatte, erinnerte sich, mit Malinosky gesprochen zu haben. Er war früher ein Lehrer von ihr gewesen.

Außerdem war den Detectives bei Malinoskys erster Vernehmung aufgefallen, dass sein Parka zerrissen war und etwas von seiner Daunenfüllung verloren hatte. Dieselbe Sorte Daunen wurde in Leo-Coneys' Auto gefunden.

Nach Malinoskys Verschwinden nahm die Polizei an, er habe möglicherweise Selbstmord begangen. Die Ermittlungen wurden mehr oder weniger eingestellt, ohne dass Anklage erhoben wurde.

1986 wurde Blais damit beauftragt, den Fall Leo-Coneys auf den neuesten Stand zu bringen. Durch Internetrecherchen stellte der Detective fest, dass Malinosky noch am Leben war und anscheinend Mitte der 80er-Jahre in Salt Lake City gelebt hatte, wo er unter seinem richtigen Namen einen Führerschein beantragt hatte.

Daraufhin fuhr Blais nach Utah, aber Malinosky war verschwunden.

Wieder dümpelte das Verfahren vor sich hin, bis im vergangenen Jahr ein neuer State Attorney, William Sorrell, sein Amt antrat und den Fall Leo-Coneys neu aufrollen ließ. Am 20. Februar 1990 wurde der Fall einer Grand Jury vorgelegt, die zu dem Schluss gelangte, dass Leo-Coneys tot sei. Zwei Tage später wurde ein Haftbefehl erlassen, in dem Malinosky des Mordes an der Frau beschuldigt wurde.

Laut gerichtlichen Unterlagen hatte Malinoskys Tochter Ermittlern erzählt, sie habe sich mit ihrem Vater früher in diesem Jahr im St. Moritz Hotel in New York City getroffen. Blais brachte in Erfahrung, dass das Hotelzimmer, das Malinosky benutzt hatte, mit einer Kreditkarte auf einen Barry Vandiver Bryant bezahlt worden war. Daraufhin wurden Kreditkartenbelege auf diesen Namen zu vier privaten

Postfächern im San Fernando Valley und in Hollywood zurückverfolgt.

Angehörige einer LAPD-Einheit für flüchtige Straftäter sprachen mit den Betreibern der privaten Postfachagenturen, worauf diese Barry Bryant als Malinosky identifizierten. Und am 12. April wurden die Detectives von einem der Postfachbetreiber benachrichtigt, Bryant habe gerade seine Post abgeholt.

Polizisten und FBI Agents fuhren sofort zu der Agentur am Ventura Boulevard in Woodland Hills, aber Bryant war bereits weg.

Die Ermittler beschlossen, sich in den Motels der Gegend umzuhören. Ein Angestellter in einem Best Western am Ventura Boulevard erkannte auf einem Foto von Malinosky einen Gast, der dort vom 20. Februar an ein Zimmer gemietet hatte – das war der Tag, an dem in Vermont die Verhandlung vor der Grand Jury begonnen hatte. Daher glauben die Ermittler, dass er in das Motel zog, nachdem er, möglicherweise durch Freunde oder Verwandte in Vermont, erfahren hatte, dass der Fall vor einer Grand Jury zur Verhandlung gekommen war.

Die Polizei observierte das Motelzimmer, und Malinosky wurde noch am selben Nachmittag verhaftet, als er in seinem Volkswagen, Baujahr 1967, vorfuhr. Er hatte Papiere bei sich, die ihn als Michael Bryant auswiesen und als seinen Wohnsitz ein Haus fünf Straßen weiter im Topanga Canyon Boulevard angaben.

Im Auto fand die Polizei die Kaffeedose, die neben den 217000 Dollar auch einen Beutel mit Trockenmittel enthielt. Ermittler erklärten, das deute darauf hin, dass die Dose zuvor vergraben gewesen sei.

Woher Malinosky das Bargeld hatte, konnten sich die Ermittler nicht erklären. Als jedoch am nächsten Tag sein Haus durchsucht wurde, fanden sie in der Garage Dutzende von

Päckchen mit Cannabissamen. Die Polizei stellte die Theorie auf, Malinosky könnte durch den Verkauf von Drogen oder Samen zu dem Geld gekommen sein.

Detective Ronald Tuckett vom LAPD zufolge wurden in der Garage Anleitungen zum Marihuana-Anbau und anderes Drogenzubehör gefunden.

»Es sieht so aus, als hätte er einen kleinen Versandhandel betrieben«, sagte Tuckett.

Obwohl auch wegen der Drogen weiter gegen Malinosky ermittelt wird, wird wahrscheinlich in Los Angeles keine Anklage gegen ihn erhoben, weil das seine Auslieferung an Vermont verhindern könnte, wo er des Mordes angeklagt wird.

Blais war bereits am Morgen des 12. April, als Malinosky seine Post abholte, verständigt worden, und flog noch am selben Tag von Vermont nach Los Angeles, wo der Mann, nach dem er seit 1986 gefahndet hatte, festgenommen wurde. Detective und Verdächtiger begegneten sich zum ersten Mal in einer Arrestzelle.

»Er hat nur auf den Boden gestarrt«, sagte Blais. »Er war sehr aufgewühlt. Ich stellte mich ihm vor, und er sagte: ›Ich weiß, wer Sie sind.‹ Ich sagte: ›Ich weiß auch, wer Sie sind, aber wie möchten Sie angesprochen werden – Frank oder Michael oder Barry oder was?‹ Er sagte, ich solle ihn Frank nennen. Es war ein komisches Gefühl, ihm nach so langer Zeit endlich gegenüberzustehen.«

Tod einer Erbin

TOD DER KANAN-ERBIN
BLEIBT EIN RÄTSEL

Judy Kanan war eine toughe Geschäftsfrau aus einer Pio-
niersfamilie. Noch immer werden zwei Männer verdäch-
tigt, sie 1985 ermordet zu haben. Aber ein Detective sagt,
er habe keine Ahnung, wer sie umgebracht hat.

Los Angeles Times
29. Januar 1990

Heute vor fünf Jahren fuhr Judy Kanan, eine energische
68-jährige Geschäftsfrau und Nachfahrin einer Pioniersfa-
milie, zu einer Koppel in Woodland Hills, um ihre sechs
Araberpferde zu füttern, die sie verhätschelte wie kleine
Kinder.

Es war ihr tägliches Ritual, ihre geliebten Pferde zu versorgen, und für die Anwohner der Sackgasse der Collins
Street, in der die Stallungen liegen, waren Kanan und ihr alter Chevy ein vertrauter Anblick.

Doch es gab auch einen Mörder, der mit ihrem Tagesablauf
bestens vertraut war. Als Kanan am Nachmittag des 29. Januar 1985 aus ihrem Auto stieg, näherte sich ihr ein maskier-
ter Mann und gab vier Schüsse auf sie ab. Sie starb auf dem
Bürgersteig neben der Koppel.

Detective Phil Quartararo war von Anfang an an den Ermittlungen beteiligt und ist weiterhin für den Fall zuständig.
Vor Kurzem sah er einen der dicken Ordner durch, die er im

Lauf der Jahre mit Ermittlungsberichten gefüllt hat, und zog ein kurzes Resümee des Falls.

»Ich habe keine Ahnung, wer Judy Kanan umgebracht hat«, sagte er.

So steht es also um die Ermittlungen zu dem Mord, der in der Öffentlichkeit noch Wochen nach der Tat für großes Aufsehen sorgte. Inzwischen ist er größtenteils in Vergessenheit geraten – außer bei denjenigen, die Judy Kanan gut kannten oder verpflichtet sind, ihren Mörder zu suchen.

Für die Polizei von Los Angeles ist der Fall noch immer ein Rätsel, und für die Menschen, die darauf warten, dass Kanan Gerechtigkeit widerfährt, eine Quelle quälender Frustration.

»Wir möchten nicht, dass in Vergessenheit gerät, was passiert ist«, sagte letzte Woche Patty Kanan, die Nichte des Opfers und Sprecherin der Familie. »Wenn sich die Menschen nicht mehr daran erinnern, wird es in Vergessenheit geraten. Aber das wollen wir nicht. Wir wollen, dass diese Person gefasst wird.«

»Der Mörder ist immer noch in Freiheit. Das ist das Beängstigende daran. Wer nicht davor zurückschreckt, eine alte Frau zu töten, schreckt auch vor einem weiteren Mord nicht zurück, egal an wem. Das sollte allen zu denken geben, nicht nur uns.«

Judy Kanan entstammte der Waring-Familie, die in den 1860er-Jahren Agoura besiedelte. Bis zum Beginn der 1980er-Jahre hatten Judy Kanan und ihre ältere Schwester Patricia Kanan in Agoura mit Erbschaften und Geschäftsgewinnen Grundstücke im Wert von mehreren Millionen Dollar erworben. Die Kanan Road, die in nordsüdlicher Richtung durch Agoura verläuft, wurde nach der Familie benannt.

Die Schwestern lebten gemeinsam in Hollywood und waren zum Zeitpunkt des Mordes Eigentümerinnen und Geschäftsführerinnen des Kanan Village Shopping Centers in Agoura – des Herzstücks des Familienbesitzes. Außerdem betrieben die Schwestern im Einkaufszentrum ein auf Brathähnchen und Kaninchengerichte spezialisiertes Restaurant.

Judy Kanan war eine eigenwillige Persönlichkeit. Von den zwei Schwestern war sie diejenige, die sich um geschäftliche Angelegenheiten kümmerte. Sie erwarb sich einen Ruf als energische, unnachgiebige Geschäftsfrau, die Streitigkeiten oft vor Gericht austrug – einmal sogar in der landesweit ausgestrahlten Fernsehsendung *People's Court*. Im Einkaufszentrum war sie bekannt dafür, unnachgiebig darauf zu drängen, dass Handwerker Aufträge fristgemäß erledigten und Mieter ihre Miete bezahlten.

Freunde und Geschäftspartner bezeichneten sie jedoch als sympathisch und absolut loyal. Trotz des Reichtums ihrer Familie arbeitete sie täglich viele Stunden im Einkaufszentrum und im Restaurant. Sie fuhr ein dreizehn Jahre altes Auto, und ihr Lebensstil war bescheiden. Jeden Nachmittag nahm sie sich die Zeit, um vom Einkaufszentrum nach Woodland Hills zu fahren, um dort ihre Pferde zu füttern und zu versorgen.

Der Polizei zufolge hatte sie sich jedoch durch ihr unnachgiebiges Geschäftsgebaren und ihren Hang zu Rechtsstreits viele Feinde gemacht. Darin könnte das Motiv für ihre Ermordung stecken. Nach ihrem Tod sagte ein Geschäftsmann aus Agoura: »Da haben Sie jetzt wohl die halbe Bevölkerung von Agoura als Verdächtige.«

Laut Quartararo wurde der Mord sorgfältig geplant und ausgeführt. Der Mörder kannte Kanans Tagesablauf und wusste, dass sie allein war, wenn sie am Nachmittag ihre Pferde fütterte.

»Wer es auch war, er wählte einen Zeitpunkt aus, an dem Judy und meine Mutter getrennt waren«, sagte Patty Kanan. »Es war der einzige Ort, an dem er an sie herankommen konnte.«

Laut Aussagen des einzigen Mordzeugen trug der Mann, der Kanan niederschoss, zu seiner Tarnung einen Regenmantel und eine Maske oder Kapuze. Das Auto, in dem er floh, war vom Gelände eines Gebrauchtwagenhändlers gestohlen worden. Zwanzig Minuten nach dem Mord wurde es in der Nähe des Ventura Boulevard abgestellt und in Brand gesteckt. Dadurch wurden alle Beweise vernichtet und die Spur des Mörders verwischt.

Der Mord wies Merkmale eines Auftragsmordes auf, aber die Polizei kann immer noch nicht definitiv sagen, dass es sich tatsächlich um einen handelte.

»Uns standen so gut wie keine konkreten Beweise zur Verfügung, mit denen wir hätten arbeiten können«, sagte Quartararo.

Die Polizei befasste sich eingehend mit Kanans Geschäftsabschlüssen und rechtlichen Streitigkeiten. Sie nahmen sich jeden Prozess vor und jede Beschwerde, die Kanan bei Freunden oder Behörden vorgebracht hatte, und sprachen mit Dutzenden von Personen.

Wegen Auseinandersetzungen, die sie mit Kanan gehabt hatten, kristallisierten sich in den Wochen nach dem Mord laut Quartararo zwei Männer als Hauptverdächtige heraus.

Der erste hatte eine Woche vor dem Mord im Einkaufszentrum einen heftigen Streit mit Kanan gehabt, bei dem es um die Miete für einen Hi-Fi-Laden ging, den der Mann im Einkaufszentrum eröffnen wollte. Letzten Endes weigerte sich Kanan grundsätzlich, an den Mann zu vermieten.

Am folgenden Wochenende erhielt Kanan von einer nicht identifizierten Frau Drohanrufe. Und am Dienstag darauf wurde sie ermordet.

Nachdem die Polizei ein Phantombild des Mannes veröffentlicht hatte, meldete sich dieser im Beisein eines Anwalts bei der Polizei, weigerte sich aber, Fragen zu dem Mord zu beantworten. Seine Identität wurde nicht bekannt gegeben.

Die Polizei stellte fest, dass die Freundin des Mannes die Drohanrufe bei Kanan gemacht hatte, und führte daraufhin bei dem Mann eine Haussuchung durch. Laut Quartararo wurden jedoch keine Beweisstücke gefunden, die den Mann mit dem Mord in Verbindung brachten. Er wurde nicht festgenommen.

Der zweite Mann, dessen Identität die Polizei ebenfalls nicht enthüllen wollte, war von Kanan mehrere Wochen vor ihrer Ermordung beschuldigt worden, aus dem Einkaufszentrum Baumaterialien gestohlen zu haben. Laut Quartararo wurde der Mann in Zusammenhang mit dem Diebstahl verhaftet, leugnete diesen aber. Eine Woche vor dem Mord ließen die Behörden die Anklage gegen ihn fallen.

Laut Angaben Quartararos glaubten die Ermittler, der zweite Verdächtige habe sich möglicherweise an Kanan rächen wollen. Sie führten auch bei ihm eine Haussuchung durch, fanden aber auch in diesem Fall keine Beweisstücke, mit denen sich ein Zusammenhang mit Kanans Ermordung hätte herstellen lassen. Es kam zu keiner Festnahme.

Die richterlichen Anordnungen für die beiden Hausdurchsuchungen sind nicht öffentlich zugänglich, und andere Einzelheiten der Ermittlungen gegen die zwei Männer waren nicht verfügbar. Laut Quartararo wurde nichts gefunden, was die Männer mit dem Mord in Verbindung bringt, aber sie gelten weiterhin als Verdächtige.

Laut Quartararo, der regelmäßig Ermittlungen in Mordfällen im westlichen San Fernando Valley durchführt, sind im Kanan-Fall schon seit drei Jahren keine neuen Hinweise mehr eingegangen. Um den Fall zu lösen, wird seiner Auffassung nach mehr nötig sein als Polizeiarbeit.

»Wenn nicht irgendjemand mit Informationen zu uns kommt, werden wir diesen Fall nicht lösen«, sagte Quartararo.

Für Kanans Angehörige ist es frustrierend, dass der Fall

ungeklärt bleibt. Patricia Kanan, die inzwischen Ende 70 ist, verkaufte das Restaurant, das sie zusammen mit ihrer Schwester betrieb. Aus gesundheitlichen Gründen übertrug sie die Leitung des Einkaufszentrums ihrer Tochter Patty.

Patricia Kanan wollte zu dem Fall keinen Kommentar abgeben.

»Frustration ist das Wort, das am besten beschreibt, was wir empfinden«, sagte Patty Kanan. »Und Trauer. Wir möchten unbedingt wissen, wer es war.«

Patricia Kanan ist unverheiratet. Im vergangenen Jahr zog sie aus dem Haus, das sie mit ihrer Schwester bewohnt hatte, aus und lebt jetzt mit ihrer Tochter an einem nicht näher bekannten Ort. Auch wenn die Kanans nicht in ständiger Angst vor dem Mörder leben, warten sie dennoch ungeduldig darauf, dass Judy Kanan Gerechtigkeit widerfährt.

»Meiner Mutter und unserer ganzen Familie bereitet es einfach große Sorge, dass sich jemand, der einen Menschen getötet hat, noch immer in Freiheit befindet und in dem Glauben wiegt, ungestraft davongekommen zu sein«, sagte Patty Kanan. »Es könnte jeder sein. Es war eine sehr berechnende und eiskalte Tat. Und dieser Mensch ist immer noch auf freiem Fuß. Ich finde es unerträglich, dass ein Mörder ungestraft davonkommt.«

NEFFE ALS EINZIGER VERDÄCHTIGER IM KANAN-MORD IDENTIFIZIERT

29. September 1990

Fast sechs Jahre sind vergangen, seit Judy Kanan, eine energische Geschäftsfrau und Nachfahrin einer Pionierfamilie, an einer Pferdekoppel in Woodland Hills erschossen wurde. Nun konzentrieren sich die Ermittlungen in dem ungeklärten Mordfall laut polizeilichen und gerichtlichen Unterlagen auf eine Person – ihren Neffen.

Ein Durchsuchungsbeschluss, der in diesem Monat im Van Nuys Municipal Court beantragt wurde, weist den 34-jährigen Michael Kanan, den Sohn des Bruders des Opfers, als den Mörder aus.

Dem amtlichen Dokument zufolge sagte der Verdächtige nach dem Mord zu einem Bekannten, der später die Polizei über das Gespräch unterrichtete: »Das ist schon ein Ding, so was auf die Reihe gekriegt zu haben ... Diese Schlampe hat es nicht anders verdient.«

Wie die Polizei von Los Angeles mitteilt, sucht sie noch zusätzliche Beweise, bevor sie bei der Staatsanwaltschaft des Los Angeles County beantragen wird, gegen Michael Kanan Anklage wegen Mordes zu erheben. Kanan befindet sich wegen einer Anklage wegen Einbruchs, die nicht mit dem Mordfall in Verbindung steht, bereits in Haft.

Der Verdächtige ließ durch seinen Anwalt mitteilen, er habe mit dem Mord nichts zu tun.

Am 29. Januar 1985 wurden von einem maskierten Täter in einem Regenmantel vier Schüsse auf Judy Kanan, 68, abgegeben, als sie an einer Pferdekoppel in der Collins Street eintraf.

Aus gerichtlichen Dokumenten und Polizeiangaben geht hervor, dass die Ermittler inzwischen glauben, der Mord sei von Michael Kanan verübt und durch einen finanziellen Streit innerhalb der Familie ausgelöst worden.

Kurz nach dem fünften Jahrestag von Judy Kanans Tod gab ein Bekannter Michael Kanans neue Einzelheiten über den Mord bekannt. Die Person sagte, sie sei vom Verdächtigen gebeten worden, Judy Kanan umzubringen.

Laut gerichtlichen Unterlagen teilte der Informant der Polizei mit, Auslöser für den Mord sei ein Streit zwischen Judy Kanan und ihrem Bruder George Richard Kanan – Michael Kanans Vater – gewesen, bei dem es um ein Darlehen in Höhe von 2600 Dollar gegangen sei. Hinzu kam noch, dass George Kanan seinem Sohn den Eindruck vermittelt habe, Judy Kanan habe den größten Teil des Grundbesitzes der Familie mit unlauteren Mitteln an sich genommen, sagte der Informant.

In der richterlichen Anordnung für die Hausdurchsuchung steht unter anderem: »Der Informant deutete an, dass George Richard Kanan seine Schwester hasste und diesen Hass auch seinem Sohn Michael einimpfte … George Kanan hatte seinem Sohn gegenüber verkündet, Judy Kanan hätte ihm seinen ganzen Besitz gestohlen.«

Laut gerichtlichen Unterlagen sagte der Informant, zu dem Mord sei es folgendermaßen gekommen:

1984 unterschrieb George Kanan einen Vertrag, demzufolge er sich von seiner Schwester für unbekannte Zwecke 2600 Dollar lieh. Am Jahresende glaubte er jedoch, seine daraus erwachsenden Verpflichtungen nicht erfüllen zu können und deshalb ein großes Stück Land, das er in Agoura besaß, an sie zu verlieren.

»Der Informant behauptete, George Kanan sei extrem aufgebracht darüber gewesen, dass Judy Kanan ihn dazu gebracht hatte, den Vertrag zu unterzeichnen«, hieß es in der richterlichen Anordnung.

»Kurz nach Abschluss des Darlehensvertrags trat Michael Kanan mit einem Plan zur Ermordung Judy Kanans an den Informanten heran. Ursprünglich hatte Michael Kanan geplant, sowohl Judy als auch ihre Schwester Pat in ihrem Restaurant in Agoura zu töten und die Tat als Raubüberfall hinzustellen. Der Plan wurde später insofern geändert, dass nur Judy getötet werden sollte, und zwar an der Koppel, wo sie täglich ihre Pferde fütterte.«

Der Informant sagte, ein paar Wochen vor dem Mord habe ihm Michael Kanan eine Schusswaffe gezeigt, mit der Judy Kanans ermordet werden sollte. Die Polizei und der Informant glauben, dass die Waffe aus einem Auto gestohlen wurde, das in der Nähe des Balboa Park in der Sepulveda Dam Recreation Area geparkt war. Doch weder die Waffe noch ihr Eigentümer konnten gefunden werden.

Der Informant teilte der Polizei mit, er habe Mitte Januar 1985 ein Auto gestohlen und es in der Nähe des Stalls abgestellt, in dem Judy Kanans Pferde untergebracht waren. Das Auto sollte nach dem Mord als Fluchtauto dienen, doch die Polizei wurde am 25. Januar darauf aufmerksam und ließ es abschleppen.

Er habe geglaubt, damit sei die Sache erledigt, so der Informant, habe aber zu seinem Entsetzen vier Tage später in den Nachrichten von dem Mord an Judy Kanan erfahren.

»... er wurde genauso durchgeführt, wie es zuvor geplant war«, heißt es in der richterlichen Anordnung. »Kurz nachdem er aus dem Fernsehen von der Tat erfahren hatte, stellte der Informant Michael Kanan zur Rede. Dieser gestand, den Mord begangen zu haben ... Nach Auffassung des Informanten beging Michael Kanan den Mord selbst, weil er spürte, dass der Informant nicht in der Lage gewesen wäre, den Plan auszuführen.«

Laut Quartararo, der von Anfang an für den Fall zuständig war, wurde Michael Kanan in der Anfangsphase der Ermittlungen zusammen mit anderen Familienmitgliedern vernommen, aber »nie in die engere Auswahl aufgenommen«.

Etwa ein Jahr nach dem Mord tauchte Michael Kanan laut Aussagen der Polizei unter, als er nach seiner Verhaftung wegen eines Einbruchs in einem Geschäft in Van Nuys gegen Kaution wieder aus der Haft entlassen wurde. Er wurde erst vergangenen Monat in Burbank wieder gefasst und befindet sich gegenwärtig ohne die Möglichkeit einer Haftverschonung im Bezirksgefängnis.

William H. Schultz, ein Anwalt, der Michael Kanan vertritt, erklärte, sein Mandant habe nichts mit der Ermordung Kanans zu tun.

»Die Anschuldigungen sind haltlos und widersinnig«, sagte Schultz. Jeden weiteren Kommentar lehnte er ab.

George Richard Kanan konnte für einen Kommentar nicht ausfindig gemacht werden.

Die Polizei ist von der Zuverlässigkeit der Aussagen des Informanten überzeugt, weil er Details der Tat nannte, die nie publik wurden. Aus Sicherheitsgründen lehnte sie ab, seine Identität bekannt zu geben.

Auf die Mitteilungen des Informanten hin durchsuchte die Polizei ein Lager, das Michael Kanan in Chatsworth angemietet hatte. Dort wurden ein Regenmantel und Handschuhe gefunden, aber keine Schusswaffe.

In der Zwischenzeit hat Quartararo Teile der Darstellung des Informanten bestätigt. Er fand Dokumente über das 2600-Dollar-Darlehen und konnte bestätigen, dass in der Sackgasse der Collins Street vier Tage, bevor Judy Kanan dort erschossen wurde, ein gestohlenes Auto von der Polizei abgeschleppt worden war.

Bevor die Polizei jedoch beantragen wird, Anklage zu erheben, muss sie noch die Angaben des Informanten hinsichtlich der Mordwaffe bestätigen. Michael Kanan wurde einmal bei einem versuchten Einbruch in ein Auto festgenommen, das in der Nähe des Balboa Golf Course in der Sepulveda Dam Recreation Area abgestellt war. Die Polizei nimmt an, dass die Waffe von einem ähnlichen Einbruch in dieser Gegend stammen könnte.

Quartararo hat, wie er sagte, Protokolle zu Straftaten gesichtet, die in den Monaten vor dem Mord in dem weitläufigen Parkgebiet begangen wurden, konnte aber nirgendwo einen Hinweis auf den Diebstahl einer Schusswaffe finden. Er forderte alle Bürger, denen Ende 1984 oder Anfang 1985 in der Gegend des Parks eine Waffe gestohlen wurde, auf, sich bei der Polizei zu melden. Er wies auf eine Belohnung in Höhe von 50 000 Dollar hin, die für Hinweise ausgesetzt ist, die zu einer Verurteilung im Kanan-Mord führen.

»Diesen Punkt der Darstellung müssen wir unbedingt bestätigen«, sagte Quartararo. »Wenn wir nachweisen können, dass die Tatwaffe, wie der Informant behauptet, aus einem Auto in dieser Gegend stammt, wird die Staatsanwaltschaft umgehend Anklage erheben, ohne dass wir die bei dem Mord tatsächlich verwendete Tatwaffe vorliegen haben müssen.«

ANMERKUNG: 1991 erklärte die Staatsanwaltschaft, es werde wegen Mangels an Beweisen keine Anklage gegen den Verdächtigen Michael Kanan erhoben. die Fünf Jahre später lieferte sich Kanan im Haus seiner Mutter im San Fernando Valley einen Schusswechsel mit der Polizei. Er erschoss einen Hund und ein Pferd und gab dann mehrere Schüsse auf die eintreffenden Polizisten ab. Kein Polizist wurde dabei verletzt. Nach einem zweistündigen Standoff tötete sich Kanan mit einem Kopfschuss selbst. Er starb, ohne den Mord an Judy Kanan je gestanden zu haben. Die Polizei gab später bekannt, dass der Informant, der Michael Kanan 1990 der Ermordung seiner Tante beschuldigt hatte, sein eigener Bruder war.

Mord in Hollywood

»COTTON CLUB«-FALL FÜHRT ZU FESTNAHME IN MORD AN PROSTITUIERTER IM JAHR 1984

Los Angeles Times
25. Juni 1989

Vor fünf Jahren wurde June Mincher, eine über hundert Kilo schwere Prostituierte mit einem lavendelfarbenen Rolls-Royce, in Van Nuys von einem effizient agierenden Killer auf offener Straße erschossen. Die daraufhin eingeleiteten Ermittlungen förderten eine Reihe bizarrer Figuren und dubioser Geschichten zutage – aber keinen Schuldigen.

Doch nun scheint sich das Geheimnisses zumindest ein wenig zu lüften. Grund dafür ist eine Gerichtsverhandlung zu einem anderen Mord aus einer völlig anderen Welt: dem »Cotton Club«-Fall mit seinen Hollywood-Berühmtheiten und deren Film- und Kokaingeschäften.

Zeugenaussagen und dem Gericht vorliegende Dokumente zum Cotton-Club-Verfahren enthalten Anschuldigungen, dass beide Morde von denselben Auftragskillern verübt wurden. Diese brüsteten sich im Beisein eines Informanten, der von den Ermittlern mit einem Mikrophon ausgestattet war, mit ihren Taten.

Die Frage, wer sie mit Minchers Beseitigung beauftragt haben könnte, ist weiterhin offen, aber mindestens ein bei Gericht eingereichtes Dokument zitiert einen Informanten mit der Behauptung, es sei die Großmutter des Mannes gewesen, der in dem Fall unter Mordanklage gestanden habe, aber dann freigesprochen worden sei. Ein Anwalt der Frau, einer Anlageberaterin aus Beverly Hills, wies die Anschuldigung zurück. Die Polizei stellt ihren eigenen Aussagen zufolge weiter Ermittlungen an und wollte keinen Kommentar abgeben.

Mincher, die sich in lokalen Sexzeitschriften als »scharfe schwarze und indianische Göttin« mit 140 Zentimeter Oberweite anpries, wurde am 3. Mai 1984 erschossen. Zwei Jahre später wurde Gregory Alan Cavalli, ein 24-jähriger Bodybuilder aus einer prominenten Familie aus Beverly Hills, des Mordes angeklagt. Die Behörden sagten, er habe das Fluchtauto gefahren, nachdem ein Auftragskiller Mincher erschossen habe.

Im Prozess gegen Cavalli konnten die Ankläger diesen Auftragskiller weder vorführen noch namentlich benennen. Zu den wichtigsten Zeugen gegen Cavalli gehörten ein ehemaliger Kokainabhängiger, ein transsexueller Pornodarsteller und eine Frau, die sich von einem Nervenzusammenbruch erholte, den sie erlitten hatte, weil ihr Sohn ihre Mutter ermordet hatte.

Schneller Freispruch

Nach Abschluss des dreiwöchigen Prozesses verließ Cavalli 1986 das Gericht von Van Nuys als freier Mann. Die Geschworenen brauchten nicht einmal eine Stunde, um ihn nicht schuldig zu sprechen.

Doch inzwischen, drei Jahre später, wird ein neues Kapitel im Mordfall Mincher aufgeschlagen.

Die Behörden haben zwei Männer des Mordes an Mincher angeklagt. Sie sind als Bodyguards identifiziert, die früher für eine von der Cavalli-Familie beauftragte Sicherheitsfirma tätig waren. Inzwischen sind die Detectives der Ansicht, dass Cavalli das Fluchtfahrzeug nicht gefahren hat und am Abend des Mordes nicht einmal in Los Angeles war.

Damit bleibt immer noch die Frage, wer Minchers Ermordung angeordnet hat. Laut Aussagen der Behörden ist Cavalli aber nicht mehr Gegenstand polizeilicher Ermittlungen, weil er für dieselbe Straftat nicht zweimal belangt werden kann.

»Nie mehr«, sagte Police Sergeant Ed Entwistle vom LAPD. »Er wurde vor Gericht gestellt, und damit hat sich die Sache.«

Die Ermittler wollen nicht darüber sprechen, wen sie der Tat verdächtigen. Aber in einem zusammenfassenden Untersuchungsbericht, der in Zusammenhang mit dem Cotton-Club-Fall beim Los Angeles Superior Court eingereicht wurde, wird der wichtigste Informant zitiert, einer der Verdächtigen habe ihm erzählt, dass Mincher »eine wohlhabende italienische Familie belästigt und die Großmutter jemanden mit ihrer Beseitigung beauftragt habe«.

Rechtsanwalt Mitchell W. Egers, der die Familie Cavalli vertritt, sagte, der Informant müsse sich auf Mary Bowles bezogen haben, Teilhaberin der Immobilien-Investmentfirma Bowles & Associates in Beverly Hills. »Es gibt keine andere Großmutter …, die in diesem Fall eine Rolle spielt«, sagte er und stritt ab, dass Angehörige der Familie etwas mit dem Mincher-Mord zu tun haben.

»Es ist absurd, es ist verrückt, es ist vollkommen unmöglich«, sagte Egers. »Es übersteigt meine Vorstellungskraft, dass jemand aus der Familie Cavalli in irgendwelche illegalen Aktivitäten verwickelt sein könnte, von einem Mord ganz zu schweigen. Sie sind freundliche, anständige und angesehene Leute.«

Neue Spuren entdeckt

Im Zuge des langwierigen Ermittlungsverfahrens des Los Angeles County Sheriff's Department zum Mord an dem Möchtegern-Filmproduzenten Roy Radin wurden in den letzten zwei Jahren fast zufällig neue Spuren im Mincher-Fall aufgedeckt.

William Molony Mentzer, 39, aus Canoga Park, und Robert Ulmer Lowe, 42, aus Rockville, Maryland, zwei der mutmaßlichen Auftragskiller, die in Zusammenhang mit Radins Ermordung im Jahr 1983 festgenommen wurden, sind inzwischen auch des Mordes an Mincher im Jahr 1984 angeklagt.

Mentzer plädierte auf nicht schuldig, Lowe ficht einen Auslieferungsantrag aus Maryland an.

Im Los Angeles Superior Court findet bereits eine Vorverhandlung zu dem Mord an Radin statt. In der Öffentlichkeit ist der Mord als Cotton-Club-Fall bekannt, weil Radin wegen finanzieller Streitigkeiten um die Produktion des gleichnamigen Films ermordet wurde.

Obwohl bei der Verhandlung auch der Mincher-Mord zur Sprache kam, steht dieser infolge der aufsehenerregenden Aussage zum Radin-Mord, in dem es um Kokain-Deals, Limousinen und Anschuldigungen gegen den Filmproduzenten Robert Evans geht, eher im Hintergrund.

Dennoch gewähren die bei Gericht eingereichten Ermittlungsprotokolle sowie die Aussagen von Anklägern und Detectives zum Fall Mincher tiefe Einblicke in ein Ermittlungsverfahren, das vor Beginn der gegenwärtigen Untersuchung zweimal eröffnet und abgeschlossen wurde.

Laut Erzählungen von Freunden und Kollegen bot June Mincher, 29, zum Zeitpunkt ihres Todes in mehreren Untergrundzeitungen sexuelle Dienste an und ermöglichte sich damit einen luxuriösen Lebensstil. Freunden zufolge hatte sie mindestens 20 000 Dollar für Schönheitsoperationen ausgegeben, um Gesicht und Hüften ändern und die Oberweite vergrößern zu lassen. Sie fuhr einen lavendelblauen Rolls-Royce und trug unter ihrer Perücke 12 000 Dollar bei sich.

Laut Aussagen eines Zeugen im Prozess gegen Cavalli begann dieser im Sommer 1983, Mincher regelmäßig anzurufen, nachdem er in einer Untergrundzeitung ihre Anzeige gesehen hatte. Diese Telefonbeziehung dauerte mehrere Monate an, wobei die beiden an manchen Tagen mehrere Stunden miteinander telefonierten. Cavalli wollte Mincher kennenlernen, aber sie lehnte dies ab. Schließlich fuhr er zu ihrer Wohnung in West Hollywood und brach die Tür auf.

Cavalli stellte fest, dass Mincher etwa 30 Kilo mehr wog, als es auf dem Bild in ihrer Anzeige den Anschein hatte, und beendete die Beziehung.

Aus Ärger über die Zurückweisung begann Mincher daraufhin, Cavalli, seinen Vater Richard Cavalli und andere Verwandte, darunter auch Bowles, mit Drohanrufen zu belästigen. Mincher wurde von den Behörden verdächtigt, Ende 1983 Greg Cavallis Auto mit einer Brandbombe zerstört und den Army-Shop seines Vaters in Santa Monica 1984 in Brand gesteckt zu haben.

Laut Zeugenaussagen im Lauf des Prozesses gab die Familie Cavalli 200 000 Dollar für private Sicherheitsdienste aus, um sich vor Mincher zu schützen. Gregory Cavalli zog sogar nach Phoenix, um sich ihr zu entziehen.

Mincher wurde am 3. Mai 1984, als sie mit einer Freundin aus einer Wohnung am Sepulveda Boulevard kam, siebenmal in den Kopf geschossen. Sie war sofort tot. Die Freundin wurde in die Brust getroffen, überlebte aber. Der Schütze lief zu einem wartenden Auto, das schnell wegfuhr.

Wie aus gerichtlichen Unterlagen hervorgeht, begann die Polizei von Los Angeles bereits drei Stunden nach den tödlichen Schüssen, Ermittlungen über eine mögliche Beteiligung Cavallis anzustellen. Cavalli wurde von zwei Zeugen als Fahrer des Fluchtautos identifiziert, während der Todesschütze von den Ermittlern nicht identifiziert werden konnte. Die Ermittlungen gerieten ins Stocken und wurden zwei Monate später ad acta gelegt.

Wie bei ungelösten Mordfällen üblich, wurde der Fall im darauffolgenden Jahr von zwei neuen Ermittlern wieder aufgerollt. Diese richteten ihr Augenmerk sofort auf die mehr als sechs Bodyguards, die der Familie Cavalli von der privaten Sicherheitsfirma A. Michael Pascal & Associates aus Studio City zur Verfügung gestellt worden waren. Die Namen waren den Detectives bekannt, aber sie konnten nicht alle Männer ausfindig machen und mit ihnen sprechen, weil sie nicht mehr für Pascal arbeiteten.

»Zu diesem Zeitpunkt versuchten wir, alle Bodyguards zu identifizieren«, sagte Entwisle vor Kurzem. »Es gelang uns nie, festzustellen, ob diese Männer die mutmaßlichen Mörder waren, obwohl unsere Ermittlungen darauf hinwiesen.«

Prozess wurde trotzdem fortgeführt

Zwei der Bodyguards, die sie nicht aufspüren konnten, waren Lowe und Mentzer. Im Dezember 1985 beschlossen Polizei und Staatsanwaltschaft, Cavalli festzunehmen und vor Gericht zu stellen, obwohl sie nicht wussten, wer der Auftragskiller war.

Im Juni 1986 sagte ein transsexueller Pornodarsteller, der eng mit Mincher befreundet war, beim Prozess über die Beziehung zwischen Cavalli und Mincher aus. Aber die Prozessstrategie der Anklage stützte sich vorwiegend auf die zwei Zeugen, die Cavalli als Fahrer des Fluchtautos identifiziert hatten.

Im Zeugenstand gab jedoch einer der Zeugen zu, dass er

zum Zeitpunkt der Tat kokainabhängig gewesen sei und sich getäuscht haben könne. Wie Cavallis Anwälte aus ihm herausholten, hatte der andere Zeuge der Polizei ursprünglich erzählt, dass er den Fahrer nicht habe sehen können.

Geschworene sagten später, es habe den Zeugen an Glaubwürdigkeit gefehlt. Sie hätten deshalb eher der Behauptung der Verteidigung geglaubt, Cavalli sei in Phoenix gewesen und habe dort mehrere Telefongespräche geführt, als der Mord verübt wurde. Cavalli wurde freigesprochen und der Mincher-Fall erneut zu den Akten gelegt.

In der Zwischenzeit ermittelte das Sheriff's Department, das sich mit dem Radin-Mord aus dem Jahr 1983 befasste, gegen Mentzer und Lowe.

Radin, 33, aus Long Island, verschwand am 13. Mai 1983, nachdem er in Hollywood in eine Limousine gestiegen war, um zu einem Geschäftsessen zu fahren, bei dem es um die Finanzierung des Films *Cotton Club* ging. Seine verweste Leiche wurde einen Monat später auf einer Shooting Range südlich von Gorman gefunden.

Mentzer und Lowe waren zwar unter den Tatverdächtigen, aber die Ermittlungen kamen zunächst nur schleppend voran. Doch dann wandten sich Deputys 1987 an William Rider, den ehemaligen Sicherheitschef Larry Flints, des Herausgebers der Zeitschrift *Hustler*. Rider kannte Mentzer und Lowe von Security-Aufträgen.

Mord geschildert

Laut gerichtlichen Unterlagen und Zeugenaussagen im Cotton-Club-Fall erfuhren die Ermittler von Rider, Mentzer und Lowe hätten ihm von Morden erzählt, an denen sie beteiligt gewesen seien. Einer davon war die Ermordung Radins. Ein anderer war die Ermordung einer Frau in Van

Nuys, die von den Männern offensichtlich für eine Drag Queen gehalten wurde.

Rider berichtete den Ermittlern von einem Gespräch, das er 1986 während eines gemeinsamen Auftrags mit Lowe geführt hatte. »Lowe begann extrem viel zu trinken und erzählte Mr. Rider, Mentzer habe eine schwarze Drag Queen ermordet«, heißt es in einem Ermittlungsprotokoll des Sheriff's Department, und weiter:

»Lowe sagte, dass er das Fluchtauto fuhr und dass Mentzer mehrere Schüsse auf das Opfer abgab, als es am Sepulveda Boulevard im San Fernando Valley stand … Mentzer schoss auch auf die Begleiterin des Opfers, aber diese überlebte.

Lowe sagte, Mentzer habe die ermordete Frau nach den Schüssen beschimpft und auf sie eingetreten. Lowe, der auf dem Fahrersitz des Autos saß, musste Mentzer auffordern, endlich einzusteigen, damit sie wegfahren konnten, bevor die Polizei eintraf.«

Tatwaffe kann Projektilen zugeordnet werden

Die Ermittler brachten Riders Aussagen mit dem Mincher-Mord in Verbindung. Später erklärte Rider gegenüber der Polizei, Mentzer unwissentlich die Schusswaffe geliehen zu haben, die bei dem Mord verwendet worden war, und händigte eine mit einem Schalldämpfer versehene halb automatische Pistole vom Kaliber .22 aus. Laut gerichtlichen Unterlagen konnte nachgewiesen werden, dass die Projektile, die Mincher getötet hatten, aus dieser Waffe abgefeuert worden waren.

Als Nächstes stellte sich Rider dem Sheriff's Department als verdeckter Ermittler zur Verfügung. Er erklärte sich bereit, sich mit Lowe, Mentzer und Robert Leroy Deremer, 38, einem dritten ehemaligen Bodyguard der Sicherheitsfirma Pascal, zu treffen und die Gespräche heimlich aufzuzeichnen.

Als Deremer im Mai 1988 in Frederick, Maryland, mit Rider in einem Auto saß, sprach er mit ihm über den Mincher-Mord. Er sagte, er habe Mentzer kurz nach den tödlichen Schüssen am Tatort vorbeigefahren, damit dieser habe sehen können, was die Polizei unternahm. Am nächsten Tag traf sich Rider in einer Bar mit Lowe, der in dem heimlich aufgezeichneten Gespräch über seine Rolle bei dem Mord sprach.

Zwei Monate später kam Mentzer an die Reihe. Rider traf sich in Los Angeles mit ihm und lenkte das Gespräch auf den Mord. Den Unterlagen zufolge sagte Mentzer, dass er in den Wochen vor dem Mord eine Bombe unter Minchers Auto angebracht habe, die aber nicht hochgegangen sei. Er sagte, er sei auch in Minchers Wohnung eingedrungen und habe ihr mit einer Pistole mehrere Schläge verpasst. In einem anderen Gespräch sagte Mentzer, er habe Hohlspitzgeschosse für den Mord verwendet, weil er – fälschlicherweise – glaubte, es sei nicht möglich, diese einer bestimmten Waffe zuzuordnen.

Die Aufnahmen der Gespräche werden zusammen mit Riders Zeugenaussage die entscheidenden Beweise gegen Mentzer und Lowe sein, falls sie vor Gericht gestellt werden. Die Behörden teilten vergangene Woche mit, dass sich Deremer bereit erklärt hat, gegen seine zwei Kollegen auszusagen, und daher gerichtlich nicht belangt wird.

Während die Behörden nun endlich zu wissen glauben, wie Mincher umgebracht wurde, bleibt weiterhin unklar, wer ihren Tod angeordnet hat.

Dritter Blick auf den Fall

Nachdem die Ermittlungen des Sheriff's Department zu einem entscheidenden Durchbruch bei der Aufklärung des Falls geführt haben, hat sich die Polizei von Los Angeles ein drittes Mal damit befasst.

»Wir gehen den Punkten nach, die noch offen sind«, sagte Entwisle. »Es sind immer noch Leute auf freiem Fuß, die daran beteiligt waren.«

Die Behörden wollten sich nicht dazu äußern, wer die Verdächtigen sind. Fest steht für sie nur eines: Gregory Cavalli kann nicht mehr belangt werden.

»Was Mr. Cavalli angeht, ist der Fall erledigt«, sagte Deputy District Attorney Andrew W. Diamond, der das erfolglose Verfahren im Jahr 1986 leitete. »Er kann wegen des Mordes an June Mincher nie mehr strafrechtlich verfolgt werden.«

Deputy District Attorney David P. Conn, der im Fall gegen Mentzer und Lowe die Anklage vertritt, wollte sich dazu nicht äußern. »Ich will über Gregory Cavallis Rolle keine Spekulationen anstellen«, sagte Conn. »Er wurde freigesprochen.«

Cavalli, der nach dem Prozess wieder nach Südkalifornien gezogen ist, stand für einen Kommentar nicht zur Verfügung.

Pascal, dessen Sicherheitsfirma inzwischen in Beverly Hills residiert, bestätigte letzte Woche, dass Mentzer und Lowe für seine Firma arbeiteten, als deren Dienste von der Familie Cavalli in Anspruch genommen wurden. Weiter wollte er sich dazu nicht äußern. Pascal ist keiner Straftat angeklagt.

The Family

VIER MÄNNER WEGEN VIERFACHMORDES IN LAKE VIEW TERRACE FESTGENOMMEN

Los Angeles Times
30. September 1988

Angaben der Polizei von Los Angeles zufolge wurden am Donnerstag vier Männer wegen eines Vierfachmordes festgenommen. Sie sollen zwei Männer, eine Frau und ihre 2 Jahre alte Tochter in einem Haus in Lake View Terrace, in dem Crack verkauft wurde, erschossen haben.

Die vier Männer sind möglicherweise auch noch in zwei weitere Morde im San Fernando Valley verwickelt.

Ein Team aus fast 200 Polizisten, darunter Mitglieder des Special Weapons and Tactics Team, führten Razzien in drei Drogenhäusern und zwölf anderen Orten im nordöstlichen Valley durch, bis alle Verdächtigen festgenommen werden konnten, teilte ein Polizeisprecher mit.

Lieutenant Fred Nixon identifizierte die Verdächtigen als Stanley Bryant, 30, aus Pacoima; Antonio Johnson, 28, aus Lake View Terrace; Nash Newbil, 52, aus Lake View Terrace und Levi Flack Jr., 24, dessen Wohnsitz nicht ermittelt werden konnte.

Keine Freilassung gegen Kaution

Bryant und Johnson wurden wegen Mordverdachts festgenommen, Newbil und Flack wegen des Verdachts auf Beihilfe zum Mord. Alle vier befinden sich im Foothill-Division-Gefängnis, ohne die Möglichkeit, gegen Kaution freizukommen.

»Die Festnahme dieser vier Personen steht in Zusammenhang mit dem Vierfachmord«, sagte Nixon. »Es gibt Hinweise, dass sie auch an zwei weiteren Morden beteiligt sind. Die richterlichen Anordnungen für die Durchsuchung der 15 Gebäude gehen auf die Ermittlungen in allen sechs Mordfällen zurück. Die Untersuchungen gehen weiter.«

Die Orte der Razzien und Festnahmen sowie die vollständigen Ermittlungsdetails wurden bislang nicht öffentlich gemacht. Den Detectives zufolge standen die Festnahmen jedoch in Zusammenhang mit dem Ermittlungsverfahren zu den tödlichen Schüssen, bei denen am 28. August in Lake View Terrace vier Menschen ums Leben kamen.

Bei diesem Zwischenfall wurden zwei Männer aus St. Louis, Andre Armstrong, 31, und James Brown, 43, erschossen, als sie das Haus in der Wheeler Avenue betraten. Anschließend rannte ein Mann mit einer Waffe nach draußen und schoss in das Auto, in dem Armstrong und Brown zu dem Haus gefahren waren.

Die Schüsse töteten Lorretha Anderson English, 23, aus Seaside und ihre Tochter, Chemise, die beide auf dem Rücksitz saßen. Englishs einjähriger Sohn, der ebenfalls auf dem Rücksitz war, wurde nur leicht verletzt. Den Namen des Jungen wollte die Polizei nicht bekannt geben.

Nach den Schüssen sprang der Mann laut Aussagen der Polizei mit der Waffe in das Auto. Er fuhr etwa eine Meile vom Haus weg, und ließ das Auto dann in einer Gasse stehen. Die Leichen und das verletzte Kind befanden sich noch darin.

In der Zwischenzeit wurden die Leichen von Armstrong und Brown in ein anderes Auto geladen und vom Haus weggebracht. Die Polizei fand sie drei Tage später im Lopez Canyon.

Kein Kommentar

Nixon sagte, er könne keinen Kommentar zum Mordmotiv abgeben. Die Polizei hatte zuvor angenommen, die Gewalt sei durch einen Streit um Drogen ausgelöst worden.

Aus Unterlagen des County geht hervor, dass Newbil der Eigentümer des Hauses in der Wheeler Avenue ist, das laut Aussagen der Polizei zwei oder drei Monate vor den Schüssen Schauplatz von Drogengeschäften war.

Zuvor gehörte das Haus Jeffrey A. Bryant, 37, der im Northeast Valley früher eine Schlüsselfigur im Drogenhandel war, teilte die Polizei mit.

Im Februar 1986 bekannte sich Jeffrey Bryant schuldig, dort Drogen verkauft zu haben, und wurde daraufhin zu vier Jahren Haft in einem Staatsgefängnis verurteilt. Es wird angenommen, dass er der Bruder von Stanley Bryant ist, einem der am Donnerstag verhafteten Verdächtigen.

Mögliche Verbindung

Der Wheeler-Avenue-Fall könnte nach Ansicht der Polizei in Zusammenhang mit der Schießerei vom 31. Juli stehen, bei der Douglas Henegan, 21, aus Panorama City ums Leben kam, sowie mit dem Zwischenfall vom Sonntag, bei dem Tracy Anderson, 24, aus Sylmar getötet wurde. Die Opfer dieser Schießereien waren der Polizei zufolge eng befreundet.

Henegan wurde erschossen, als er mit Freunden im Hansen Dam Park am Straßenrand saß. Anderson wurde nach einem Streit, an dem mehrere Männer beteiligt waren, in einer Straße von Pacoima erschossen. Am Montag stellte sich Leroy Wheeler, 19, aus Sylmar der Polizei und wurde wegen Mordverdachts im Anderson-Fall festgenommen.

Die Polizei wollte sich weder zu den Motiven der Henegan- und Anderson-Morde äußern, noch dazu, welche Zusammenhänge zu den anderen vier Morden bestehen. Laut Nixon wird jedoch Wheeler auch der Beteiligung an dem Vierfachmord verdächtigt.

BOSS EINES DROGENRINGS ORDNET MORDE AUS DEM GEFÄNGNIS AN, SAGT DIE POLIZEI

16. Oktober 1988

Die Polizei von Los Angeles glaubt, dass ein in San Diego inhaftierter Mann vom Gefängnis aus einen Drogenring im San Fernando Valley anführt. Einige seiner Mitglieder wurden in diesem Monat des Mordes an vier Menschen in einem Crackhaus in Lake View Terrace angeklagt.

Die Ermittler glauben, dass der Häftling Jeffrey A. Bryant, 37, aus Pacoima, Leiter eines Drogenrings mit 200 Mitgliedern ist, der seit fast zehn Jahren den Verkauf von Crack im nordöstlichen Valley kontrolliert.

Bryant, der 1986 für schuldig befunden wurde, ein Drogenhaus zu betreiben, verbüßt deshalb zurzeit in der Richard S. Donovan Correctional Facility eine vierjährige Haftstrafe.

»Wir glauben, er ordnet die Morde vom Gefängnis aus an«, sagte Lieutenant Bernard D. Conine, Chef der kriminalpolizeilichen Abteilung der Foothill Division.

Verbindungen zu einer in ganz Kalifornien aktiven Gang

Laut Behördenangaben haben Bryant und andere hochrangige Mitglieder seiner Organisation Verbindungen zur Black Guerrilla Family, einer Gang, die in den frühen 70er-Jahren in kalifornischen Gefängnissen entstand. Besser bekannt als

BGF, konzentrierte sie sich zunächst auf politischen Aktivismus, wird aber inzwischen beschuldigt, landesweit ein Drogennetz zu betreiben.

Bryant wird wegen des Vierfachmords vom 28. August in dem Haus im der Wheeler Avenue, das ihm früher gehörte, nicht unter Anklage gestellt. Aber laut Angaben von Ermittlern haben die Festnahmen mehrerer seiner Stellvertreter im Zusammenhang mit den Morden die Führungsriege seiner Organisation dezimiert.

Obwohl man bei der Polizei zuversichtlich ist, die Organisation irgendwann zerschlagen zu können, wurde darauf hingewiesen, dass Mitglieder aus den unteren Rängen nur darauf warteten, die Plätze derer einzunehmen, die wegen der Wheeler-Avenue-Morde festgenommen worden seien.

»Wir wissen, dass es in der Organisation Leute gibt, die aufsteigen wollen«, sagte Conine. »Es läuft darauf hinaus, dass man in Pacoima weiterhin Crack kaufen kann.«

Mithilfe von Informanten, Zeugen und Beweismitteln, die bei der Durchsuchung von 26 Häusern und Apartments gefunden wurden, in denen Mitglieder der Organisation wohnten oder tätig waren, ist es den Behörden gelungen, zu rekonstruieren, was in dem Haus in der Wheeler Avenue passiert ist und warum.

Andre Louis Armstrong, 31, und James Brown, 43, beide aus der Gegend von Pacoima, wurden laut Aussagen der Polizei an der Tür des Hauses mit Schüssen empfangen.

Lorretha Anderson English, 24, aus Seaside und ihre 28 Monate alte Tochter Chemise wurden erschossen, während sie in einem vor dem Haus geparkten Auto warteten. Englishs 18 Monate alter Sohn Carlos wurde durch Glassplitter nur leicht verletzt.

Bisher wurden 11 Personen, darunter Bryants jüngerer Bruder Stanley Bryant, 30, in Zusammenhang mit den Morden unter Anklage gestellt. Stanley Bryant, Leroy Wheeler, 19; Levie Slack III, 24; Tannis Bryant Curry, 26; James Franklin Williams III, 19; John Preston Settle, 28, und Antonio Arceneaux, dessen Alter unbekannt ist, müssen sich in vier Fällen des Mordes und in einem des versuchten Mordes verantworten. Alle sind in Pacoima ansässig.

Antonio Johnson, 28, und Nash Newbil, 52, beide aus Lake View Terrace, sowie William Gene Settle, 30, und Provine McCloria, 19, beide aus Pacoima, sind der Beihilfe zum Mord angeklagt.

Nach den Settle-Brüdern, McCloria und Arceneaux wird noch gefahndet.

Anklage wurde nur gegen Stanley Bryant, Wheeler, Slack und Johnson erhoben. Alle erklärten sich für nicht schuldig. Wheeler hat sich auch in Zusammenhang mit einem fünften Mord für nicht schuldig erklärt, bei dem am 25. September ein Drogendealer aus Pacoima erschossen wurde, der nach Ansicht der Polizei der Bryant-Organisation Konkurrenz zu machen versuchte.

Laut Polizeiangaben und gerichtlichen Unterlagen ereigneten sich die Morde im Zuge eines Machtkampfs. Armstrong, der für einen der Organisation angelasteten Mord eine Haftstrafe verbüßt hatte, soll Geld und eine leitende Position in der sogenannten Bryant-Organisation gefordert haben.

Ein gemeinschaftlicher Beschluss

Anstatt Armstrongs Forderungen nachzukommen, beschloss die Organisation, ihn bei einem Treffen in dem Haus in Lake View Terrace umzubringen, wo die Gruppe Geld und Crack aufbewahrte. Als Armstrong in Begleitung weiterer Personen erschien, beschlossen Gangmitglieder, auch sie zu beseitigen.

Laut gerichtlichen Unterlagen sagte Wheeler zu einem Informanten der Polizei: »Um die Organisation zu schützen, mussten sie weg.«

»Sie wurden … durch die Metalltür erschossen«, wird er, auf Armstrong und Brown Bezug nehmend, zitiert. »Die Frau und das Baby mussten wir dann auch töten. Sie war schon dabei, sich Autonummern aufzuschreiben. Ich musste sie erschießen.«

Nach Auffassung der Behörden übernahm die Bryant-Organisation die Kontrolle über den Crackhandel im nordöstlichen Valley, nachdem James H. (Doc) Holiday, ein Führer der BGF, eines 1979 in Pacoima begangenen Doppelmordes angeklagt worden war.

Die Anklagepunkte gegen Holiday, der nach Ansicht der Polizei den Crackhandel in der Gegend kontrolliert hatte, wurden fallen gelassen. Aber er wurde wegen des versuchten Mordes an einem Zeugen in dem Fall zu einer Haftstrafe verurteilt, sodass er das nordöstliche Valley an Jeffrey Bryants Gruppe abtreten musste.

Der Polizei zufolge begann die Bryant-Organisation, auf der Straße und in sechs Drogenhäusern in Pacoima und Lake View Terrace Crack zu verkaufen. Die Organisation stand bald in dem Ruf, gewalttätig zu sein.

»Das Geschäft mit Crack wird von Jeff Bryant kontrolliert«, heißt es in einer polizeilichen Erklärung, die zu einem Drogenfall von 1986 eingereicht wurde, aufgrund dessen Bryant zu einer Haftstrafe verurteilt wurde. »Er ist der Kopf einer Organisation, die aus Familienangehörigen und Partnern besteht und einzig und allein dem Zweck dient, in großem Stil Crack zu vertreiben und zu verkaufen.«

Nach Auffassung der Polizei ist die Organisation für mehrere ungeklärte Morde und Mordversuche verantwortlich. Laut einem anderen zu dem Fall von 1986 eingereichten Dokument sagte ein Informant der Polizei:

»Jeff Bryant gehört zum mittleren Führungslevel der BGF

und beauftragt häufig BGF-Männer, Morde zu begehen. So festigt er seine Kontrolle über den Drogenhandel in der Gegend von Pacoima.«

Günstige Voraussetzungen für den Aufbau eines Netzwerks

Bryant verbüßte Mitte der 70er-Jahre eine Haftstrafe wegen Bankraubs und könnte sich damals mit der BGF zusammengetan haben. »Aus uns vorliegenden Informationen geht hervor, dass die Bryant-Organisation eng mit der BGF zusammenarbeitet«, sagte Conine. »Sie gibt sich sogar als BGF aus.«

Laut gerichtlichen Unterlagen wurden Bryant und sein Bruder Stanley, der nach Informationen der Polizei an zweiter Stelle des Valley-Drogenrings steht, 1982 angeklagt, einen Mord angeordnet zu haben. Das Opfer hatte eines ihrer Autos beschädigt, nachdem er für 150 Dollar Crack bei ihnen gekauft hatte, das seiner Meinung nach von schlechter Qualität war.

Armstrong, ein ehemaliger Strafgefangener, wurde angeklagt, den Auftragsmord ausgeführt zu haben. Er war aus St. Louis nach Pacoima gezogen und stand Gerichtsdokumenten zufolge »in dem Ruf, ein Auftragskiller zu sein«.

Nach der ersten Vorverhandlung wurden die Anklagepunkte gegen die Bryant-Brüder jedoch fallen gelassen. Ein Richter entschied, es gebe nicht genügend Beweise dafür, dass sie den Mord in Auftrag gegeben hätten. Armstrong bekannte sich später der vorsätzlichen Tötung schuldig und kam sechs Jahre ins Gefängnis.

Wie aus gerichtlichen Unterlagen hervorgeht, begannen sich Drogenfahnder nach der Einstellung des Verfahrens intensiv mit der Bryant-Organisation zu befassen. Die Polizei identifizierte drei Häuser, die Jeffrey Bryant gehörten und in denen Crack verkauft wurde, darunter auch das Haus in der Wheeler Avenue. Der Polizei zufolge war die Zentrale des Drogenrings eine Billardkneipe am Van Nuys Boulevard in Pacoima.

Die Drogenhäuser waren praktisch Festungen mit vergitterten Fenstern. Durch die Stahltüren gelangten die potenziellen Käufer in Käfige, und konnten dann durch Schlitze Geld gegen Kokain tauschen.

Gerichtlichen Unterlagen zufolge ließ Stanley Bryant Leute für einen Stundenlohn von 25 Dollar für sich arbeiten. Sie wurden dort acht Stunden pro Schicht eingeschlossen. In jedem Haus gab es einen Kessel mit Öl, das ständig am Kochen gehalten wurde. Im Fall einer Polizeirazzia hatten die Angestellten Anweisung, das Crack ins heiße Öl zu kippen.

Bei Razzien, die von der Polizei Anfang 1985 in den drei Crackfestungen durchgeführt wurden, kam es zu mehreren Festnahmen, es wurden Waffen und geringe Mengen Crack beschlagnahmt. Die bei den Razzien beschafften Beweisstücke wurden dazu herangezogen, Jeffrey Bryant wegen des Betreibens von Drogenhäusern unter Anklage zu stellen. 1986 bekannte er sich in einem Anklagepunkt schuldig und wurde zu einer vierjährigen Haftstrafe verurteilt.

Obwohl sich der Anführer der Gruppe in San Diego in Haft befand, tat das den Geschäften der Organisation keinen Abbruch. Während Jeffrey Bryant in seiner Gefängniszelle weiterhin die Fäden in der Hand hielt, übernahm sein Bruder Stanley scheinbar die Leitung des Drogenrings. Nach Ansicht der Ermittler leitet Jeffrey Bryant die Organisation per Telefon und über Mitglieder der Organisation, die ihn im Gefängnis besuchen.

Die Polizei hat fast 200 Mitglieder der Gruppe identifiziert, deren hierarchische Ordnung in Ermittlungsprotokollen in Form einer Pyramide dargestellt wird. An der Spitze steht

Jeffrey Bryant, darunter kommen vier zunehmend breitere Ebenen, die sich aus Leutnants der Organisation, Drogenzulieferern, Crackhaus-Betreibern und ganz unten Straßendealern zusammensetzen.

Während die Mitglieder in den oberen Ebenen nach Auffassung der Polizei der BGF angehören, handelt es sich bei den einfacheren Mitgliedern vorwiegend um Jugendliche aus Straßengangs. Diese werden nach Ansicht der Polizei für den Straßenverkauf angeworben, um hochrangige Mitglieder der Organisation zu schützen.

»So schotten sich die Anführer effektiv ab«, sagte ein mit dem Fall vertrauter Detective. »Die Leute ganz unten in der Rangordnung sind nur Kanonenfutter. Wenn sie verhaftet werden, sind sie problemlos zu ersetzen.«

Aber bei den Morden vom 28. August in der Wheeler Avenue konnten diese Sicherheitsmaßnahmen die Spitze der Organisation nicht mehr schützen.

Den Detectives zufolge ist der Vierfachmord auf den Mord von 1982 zurückzuführen, der für die Bryants mit einer Einstellung des Verfahrens, für Armstrong mit einer Haftstrafe endete.

Als Armstrong im April aus der Haft entlassen wurde, kehrte er laut Aussagen der Polizei kurz nach St. Louis zurück und ließ sich dann im Sommer zusammen mit einem Freund, James Brown, wieder in Pacoima nieder.

Nach Ansicht der Ermittler war Armstrong wütend auf die Bryant-Organisation, weil sie dem Versprechen nicht nachgekommen war, für seine Frau zu sorgen, während er im Gefängnis war.

Zwischen Armstrong und Führungsmitgliedern von Bryants Gruppe wurde ein Treffen vereinbart, bei dem Armstrong nicht nur eine führende Position in der Organisation fordern wollte, sondern auch das Geld, das seine Frau seiner Meinung nach hätte erhalten sollen.

Bevor er seine Forderungen aber überhaupt vorbringen konnte, wurden Armstrong, Brown, English und ihre Tochter erschossen. Ihre Leichen wurden schnell vom Tatort weggebracht. Bis die Polizei auf Anrufe von Nachbarn hin in dem Haus eintraf, war es leer.

Es dauerte vier Wochen, bis die Polizei genug Beweise gesammelt hatte, um den Tathergang zu rekonstruieren und mit der Festnahme der Leutnants der Bryant-Organisation zu beginnen.

An diesen Artikeln hat Times-Redakteurin Claudia Puig *mitgewirkt.*

IN FALL UM DROGEN UND MORD
BEGINNT SICH PROZESS ABZUZEICHNEN

Die Anklagepunkte gegen die sogenannte Bryant-
Organisation gehen auf Morde von 1988 zurück.
Die Urteilsfindung kann Jahre dauern.

19. April 1992

Mit 10 Angeklagten, 34 Strafverteidigern, Anklägern und Ermittlern sowie 20 000 Seiten umfassenden Ermittlungsakten in 58 Ordnern wälzt sich der Fall rund um die Bryant-Organisation, bei dem es um Drogen und Morde geht, wie ein Fels durch die Mühlen der Justiz.

Schon allein wegen seines Umfangs kommt das fast vier Jahre alte Strafverfahren nur schleppend voran.

Anlass für das Verfahren war der Mord an drei Erwachsenen und einem Kind in einem Haus in Lake View Terrace, in dem angeblich die Einnahmen eines Drogenrings gezählt wurden, der monatlich Crack im Wert von 500 000 Dollar umsetzte. Und ein Ende ist noch nicht abzusehen.

Laut Deputy District Attorney Jan L. Maurizi, der Chefanklägerin in dem Fall, könnte der Strafprozess gegen die Personen, denen die Morde beziehungsweise die Beteiligung an einer Verschwörung zur Übernahme des Crackhandels im nordöstlichen San Fernando Valley angelastet werden, in die amerikanische Justizgeschichte eingehen.

»Es ist gut möglich, dass es der längste und teuerste Prozess wird, den es jemals gab«, sagte letzte Woche Maurizi, die sich den größten Teil der letzten drei Jahre ausschließlich mit diesem Fall befasst hat.

Ein Prozesstermin wurde noch nicht festgesetzt. Bisher

konnte noch kein Gerichtssaal gefunden werden, der für einen Prozess, der schätzungsweise drei Jahre dauern wird, verfügbar – und groß genug – wäre.

Die Honorare für die vom Steuerzahler bezahlten Anwälte, die beide Seiten in dem Prozess vertreten, betragen beinahe 2000 Dollar pro Stunde, wenn das Gericht tagt. Die Ermittlungen der Anklage haben nach Schätzungen eines Verteidigers bereits mindestens 2 Millionen Dollar gekostet.

Wenn schließlich ein Gerichtssaal für den Prozess gefunden ist, sind dort zweifellos Umbauten erforderlich. Aus Sicherheitsgründen werden Trennwände aus kugelsicherem Glas eingebaut werden müssen. Um allen Anwälten und Angeklagten einen ungehinderten Blick auf den Zeugenstand zu ermöglichen, werden wohl Tribünensitze gebaut. Das alles wird die Kosten des Falls weiter erhöhen.

Sobald die logistischen Fragen des Wo und Wann geklärt sind, sind noch keineswegs alle Schwierigkeiten aus dem Weg geräumt. Für den Fall wird möglicherweise mehr als eine Jury erforderlich sein, und die Auswahl der Geschworenen kann Monate dauern. Jeden Zeugen, der in den Zeugenstand gerufen wird, werden zehn Anwälte, die die einzelnen Angeklagten vertreten, einem Kreuzverhör unterziehen. Da vier Angeklagten die Todesstrafe droht, kann sich nach den Schuldsprüchen auch die Festlegung des Strafmaßes noch einmal in die Länge ziehen.

Maßstäbe für derart lange und kostspielige Strafverfahren hat der Missbrauchsfall in der McMartin Pre-School gesetzt. Der erste der beiden in Los Angeles stattfindenden Prozesse im McMartin-Fall dauerte vom Beginn der Geschworenenauswahl bis zur Urteilsfindung 32 Monate. Die Rechnung für den Steuerzahler wurde auf 15 Millionen Dollar geschätzt.

Der gegenwärtige Mord- und Drogenfall ist das Ergebnis umfangreicher Ermittlungen gegen die sogenannte Bryant-Organisation, benannt nach zwei Brüdern aus Pacoima, die

die Gruppe mutmaßlich leiteten. Das Verfahren begann nach dem Vierfachmord vom 28. August 1988 in der Wheeler Avenue.

Sechs Wochen nach den Morden führten Polizeieinheiten Razzien in 26 Häusern durch, von denen angenommen wurde, dass dort Mitglieder der Bryant-Organisation, auch The Family genannt, lebten oder ihren Geschäften nachgingen. Dabei fielen der Polizei zahlreiche Dokumente in die Hände, in denen über die Drogengeschäfte der Gruppe Buch geführt wurde. Ihr vierteljährlicher Umsatz belief sich auf mindestens 1,6 Millionen Dollar.

Beweisstücke, die bei den Razzien und am Tatort des Vierfachmords gefunden wurden, sowie die Angaben eines ranghohen Mitglieds der Organisation, das sich bereit erklärte, mit den Behörden zusammenzuarbeiten, führten schließlich dazu, dass gegen 12 Personen Anklage erhoben wurde. Dabei handelt es sich um die mutmaßliche Führungsspitze der Organisation beziehungsweise deren Vollstrecker.

Unter den Angeklagten befindet sich Stanley Bryant, mittlerweile 34, der die Gruppe zum fraglichen Zeitpunkt mutmaßlich anführte, weil sein älterer Bruder Jeff in Haft war. Ebenfalls unter den Angeklagten ist Leroy Wheeler, 23, ein mutmaßlicher Auftragskiller der Family. Nach Auffassung der Behörden lief er zu dem Auto, in dem English und ihre Tochter saßen, und erschoss sie.

Weil es drei Jahre dauerte, alle 12 Verdächtigen zu fassen, kam es in den vergangenen Jahren zu sechs Vorverhandlungen – von denen einige selbst schon Monate dauerten – und einer Grand-Jury-Sitzung. Im Fall des letzten Verdächtigen wurde erst im September entschieden, dass er sich vor Gericht zu verantworten hat.

Zu Beginn dieses Monats bekannten sich zwei der Angeklagten in den Anklagepunkten Drogenhandel, Beihilfe und Anstiftung schuldig. Hierbei handelt es sich um die ersten

Schuldsprüche in dem Verfahren. Einer von ihnen wurde auf Bewährung entlassen, nachdem er die letzten 18 Monate in Haft verbracht hatte. Im Fall des anderen wurde über das Strafmaß noch nicht entschieden.

Was noch immer festgelegt werden muss, ist der Zeitpunkt des Prozessbeginns – und der Ort.

»Wir müssen erst noch ein Zuhause finden«, sagte Maurizi. Sie wies darauf hin, dass der Richter des Los Angeles Superior Court, der bei den Vorverhandlungen den Vorsitz führte, zivilrechtliche Verfahren zugeteilt bekommen hat, womit der Bryant-Fall ohne einen Gerichtssaal dasteht.

Die Schätzungen hinsichtlich der Prozessdauer reichen von Maurizis optimistischem einem Jahr bis zu drei Jahren. Gerichtssäle, die so lange verfügbar – und auch groß genug – sind, sind jedoch schwer zu finden. So mussten bei den Vorverhandlungen Angeklagte und Anwälte auf Stühlen im Zuschauerraum und auf den Geschworenenbänken Platz nehmen.

Beim Prozess wird dieser zusätzliche Platz jedoch nicht zur Verfügung stehen. Laut Steve Flanagan, einem Anwalt, der den Angeklagten Tannis Curry vertritt, wird das Verfahren möglicherweise zwei oder mehr Jurys erfordern, weil Beweise gegen bestimmte Angeklagte nicht von Geschworenen gehört werden dürfen, die über unterschiedliche Anklagepunkte gegen andere Angeklagte zu entscheiden haben.

»Ich glaube, wir müssen uns auf mindestens zwei, wenn nicht noch mehr Jurys gefasst machen«, sagte Flanagan.

Maurizi meint, der Gerichtssaal müsse für das Verfahren möglicherweise umgebaut werden. Außerdem könnten sich die logistischen Probleme des Verfahrens als so kompliziert erweisen, dass die Angeklagten einzeln – möglicherweise in zeitgleich stattfindenden Prozessen – vor Gericht gestellt werden müssen.

Die Anklägerin will sich jedoch einer Aufteilung der Angeklagten widersetzen und hofft, dass der Fall entweder schon bald in einem von sechs Gerichtssälen, die in Downtown Los Angeles langwierigen Fällen vorbehalten sind, untergebracht wird oder in einem der vier Säle, die in Van Nuys für solche Zwecke zur Verfügung stehen. Sie glaubt, dass der Prozess im Frühherbst endlich beginnen könnte – vier Jahre nach den Morden.

Beteiligte Anwälte gehen davon aus, dass sich der Prozess wegen der komplexen Verschwörungsanklagen, die eine enorme Menge an schriftlichen Beweisstücken und Zeugenaussagen erfordern, lange hinziehen wird. Außerdem trägt die große Zahl an Angeklagten automatisch zur Verzögerung des Ablaufs bei.

»Bei zehn Angeklagten kann es durchaus passieren, dass jeder Zeuge von zehn Anwälten ins Kreuzverhör genommen wird«, sagte Maurizi.

»Mit wachsender Zahl der Angeklagten verlängert sich der Prozess geometrisch, nicht bloß arithmetisch«, sagte Ralph Novotney, der den Angeklagten Donald Smith vertritt. »Ich glaube, jemand hat gesagt, der Prozess würde vier Jahre dauern. Ich halte ein bis zwei Jahre für realistisch.«

Laut Flanagan könnte allein die Auswahl der Geschworenen Monate in Anspruch nehmen. Wenn seitens der Anklage und aller Angeklagten alle rechtlichen Möglichkeiten ausgeschöpft werden, sind über 200 Anfechtungen von Geschworenen zulässig, fügte er hinzu.

»Ich habe keine Ahnung, wie lange er dauern wird«, sagte Flanagan über den Prozess. »Generell gilt jedoch, dass die Schätzung der Anklage zu niedrig ausfällt. Wenn sie ein Jahr sagt, würde ich das mindestens verdoppeln.«

Abgesehen von den zahlreichen Angeklagten beschäftigt der Fall jede Menge Verteidiger und Ermittler. Insgesamt gibt es 17 Verteidiger, bei denen es sich ausnahmslos um Pflichtverteidiger handelt. Sieben Angeklagten wurden jeweils zwei Verteidiger zugestanden, weil ihnen im Fall eines Schuldspruchs die Todesstrafe oder eine lebenslange Haftstrafe droht. Außerdem hat jeder Angeklagte vom Gericht mindestens einen Ermittler zugeteilt bekommen.

Aufseiten der Anklage steht Maurizi einem Team von vier Deputy District Attorneys und vier Ermittlern vor, darunter Los Angeles Police Detective James Vojtecky, der die Ermittlungen von Anfang an geleitet hat.

Die meisten Ankläger und Ermittler beschäftigen sich schon ein Jahr oder länger ausschließlich mit diesem Fall. Sie operieren hauptsächlich von einem Büro in der Nähe des San Fernando Courthouse aus, dessen genaue Lage aus Sicherheitsgründen geheim gehalten wird. Im Zuge ihrer Ermittlungen sind Angehörige des Teams in 11 Bundesstaaten gereist, um Zeugen zu befragen und Beweise zu sammeln.

Während die Berichte und sonstigen Dokumente, die Ermittler in einem Mordfall zusammentragen, in der Regel zwei bis drei dicke blaue Ordner füllen, die »Mordbücher« genannt werden, sind im Bryant-Fall bisher schon 58 dieser Ordner zusammengekommen. Bei einer Vorverhandlung wurden sie auf der nicht benötigten Geschworenenbank aufgereiht, um sie für die Ankläger jederzeit zugänglich zu machen. Sie nahmen nebeneinander mehr als drei Meter ein.

»Das alles zusammenzufassen ist der reinste Albtraum«, sagte Flanagan. »Ich habe versucht, alles auf den Computer zu übertragen. Aber es ist so viel. Es sind ungefähr 20 000 Seiten. Wir haben allein Tausende von Telefonnummern.«

Es lässt sich schwer abschätzen, wie viel das Verfahren bereits gekostet hat oder wie viel der Steuerzahler am Ende wird zahlen müssen. An den Mordermittlungen waren zahlreiche Ermittlungsbehörden beteiligt, und bei den Razzien kamen zum Teil bis zu 200 Polizisten zum Einsatz. Flanagans Schätzungen zufolge haben die Ermittlungen über 2 Millionen Dollar gekostet. Maurizi sagte zwar, diese Schätzung könne in etwa zutreffen, wollte sich jedoch in diesem Punkt nicht festlegen.

Die tatsächlichen Kosten des Falles schließen auch die Gehälter von Anklägern, polizeilichen Ermittlern, Gerichtsdienern, Richtern und Gerichtspersonal ein. Die Anwälte der Angeklagten erhalten jeweils etwa 100 Dollar pro Stunde. Angesichts dieses Honorars wird ein Prozessjahr – abzüglich eines zweiwöchigen Urlaubs – den Steuerzahler allein für die Strafverteidiger über 3,5 Millionen Dollar kosten.

Die Verteidiger wiesen darauf hin, die Prozesskosten sollten nicht Gegenstand der Kritik werden, weil den Angeklagten verfassungsgemäß eine kompetente Verteidigung und ein fairer Prozess zustehe. Die Staatsanwaltschaft habe die Voraussetzungen für einen langen und kostspieligen Rechtsstreit geschaffen, indem sie komplizierte Verschwörungsklagen vorbrachte.

»Für ihre Ermittlungen wurden Millionen ausgegeben«, sagte Flanagan. »Da finde ich nicht, dass jetzt jemand über das Geld meckern darf, das für die Verteidiger ausgegeben wird.«

Ließe die Staatsanwaltschaft einige der »blödsinnigen Anklagepunkte« fallen, wie zum Beispiel die Behauptung, die Organisation sei in einen Drogenkomplott verwickelt, ließen sich laut Novotney der Prozessumfang und die Kosten erheblich reduzieren.

»Manchmal sind die Kosten der Gerechtigkeit hoch«, sagte Novotney. »Hier handelt es sich um einen Megafall. Ich habe einen Mandanten, dem möglicherweise die Todesstrafe droht. Ich bin verpflichtet, die bestmögliche Verteidigung vorzubereiten. Das ist eine kostspielige Angelegenheit.«

Mit dem Verweis auf seine anwaltliche Schweigepflicht lehnte er es ab, darüber Auskunft zu geben, wie viel Geld sein Verteidigungsteam in den eineinhalb Jahren, die es an dem Fall arbeitet, erhalten hat.

Maurizi ist der Ansicht, die Länge des Verfahrens komme Angeklagten und Verteidigern zugute. Wenn sich ein Verfahren lange hinzieht, können sich die Beweise der Anklage in Nichts auflösen.

»Erinnerungen verblassen bis zu einem gewissen Grad, Beweisstücke können verloren gehen oder zerstört werden«, sagte sie. »Außerdem besteht in diesem Fall ein hoher Gefährdungsfaktor für unsere Zeugen.«

Wie Vojtecky mitteilte, wurde einer der Angeklagten, der 56-jährige Nash Newbil, gegen Kaution freigelassen, im September jedoch wieder in Haft genommen, weil er angeblich einen Anschlag auf eine Zeugin in dem Verfahren verübt hatte. Newbil wurde der Nötigung angeklagt, weil er die Zeugin angeblich von zwei Männern festhalten ließ und ihr dann eine halluzinogene Droge in die Zunge injizierte. Der Polizei zufolge beschimpfte Newbil die Frau dabei als »Verräterin«.

Strafverteidiger Flanagan argumentierte hingegen, die schleppende Abwicklung des Falls verursache den Angeklagten enorme Unannehmlichkeiten.

»Für die Betroffenen ist es ein Albtraum«, sagte er. »Es gibt schließlich so etwas wie eine Unschuldsvermutung, aber sie hocken schon ewig im Gefängnis.«

»Ich glaube nicht, dass man das jemandem zum Vorwurf machen kann. Von beiden Seiten gibt es Ermittlungen. Ich glaube nicht, dass jemand das Verfahren zu verzögern versucht.«

ANMERKUNG: Allein der Umfang des Verfahrens, das der Vierfachmord in Lake View Terrace nach sich zog, erwies sich als nicht zu bewältigen. Der Fall wurde schließlich beschnitten und aufgeteilt. Dennoch kam es im Lauf der nächsten fünf Jahre zu mehreren Strafverfahren und Verurteilungen von Mitgliedern der Organisation der Bryant Family. Die Anklagepunkte umfassten Mord, Drogenhandel und Geldwäsche. Stanley Bryant und zwei andere wurden schließlich für die Morde zum Tod verurteilt. Sein Bruder Jeffrey Bryant wurde wieder ins Gefängnis eingeliefert, nachdem er wegen verschiedener Straftaten in Zusammenhang mit Drogenhandel verurteilt worden war. 1997 war die Organisation, die maßgeblich an der Verbreitung von Crack im nordöstlichen Valley beteiligt war, laut Polizei und Bundesbehörden vollständig zerschlagen und bedeutungslos.

Ein Leben auf der Überholspur

BILLY, DER EINBRECHER

South Florida Sun-Sentinel
7. Juni 1987

Billy Schroeder ist 24 Jahre alt. Aber er sieht eher aus wie ein 24-Jähriger, der auf die 40 zugeht. Verglichen mit seinem jugendlichen Verbrecherfoto, das nur ein paar Jahre alt ist, ist er kaum wiederzuerkennen. Das gebleichte blonde Haar ist braun geworden und lichtet sich. Sein Körper ist schmal und ausgemergelt vom Drogenkonsum. Manchmal sind die Augen in seinem geröteten Gesicht glasig und starren ins Unendliche.

Um beide Arme windet sich blaue Tinte. Der Löwe, der Falke, der Totenkopf. Er trägt seine Lebensphilosophie – seine ehemalige Lebensphilosophie, wohlgemerkt – für immer unter seinen Hemdsärmeln: der Mann mit der Haschpfeife, die Inschrift »Get High« auf seinem Bizeps. Alles Werke von Tattookünstlern im Gefängnis.

Wenn man sich Billy Schroeder so anschaut, kann man sich leicht vorstellen, was für ein Albtraum es für jemanden gewesen sein muss, nach Hause zu kommen und diesem Fremden dort gegenüberzustehen. Das ist gelegentlich passiert, aber in den meisten Fällen hat sich Schroeder im vergangenen Jahr zu den Wohnungen Hunderter von Menschen Zutritt verschafft, ohne dabei gesehen zu werden. Er war einer der aktivsten Einbrecher, mit denen die lokale Polizei es in jüngster Vergangenheit zu tun hatte.

Eine Weile sah es so aus, als könnte ihn nichts aufhalten. Er machte die Straßen von South Broward und North Dade unsicher und brach bis zu fünfmal pro Tag durch Hintertüren und Fenster in Wohnungen ein. Angetrieben von Kokain oder dem Verlangen danach, brach er in einem Jahr in mindestens 350 Häuser und Wohnungen ein und stahl Gegenstände im Wert von insgesamt schätzungsweise 2 Millionen Dollar.

Trotz dieser erstaunlichen Zahlen war Schroeder weit davon entfernt, ein Meister seines Fachs zu sein. Er lebte ein Leben auf der Überholspur und verschleuderte jeden Dollar, den er in die Finger bekam. Er war nur ein weiterer Cracksüchtiger, der in Wirklichkeit mehr Glück als Verstand hatte. Das gibt er, inzwischen in Haft, auch selbst zu. Aber er findet auch, dass das Glück genauso sehr gegen ihn gearbeitet hat wie für ihn.

»Ich denke, ich war ein ganz guter Einbrecher«, sagt er, »aber wie es scheint, hatte ich vor allem Glück. Ich war sehr unvorsichtig. Ich glaube, wenn sie mich wirklich hätten schnappen wollen, hätten sie mich früher erwischt. Inzwischen wünsche ich mir, es wäre so gewesen. Eigentlich war mein Glück eher Pech, würde ich sagen.«

Einbruch ist ein mittelschweres Delikt, das heißt, er wird deutlich unterhalb von Mord eingestuft und nur geringfügig über Kleindiebstahl. Und das heißt wiederum, dass er in den meisten Polizeistationen und Staatsanwaltschaften entsprechend zweitrangig behandelt wird.

Dennoch ist es ein Delikt, das alle sozialen Schichten tangiert und Narben an Armen wie Reichen, Jungen wie Alten hinterlässt. Und Einbruch ist eine der häufigsten Straftaten in unserer Gesellschaft. In Broward County kam es im vergangenen Jahr zu 25 000 Einbrüchen; in Palm Beach County zu 22 000. In ganz Florida waren es 250 000. Nur 16 Prozent der Fälle wurden durch Festnahmen aufgeklärt.

Die Geschichte eines der aktivsten Einbrecher von Broward ist nicht nur die Geschichte von der Drogensucht eines Mannes und davon, wozu ihn diese Drogen gemacht haben. Sie ist symptomatisch für eine Epidemie. Und wenn man Billy Schroeders Geschichte richtig erzählen will, muss man auch die Geschichten derer erzählen, die er bestohlen hat, und derer, die ihn verfolgt haben.

Billy Schroeder wuchs in der Arbeitergegend Lake Forest bei seiner Mutter und seiner Schwester auf, und manchmal bei seinen Großeltern. Als er vier wurde, hatte der Vater die Familie bereits verlassen. Was er über Autorität und Männlichkeit lernte, lernte er auf der Straße. Mit elf war er, was Drogen und Einbrüche anging, bereits auf den Geschmack gekommen. Und mit elf wurde er auch zum ersten Mal festgenommen: Er wurde im Haus eines Nachbarn erwischt und erhielt Bewährung.

Von da an geriet er immer tiefer in den Sumpf aus Drogenkonsum und Diebstahl. Er wurde von der Hallandale High School verwiesen, weil er auf der Toilette THC verkaufte. Als er einem verdeckten Ermittler Mandrax-Tabletten anzudrehen versuchte, wurde er festgenommen.

Möglicherweise wäre eine Haftstrafe das Beste für Schroeder gewesen, aber er schaffte es immer wieder, sich dem Gefängnis zu entziehen, und erhielt jedes Mal eine zweite Chance. Das änderte sich 1981, als er mit 17 wegen Einbruchs als Erwachsener in das DeSoto Correctional Institute eingeliefert wurde. Im Gefängnis machte er seinen Highschool-Abschluss, besuchte Tischlereikurse, legte sich seine Tattoos zu, kam vorübergehend von seiner Drogensucht los und wartete vor allem auf seine Entlassung. Als er 1984 schließlich freikam, kehrte er in sein altes Viertel zurück.

Wie er selbst sagt, blieb Schroeder über ein Jahr lang clean. Er arbeitete zunächst an einer Tankstelle und machte sich dann seine im Gefängnis erworbenen Fähigkeiten als Schreiner zunutze. Wenn er versucht war, in sein altes, von Drogen und Diebstahl bestimmtes Leben zurückzufallen, holte er seine Gefängnis-Entlassungspapiere aus der Tasche und faltete sie sorgfältig auseinander.

»Jedes Mal, wenn ich schwach wurde, sah ich mir meine Entlassungspapiere an«, sagt er. »Ich wollte nicht ins Gefängnis zurück. Ich schaute sie mir an und sagte mir, ich habe mir meine Freiheit verdient und meine Schulden abbezahlt.«

Aber Ende 1985 hatte Billy Schroeder seine Papiere wohl nicht mehr zur Hand, denn er geriet wieder auf die schiefe Bahn. Eines Abends kam ein Freund in seiner Wohnung vorbei und machte ihn mit Kokain in Form von Crack bekannt. Keine 24 Stunden nachdem er seinen ersten Rock geraucht hatte, war alles, was Schroeder bis dahin gelernt hatte, verschwunden – zusammen mit seinem Fernseher, seiner Stereoanlage und seiner Wohnzimmereinrichtung, alles gegen Crack eingetauscht. Eine Woche später war er auch seinen Job los. Wieder einmal wurde Billy Schroeder von seinen Trieben beherrscht. Den ersten Einbruch beging er im Haus nebenan.

Schroeder wurde rasch wieder von Drogen und Einbrüchen abhängig. Diese beiden Dinge bestimmten sein ganzes Leben. Er konnte das eine nicht ohne das andere haben. Er begann, in einem falschen »Florida Power & Light«-Hemd und mit einem Schraubenzieher durch die Viertel von South Broward zu streifen.

Am Ostersonntag 1986 wurde Gladys Jones eines von Billy Schroeders Opfern. Ein kalter Schauder lief ihr den Rücken hinunter, als sie die Eingangstür ihres Hauses öffnete, das sie allein bewohnte. Sie sah sofort, dass die Türen des Esszimmerschranks offen standen und sein Inhalt über den Boden verstreut war. Dann fiel ihr Blick auf die leere Schrankwand im Wohnzimmer. Der Fernseher war weg.

Sie wusste sofort, was passiert war. Die Einsicht kam zusammen mit den weichen Knien und der Atemnot. Gladys, die über 60 Jahre alt ist und nicht mit ihrem echten Namen genannt werden wollte, machte kehrt und rannte aus dem Haus.

Sie kam erst nach zwei Stunden wieder zurück. In der Zwischenzeit waren bereits die forensischen Teams der Polizei und ein Polizeihund gekommen und wieder gegangen. Und ihr Schwiegersohn hatte das Haus durchsucht. Um zu überprüfen, was der Eindringling mitgenommen hatte, betrat Gladys mit einem mulmigen Gefühl im Bauch ihr Haus. Der Boden war übersät mit Gegenständen, die der Einbrecher begutachtet und dann aussortiert hatte. Der Inhalt der Schmuckschatullen war auf dem Bett verstreut, die Unterwäsche-Schublade durchwühlt worden, und das Osterkörbchen für ihre Enkelin lag umgekippt auf dem Küchenboden.

Noch bevor sie ihre traurige Bestandsaufnahme beendet hatte, wurde ihr klar, dass es vor allem ihr Seelenfrieden war, der ihr genommen worden war. Sie bat ihre Tochter, bei ihr zu bleiben. Sie war nicht in der Lage, allein in ihrem Haus zu schlafen.

Broward County Sheriff's Investigator Bill Cloud befasst sich seit neun Jahren mit Einbrüchen. Die Erfahrung hat ihn zwei grundlegende Dinge gelehrt: Heutzutage brechen fast alle Einbrecher in Häuser ein, um Geld für Drogen zu bekommen. Und: Diese Sorte Einbrecher ist sehr unvorsichtig – das geht sogar so weit, dass sie in Häuser ihrer unmittelbaren Nachbarschaft einbrechen, bevor sie andere Viertel heimsuchen.

Als Anfang 1986 eine ganze Reihe von ähnlichen Einbrüchen in Lake Forest auf Clouds Schreibtisch landete, schloss er daraus, dass er es hier mit einem einzigen Einbrecher zu tun hatte, der in rascher Folge in fremde Häuser eindrang. Deshalb hörte er sich auf den Straßen des Viertels um und stellte mithilfe seines festen Informantenstamms eine Liste von potenziellen Verdächtigen zusammen.

Einer der Namen darauf war Billy Schroeder. Cloud gab ihn in die Straftäter-Datenbank ein und erfuhr von Schroeders Vorstrafen. Daraufhin beantragte er beim forensischen Labor des Sheriff's Office einen sogenannten »zone run«, einen Vergleich von Schroeders Fingerabdrücken mit all den Abdrücken, die nach Einbrüchen innerhalb des Überwachungsbereichs gefunden worden waren, zu dem auch Lake Forest gehörte. Infolge der Überlastung des Labors dauerte es Wochen, bis der Antrag bearbeitet wurde. Während Cloud auf das Ergebnis wartete, verschickte er Handzettel mit Billy Schroeders Verbrecherfoto aus dem Jahr 1983 an Deputys und Police Departments in South Broward. Und er machte sich selbst auf die Suche.

Billy Schroeder hatte beneidenswert kurze Arbeitszeiten, in der Regel nicht einmal fünf Stunden pro Tag. Er arbeitete nur, wenn er musste, wenn ihm das Kokain ausging und sein Körper wieder danach verlangte. Dann zog er sich das FPL-Hemd und die Mütze an, die er sich auf einem Flohmarkt hatte machen lassen, und befestigte eine Dose Tränengas an seinem Gürtel. Sein Outfit machte ihn zu einem Zählerableser. Zwischen 9 und 11 Uhr vormittags und 2 und 4 Uhr nachmittags – zu diesen Zeiten findet man am ehesten verlassene Häuser vor – fuhr er mit einem geliehenen Auto herum. Wenn er ein geeignetes Haus entdeckte, klopfte er einfach an der Tür.

Für den Fall, dass jemand die Tür öffnete, hatte Schroeder eine Reihe von Ausreden parat und zog weiter. Wenn jedoch niemand auf sein Klopfen reagierte, ging er – ein Ableser bei der Arbeit – nach hinten und brach, wenn er keine Alarmanlage entdecken konnte, in das Haus ein. Mit seinem Schraubenzieher war er ein Experte im Aufbrechen von Schlössern und Fensterscheiben und im Entfernen von Lamellenfenstern. Er wusste, wie man eine Glasschiebetür so einschlägt, dass sie sich in einen Haufen winziger Glassplitter auflöst und dabei weniger Lärm macht, als erforderlich ist, um einen Nachbarn zu alarmieren.

Einmal im Haus, nahm er sich in der Regel als Erstes den Kühlschrank vor und all das Essen, an das er keinen Gedanken verschwendete, wenn er Crack rauchte. So gestärkt, schnappte er sich eine Plastiktüte oder einen Kopfkissenbezug und machte sich daran, Schubladen, Schränke und sonstige Verstecke zu plündern. Das Ganze dauerte nicht lang: 10, allerhöchstens 15 Minuten. Bargeld und Schmuck, Waffen, falls es welche gab, und bevor er sich dann aus dem Staub machte, griff er sich noch die sperrigen Sachen, einen Fernseher oder Videorecorder oder beides, die begehrteste Tauschware in den Crackhäusern South Floridas. »Es war mir egal, wenn mich Nachbarn sahen oder sonst wer«, sagt er. Einmal brach er die Eingangstür eines Hauses auf, während auf der anderen Straßenseite eine Frau Blumen goss. Als sie zu schreien begann, lief er einfach weg. Einmal fuhr er durch Miramar und sah in einem Haus einen beleuchteten Weihnachtsbaum. Er parkte, drang durch ein Fenster in das Haus ein und packte sein Auto mit den Geschenken voll, die unter dem Baum lagen. Weil er nicht alles auf einmal tragen konnte, kehrte er dreimal ins Haus zurück.

Nach einem erfolgreichen Einbruchstag fuhr Billy zu den Crackhäusern westlich von Hollywood, um seine Ware einzutauschen. Wegen des Schmucks, den er immer dabeihatte, nannten ihn die Dealer, die im Umkreis der Häuser ihre Geschäfte machten, den »Gold Man«. An einem guten Tag hatte er Diebesgut aus vier oder fünf Häusern dabei.

Schroeder behielt nichts von dem, was er stahl, sondern tauschte alles gegen Crack und Geld ein, das er brauchte, um die Hotelzimmer zu bezahlen, in denen er sich mit Kokain vollpumpte, schlief und versteckte. Detective Clouds Schätzungen zufolge blieben Schroeder nicht viel mehr als zehn Cent von jedem Dollar, den die von ihm gestohlenen Gegenstände wert waren. Das belief sich für ihn auf etwas über zweihunderttausend Dollar in Bargeld und Drogen, da er insgesamt Waren im Wert von zwei Millionen Dollar gestohlen hatte.

»Fast jeden Tag raubte ich eine andere Familie aus«, sagt Schroeder. »Zunächst reichte ein Einbruch pro Tag, um meinen täglichen Drogenbedarf zu decken. Ich brauchte 200 Dollar. Daraus wurden dann 300 Dollar, und ich musste zwei Häuser ausrauben. Dann stieg mein Bedarf auf 500 Dollar und vier Häuser pro Tag und immer so weiter.

Für mich war das Ganze wie ein Spiel. Alles andere war mir egal. Ich fuhr einfach eine Straße runter und sagte, eene, meene, muh, und dran bist du. Ich lebte nur für meine Drogen. Sie waren mein Leben, meine Zukunft. Ich gab jeden Cent, den ich hatte, dafür aus.

Und ich hatte mächtig Schiss. Ich dachte, die Cops würden nach mir suchen, wegen der Fingerabdrücke. Deshalb wohnte ich in Hotels und zog fast jeden Tag um. Ich ging so gut wie nie raus, und wenn doch, dann nur, um wieder ein Haus auszurauben oder mir Stoff zu beschaffen. Ich verkroch mich in meinem Zimmer, und immer war die Kette vorgelegt, die Tür verriegelt und der Schreibtisch davorgeschoben.«

Der »zone run« mit Billy Schroeders Fingerabdrücken, den Detective Cloud beantragt hatte, kam mit mehreren positiven Übereinstimmungen zurück. Cloud beantragte beim State Attorney's Office einen Haftbefehl, der erst einmal mehrere Wochen lang durch die Mühlen der Bürokratie wanderte. Aber inzwischen war Cloud sicher, wer der Gesuchte war. Er musste ihn nur noch finden.

Währenddessen stellten auch Detectives anderer Police Departments – Hollywood, Hallandale, Miramar und North Miami – fest, dass Schroeder immer mehr Einbrüche verübte.

»Das ging so weit, dass ich nur ein Einbruchsprotokoll in die Hand nehmen musste, um sagen zu können, ob Billy seine Finger im Spiel gehabt hatte«, sagt Detective Dermot Mangan aus Hallandale. »Wenn es am Tag passiert war, das Haus geplündert war und Essen aus dem Kühlschrank fehlte, war es normalerweise er.«

»Wir haben alle nach ihm gesucht«, erinnert sich Cloud. »Einmal bekam ich Wind davon, dass er in einen bestimmten Laden gehen wollte, um einen Scheck einzulösen. Ich wartete dort, doch als er einen Mann in Jackett und Krawatte sah, machte er sich sofort aus dem Staub. Er war so paranoid, dass für ihn jeder Anzugträger ein Cop war. In diesem Fall hatte er sogar recht. So entwischte er uns immer wieder. In Motels, auf der Straße. Manchmal war es nur eine Frage von wenigen Minuten. Wir betrachteten es mehr und mehr als unsere Mission, ihn zu fassen.«

Gladys Jones ließ nach dem Einbruch eine neue Außenbeleuchtung an ihrem Haus anbringen, die Sträucher vor den Fenstern zurückschneiden und vor jedem Fenster stahlverstärkte Fliegengitter einbauen.

»Ich finde es schrecklich«, sagt sie. »Das Haus sieht schrecklich aus, und ich habe das Gefühl, eine Gefangene zu sein, obwohl ich das Opfer bin. Ich hab immer noch Angst, allein hier zu sein.«

Als sich Gladys eines Abends nach dem Einbruch zum Ausgehen fertig machte, wollte sie eine bestimmte goldene Halskette aus der Schmuckschatulle holen. Sie war weg – eins der Dinge, von denen sie nicht sofort bemerkt hatte, dass sie gestohlen worden waren. Diese Entdeckung rief all die alten Erinnerungen wieder wach, die Verletzung ihrer Privatsphäre, den Verlust, den Ärger. Und vor allem schürte es wieder ihre Angst.

Gladys begann, die Tage bis zu ihrer Pensionierung zu zählen. Wenn sie in zwei Jahren endlich ihren Bürojob aufgeben kann, will sie das Haus zum Verkauf ausschreiben und aus South Florida wegziehen. Aber bis dahin wird sie nachts wach im Bett liegen und lauschen … Sie wird, wenn sie abends nach Hause kommt, die Tür aufschließen, dastehen und lauschen …

Wenn sie allein zu Hause ist, ertappt sie sich immer wieder dabei, wie sie sich fragt: Habe ich da draußen gerade etwas gehört oder habe ich mir das nur eingebildet? Die Angst, die Billy Schroeder in ihr gesät hat, wird sie nie mehr loslassen, sagt sie.

Billy Schroeder hätte davonkommen können. Bei einem Einbruch in North Dade zog er das große Los – eine große Menge Schmuck, den er gegen Bargeld und Crack eintauschte.

»Plötzlich stand ich mit 20000 Dollar Bargeld da«, erinnert er sich. »Ich sagte zu meiner Freundin: ›Hauen wir ab von hier. Ich habe jetzt das Geld dazu. Machen wir einen Entzug, damit wir davon loskommen.‹«

Sie beschlossen, nach New Jersey zu fliegen. Die Flugtickets waren schon gekauft. Aber auf dem Weg zum Flughafen schauten Billy und seine Freundin noch bei einem Freund vorbei, um sich zu verabschieden. Und sie feierten den Abschied mit einem letzten Rock. Ein paar Stunden später nahm sich Billy mit einer Tüte voller Crack eine Suite im Hilton. Und ein paar Tage später war das ganze Geld weg.

Schroeder bekam keine zweite Chance, um den Absprung zu schaffen. Seine Sucht nahm immer gewaltigere Ausmaße an und kostete ihn inzwischen fast 1000 Dollar am Tag. Er musste in immer mehr Häuser einbrechen. Schon allein deswegen nahm das Risiko immer mehr zu, und er wurde auch immer unvorsichtiger. Er hörte sogar auf, die falsche FPL-Uniform zu tragen.

Am 26. Februar 1987 bekam die Polizei von Davie einen Anruf. Jemand beobachtete in diesem Moment einen Einbruch. Als Polizisten zu der angegebenen Adresse fuhren, sahen sie ein offenes Fenster und ein an der Außenwand lehnendes Fliegengitter. Das Fliegengitter war das verräterische Indiz. Die Polizisten betraten das Haus und fanden, in der Dusche versteckt, einen Einbrecher. Der Mann gab seinen Namen mit William Burns an.

Als ihn die Polizisten ins Bezirksgefängnis brachten, erkannte ein Sheriff's Deputy, der dort ebenfalls gerade einen Gefangenen einlieferte, in dem Einbrecher den Mann auf den Handzetteln wieder, die Detective Cloud seit fast einem Jahr verteilte.

»Sie sind nicht William Burns«, sagte der Deputy, und damit war die lange Einbruchsserie des Billy Schroeder zu Ende.

Die Polizisten, die mit Schroeder sprechen wollten, mussten sich abwechseln. Es dauerte zwei Tage, bis der Einbrecher von seinem High runterkam und merkte, dass er im Gefängnis saß. Doch dann nahm er eine kurze Einschätzung seiner Lage vor – die Fingerabdrücke, die Beweise, sein Vorstrafenregister – und erklärte kurzerhand: »Dann mal los. Bringen wir es hinter uns.«

In Handschellen und Fußfesseln wurde Schroeder zunächst in mehreren Polizeiautos durch Wohngegenden South Floridas gefahren. Die Polizei brauchte drei Wochen, um sein ganzes Einzugsgebiet abzudecken und sich von ihm die Häuser zeigen zu lassen, bei denen er sich erinnerte, eingebrochen zu sein. Die Detectives glichen Schroeders Erinnerungen mit ihren Einbruchsanzeigen ab. Am Schluss konnten sie 350 Einbruchsfälle aufklären. Möglicherweise gibt es jedoch noch Dutzende andere, an die Schroeder sich nicht mehr erinnern kann.

Von den Gegenständen im Wert von mehreren Millionen Dollar, die Schroeder gestohlen hat, konnte nichts mehr an die Eigentümer zurückgegeben werden. »Es ist alles weg«, sagt Cloud.

Gegen Schroeder wurde wegen 13 Einbrüchen Anklage erhoben. Ihm wegen aller seiner Einbrüche den Prozess zu machen, würde Jahre dauern. Am 21. Mai bekannte er sich unter Tränen in allen gegen ihn erhobenen Anklagepunkten schuldig und muss nun mit einer Haftstrafe von bis zu 20 Jahren rechnen.

»Ich will es hinter mich bringen«, erklärte er dem Richter gegenüber. »Ich muss nach vorn blicken.«

Er ist im Ostblock des North Broward Detention Complex untergebracht, in den alle Häftlinge eingeliefert werden, die in der Haft einen Entzug machen. Schroeder nimmt an den »New Life«-Programmen der Haftanstalt teil, arbeitet in der Wäscherei und hat sich bereit erklärt, mit jugendlichen Besuchergruppen über die Gefahren von Drogen zu sprechen.

Er scheint sich mit einem längeren Gefängnisaufenthalt abgefunden zu haben. Und er scheint seine Taten aufrichtig zu bereuen. Da er jedoch durch seine Reue nur gewinnen kann, steht infrage, wie echt diese ist.

Aber er bricht in Tränen aus, wenn er erzählt, wie er vor mehr als einem Jahr seinen ersten Rock rauchte. Und er weint, wenn er über die Familien spricht, die er bestohlen hat. Er sagt, dass er den Schaden eines Tages vielleicht wiedergutmachen wird, was realistisch betrachtet vollkommen unmöglich ist.

»Ich will einfach etwas tun«, sagte er. »Wenn ich an die

ganzen Familien denke, die ich ausgeraubt habe, ist mir klar, dass ich etwas für sie tun muss.«

Wie so mancher Gefängnisinsasse behauptet Schroeder, zu Jesus gefunden zu haben. Er versucht, seinen Ärmel über das »Get High«-Tattoo herabzuziehen, und bedauert den Tag, an dem er es sich stechen ließ. Er sagt, er möchte eine zweite Chance. Darauf läuft es hinaus: eine zweite Chance. Aber tief drinnen weiß Billy Schroeder, dass der Zug für ihn vielleicht schon abgefahren sein könnte.

»Ich hoffe, dass mir die Gesellschaft eines Tages noch eine Chance gibt«, sagte er. »Ich möchte nicht endgültig ausgemustert werden.«

Billy Schroeder hat der Gesellschaft den Rücken gekehrt, hofft aber jetzt, dass die Gesellschaft umgekehrt nicht genauso mit ihm verfährt. Er hofft sozusagen auf Mitleid mit dem Teufel. Aber das ist nicht einfach zu bekommen.

»Ich mag Billy Schroeder«, sagte Detective Bill Cloud. »Aber ich habe kein Mitleid mit ihm. Mitleid habe ich mit den Leuten, die er bestohlen hat. Sie müssen ihr ganzes Leben lang mit ihrem Verlust und dem Gefühl zurechtkommen, dass da jemand ganz massiv in ihre Privatsphäre eingedrungen ist. Sie haben ihr Leben lang gearbeitet, um sich einige dieser Dinge leisten zu können, und dann bricht jemand bei ihnen ein, und alles ist weg.«

Diese Einstellung bekommt man von allen Seiten zu hören. »Er hat mit dem, was er getan hat, das Leben von Menschen zerstört«, sagte Detective Dermot Mangan. »Dafür muss er bezahlen.«

»Es ist traurig«, sagte Einbruchsopfer Gladys Jones. »Natürlich braucht der Junge Hilfe. Aber das brauchen auch die Leute, bei denen er so viel Schaden angerichtet hat. Wenn ich daran denke, was ich durchgemacht habe und dass ich nur eine von Hunderten bin, denen er das angetan hat, bin ich immer noch sehr wütend und aufgebracht.«

Rechtsanwalt Norman Elliott Kent wurde Schroeder als Pflichtverteidiger zugeteilt, nachdem er sich der ihm angelasteten Delikte schuldig bekannt hatte. Er verzichtet auf die üblichen Rechtfertigungen, die Drogen hätten Schroeder zu dem gemacht, was er ist, er sei ein Produkt seiner Umgebung, er hätte eine Chance für einen Neuanfang verdient und so weiter. Vieles davon ist keineswegs von der Hand zu weisen, aber irgendwann einmal hat Billy Schroeder eine Entscheidung getroffen. Irgendwann einmal gab es einen Punkt, an dem er Verantwortung trug.

»Billy war drogenabhängig, und Drogengeld geht weg wie nichts«, sagt Kent. »Und von allem, was er gestohlen hat, ist nichts übrig als viele traumatisierte Opfer und ein vor dem Nichts stehender Angeklagter. Alles, was Billy vorzuweisen hat, sind seine leeren Taschen, seine Drogenabhängigkeit und eine Haftstrafe. Wenn man aus all dem etwas lernen kann, dann das: Man muss den Leuten klarmachen, wozu so etwas führen kann. Seine Botschaft ist: Am Ende verliert jeder.«

Es ist Morgen im Ostblock der Haftanstalt, und im Veranstaltungsraum hat sich eine kleine Gruppe Schüler zu einer Gefängnisbesichtigung eingefunden. Wegen des ständigen Türenschlagens, des durchdringenden Klickens elektronischer Schlösser und der von Stahl und Beton zurückgeworfenen Echos müssen sich die Schüler vorbeugen, um den Redner verstehen zu können.

Der Redner ist ein Häftling, ein junger Mann mit einem vorzeitig gealterten Gesicht. Er ist hier, um den jungen Leuten zu erzählen, dass er ein Verlierer ist, der zu spät gemerkt hat, wie man gewinnt, wie man es richtig macht. Werdet nicht wie ich, will er ihnen sagen.

»Hallo, ich heiße Bill«, beginnt er. »Und ich war drogenabhängig. Ich habe mit elf angefangen, Drogen zu nehmen.

Und wenig später habe ich angefangen, in Wohnungen von anderen Leuten einzusteigen. Ich habe vielen Leuten Leid zugefügt. Und jetzt steh ich hier ...«

Ein Täter auf der Lauer

SCHÜSSE AUS DEM HINTERHALT

Krankenschwester will auf der Straße liegendem Mann helfen und wird erschossen.

Los Angeles Times
23. Februar 1989

Am Mittwoch wurde in den Hügeln über Studio City eine selbstständige Krankenpflegerin erschossen. Sie hielt mit ihrem Auto an, um einem auf der Straße liegenden Mann zu helfen, der jedoch plötzlich aufstand und eine Waffe zog, teilte das LAPD mit.

Bisher kam es noch zu keiner Festnahme in dem Fall. Die 40-jährige Lucille Marie Warren wurde um 6.45 Uhr morgens auf dem Heimweg nach Inglewood in einer exklusiven Wohngegend in Hanglage an der Kreuzung von Montcalm Avenue und Woodrow Wilson Drive erschossen, teilte die Polizei mit. Sie kam aus der Montcalm Avenue, wo sie die Nacht über als Pflegerin in einem Privathaushalt gearbeitet hatte.

Laut Aussagen der Ermittler gibt es Hinweise, dass der tödliche Angriff gezielt durchgeführt wurde und Warren ihren Mörder möglicherweise sogar kannte. Die Polizei geht der Frage nach, ob Warren, die geschieden war und mit ihren zwei jugendlichen Kindern lebte, private Streitigkeiten hatte, die zu der Tat geführt haben könnten.

»Das sieht nicht nach einer Zufallsbegegnung aus«, sagte Homicide Detective Mike Coffey.

Motiv unbekannt

Auch wenn der Polizei das Motiv für die tödlichen Schüsse nicht bekannt ist, deutet einiges darauf hin, dass der Mörder ganz gezielt an dieser Stelle wartete, weil er wusste, dass Warren dort vorbeikäme und anhalten würde, wenn sie glaubte, jemand brauchte Hilfe.

»Sie war Krankenschwester«, sagte Lt. Ron LaRue. »Wenn man das wusste, war es leicht, sie mit ihrem Auto zum Anhalten zu bringen. Der Täter lag auf der Straße, und sie hielt an.«

Warren hatte schon mindestens zwei Monate lang in dem Haus am Ende der Montcalm Avenue gearbeitet, teilte die Polizei mit. Die zuständigen Mitarbeiter einer Vermittlungsagentur für Krankenschwestern in Van Nuys, über die Warren Aufträge erhielt, wollten sich zu dem Vorfall nicht äußern.

Die Polizei gab den Namen der Person, für die Warren arbeitete, nicht bekannt. Das große, hinter einem Tor abgeschottete Anwesen, in dem Warren laut Angaben der Polizei einen Patienten betreute, gehört laut Grundbucheintrag Miklos Rozsa, 81, einem Komponisten, der für seine Filmmusik mit drei Oscars ausgezeichnet wurde.

Nach Beendigung ihrer Nachtschicht trat Warren die Heimfahrt an und hielt im Woodrow Wilson Drive an, als sie dort mitten auf der Straße einen Mann liegen sah, teilte die Polizei mit.

Pistole unter der Kleidung hervorgezogen

Als Warren ausstieg und auf den Mann zuging, stand dieser auf und zog eine Schusswaffe unter seiner Kleidung hervor. Der Polizei ist nicht bekannt, ob die beiden miteinander sprachen, bevor der Mann mehrere Schüsse auf Warren abgab.

Von den mindestens zwei Schüssen, die Warren trafen, verletzte einer sie tödlich am Kopf. Ein weiterer Schuss schlug in die Windschutzscheibe ihres Autos ein. Der Polizei zufolge lief der Schütze zu einem in der Nähe geparkten Auto und fuhr weg. Das Opfer wurde nicht ausgeraubt.

Ein Anwohner verständigte über sein Autotelefon die Polizei, als er die Frau auf der Straße liegen sah. Laut Coffey wurden mehrere Anwohner Zeugen der Tat und konnten der Polizei den Täter, sein Auto und den Tathergang beschreiben.

Warren wurde ins St. Joseph Medical Center in Burbank gebracht, wo sie um 10.48 Uhr starb, teilte die Polizei mit.

Als die Polizei den Tatort absperrte, versammelten sich dort Anwohner oder beobachteten das Geschehen von den Fenstern ihrer Häuser aus. Laut Aussagen der Polizei sorgten die Schüsse, die in der Nähe eines Eckhauses fielen, das dem Künstler David Hockney gehört, in der ruhigen Villengegend für einiges Aufsehen.

»Gewalt ist in dieser Stadt inzwischen überall«, sagte ein Mann, der nicht namentlich genannt werden wollte. »Die Menschen lassen es sich viel kosten, ihr aus dem Weg zu gehen, aber immer funktioniert das nicht.«

An diesem Artikel hat Times-*Redakteurin Amy Pyle mitgewirkt.*

ANMERKUNG: Wegen Lucille Warrens Ermordung wurde ihr ehemaliger Freund festgenommen und unter Anklage gestellt. Der ehemalige Bewährungshelfer wurde schuldig gesprochen und zu einer Haftstrafe von 27 Jahren verurteilt. Der Mörder entging der Todesstrafe nur deshalb, weil der Richter entschied, er habe nicht auf der Lauer gelegen, ein besonderer Umstand, der zur Verhängung der Todesstrafe berechtigt. Der Richter entschied, der Tatbestand eines Auflauerns sei laut Strafgesetzbuch bei Mördern gegeben, die sich verstecken und ihre Opfer überrumpeln. Da jedoch der Mörder deutlich sichtbar auf der Straße gelegen habe, als Warren sich ihm näherte, habe er sich nicht versteckt und deshalb auch nicht auf der Lauer gelegen.

Der Tote im Kofferraum

WER ERSCHOSS VIC WEISS?

Eine kalte Spur.

Los Angeles Times
11. Juni 1989

Die Besprechung mit Jack Kent Cooke und Jerry Buss war erfolgreich verlaufen. Vic Weiss stand kurz vor einem Vertragsabschluss, durch den Jerry Tarkanian, Basketballtrainer der University of Nevada, nach Los Angeles geholt werden sollte, um dort die Lakers zu trainieren, das Team, das Cooke an Buss verkaufte.

Mit seinem Aktenkoffer verließ der untersetzte, aber agile Weiss, ein 51-jähriger Sportpromoter, Gelegenheitsagent und Geschäftsmann, das Besprechungszimmer eines Hotels in Beverly Hills, stieg in seinen Rolls-Royce und fuhr zu seinem Haus in Encino.

Aber Weiss sollte nie zu Hause ankommen. Drei Tage später, am 17. Juni 1979, wurde sein rot-weißer Rolls-Royce in der Tiefgarage eines Hotels in North Hollywood entdeckt.

Und Kofferraum lag Victor J. Weiss' Leiche. Seine Hände waren auf den Rücken gefesselt, und er war mit zwei Schüssen in den Kopf getötet worden.

Verbindungen zum organisierten Verbrechen

Auch zehn Jahre später ist Weiss' Ermordung noch immer nicht aufgeklärt und bleibt eins der größten Rätsel im San Fernando Valley. Die Polizei von Los Angeles nimmt an, dass Weiss im Auftrag des organisierten Verbrechens erschossen wurde. Diese Mordfälle sind am schwersten zu lösen.

Es ist ein Fall, der die Ermittler in ein von Gangstern und Informanten geprägtes Milieu führte, in dem sie bald niemandem mehr trauten, nicht einmal den eigenen Kollegen. Einmal mussten sie sogar feststellen, dass sie von einer Person beschattet wurden, gegen die sie ermittelten.

Trotzdem gelang es ihnen, einiges über das geheime Leben von Vic Weiss herauszufinden. Sie brachten in Erfahrung, dass er sich zwar in der Öffentlichkeit mit angesehenen Persönlichkeiten aus Sport und Business umgab, insgeheim aber mit Kriminellen verkehrte, sich mit Sportwetten hoch verschuldet hatte und einiges von dem gewaschenen Geld einsteckte, das er Gangstern in Las Vegas überbrachte.

Die Polizei nimmt an, dass diese Gedankenlosigkeit Weiss das Leben gekostet hat. Wer jedoch seine Ermordung angeordnet und wer sie ausgeführt hat, ist weiterhin ein Rätsel.

Detective Leroy Orozco ist der einzige Ermittler, der den Mord von Anfang an bearbeitet. In seinen 21 Jahren beim Homicide Bureau ist der Fall Weiss derjenige, der ihm am meisten zu schaffen macht. Er ist quer durchs ganze Land Spuren nachgegangen, ohne jemals eine Verhaftung vorzunehmen. Er hat sorgfältig gegen potenzielle Verdächtige ermittelt und nach ihnen gefahndet, um am Ende festzustellen, dass auch sie, anscheinend infolge eines tragischen Zufalls, getötet worden waren.

Orozco kann nach zehn Jahren umfangreicher Ermittlungen zwei Aktenschübe voll mit Protokollen, Notizen und Beweisstücken zu dem Fall vorweisen. Doch selbst nach zehn Jahren braucht er seine Akten nicht zurate zu ziehen, um sich an Einzelheiten erinnern zu können. Er weiß sogar noch, was er gerade tat, als sein Pager ertönte und er zu der Tiefgarage in North Hollywood gerufen wurde: Er fuhr nach einem Vatertagsessen mit seiner Familie zu einer Eisdiele.

»Dieser Fall war und ist meine größte Herausforderung«, sagte Orozco. »Er wird sich nicht einfach in Luft auflösen.

So einen Fall kriegt man vielleicht einmal im Leben. Wie oft liest man schon von so einer Geschichte, besonders in L.A: ein Mafiamord, der Bezug zu Las Vegas und als besonderes Extra noch Cops, die von Gangstern verfolgt werden? Mir war allerdings auch von Anfang an klar, dass das ein hartes Stück Arbeit werden würde. Sobald ich in diese Tiefgarage kam und den Rolls sah, wusste ich, dass ich mich da auf was gefasst machen konnte.«

Nach außen hin verkörperte Vic Weiss das Bild des erfolgreichen Geschäftsmanns. Aufgewachsen in Pasadena, wo er die Highschool mit Tarkanian, einem langjährigen Freund, besucht hatte, machte sich Weiss zunächst im Immobilien- und Versicherungsgeschäft einen Namen und wurde später Teilhaber von Ford- und Rolls-Royce-Händlern in Van Nuys. Sein rot-weißer Rolls hatte eine goldene Innenausstattung. Er trug einen Diamantring und eine Rolex. Er war bekannt als jemand, der in Bars oder bei Restaurantbesuchen mit Freunden und Geschäftspartnern immer die Rechnung übernahm.

Sportverhandlungen als Hobby

In Sportkreisen wurde Weiss 1973 bekannt, als er den Vertrag von Weltergewichtsboxer Armando Muniz kaufte. Obwohl er kein professioneller Sportagent war, übernahm Weiss aus

Liebhaberei die Vertragsverhandlungen für seinen Freund Tarkanian. Dieses Hobby war es auch, das ihn am 14. Juni 1979 im Beverly Comstock Hotel mit Cooke und Buss an den Verhandlungstisch brachte.

Laut Angaben der Polizei wurden bei diesem Treffen einzelne Punkte der Vereinbarung, Tarkanian zu den Lakers zu holen, von Weiss und Cooke schriftlich festgehalten. Das entsprechende Papier steckte Weiss in seinen Aktenkoffer, als er ging.

»Er dürfte recht zuversichtlich gewesen sein, als er ging«, sagte Orozco. »Die Verhandlungen waren erfreulich verlaufen.«

Weiss hatte vor, mit seiner Frau Rose essen zu gehen, aber er wollte vorher noch Tarkanian anrufen, der in einem Hotel in Long Beach auf eine Nachricht über den Verlauf der Verhandlungen wartete. Tarkanian erhielt jedoch keinen Anruf, und die Verhandlungen wurden nicht weitergeführt. Die Lakers engagierten schließlich einen anderen Trainer.

Weiss wurde von seiner Frau vermisst gemeldet, und zunächst fehlte jede Spur von ihm, bis vier Tage später in der Tiefgarage des Sheraton Universal Hotel ein Mitarbeiter des Sicherheitsdienstes seinen Rolls entdeckte. Im Kofferraum befand sich Weiss' verweste Leiche. Sonst fanden die Ermittler keine Hinweise darauf, was passiert war.

Weiss' Brieftasche und Aktenkoffer waren verschwunden, während sein Diamantring und die Rolex nicht entwendet worden waren. Aufgrund dessen schloss die Polizei Raub als Tatmotiv aus. Es stellte sich rasch heraus, dass Cooke, Buss und Tarkanian nicht an dem Mord beteiligt waren. Damit stand die Polizei vor einem Rätsel.

Dennoch erwies sich der Rolls-Royce, obwohl er keinerlei Spuren aufwies, als wichtiger Anhaltspunkt. Mehrere Personen, die in den Medien von dem Mord erfahren hatten, riefen laut Orozco bei der Polizei an und gaben an, das auffällige Auto am Tag von Weiss' Verschwinden gesehen zu haben. Mithilfe dieser Zeugen gelang es der Polizei, den Weg zu rekonstruieren, den Weiss von Beverly Hills auf dem Beverly Glen Boulevard zum Ventura Boulevard und weiter nach Encino genommen hatte.

Mysteriöser großer Mann

Ein Zeuge gab an, gesehen zu haben, wie der Rolls in Encino an den Straßenrand fuhr und hinter ihm ein weißer Cadillac mit drei Insassen anhielt. Weiss sei ausgestiegen, und zwei der Männer seien aus dem Cadillac gekommen – einer davon ein knapp zwei Meter großer blonder Mann.

Laut Aussagen des Zeugen gestikulierte der blonde Mann mit dem Finger aufgebracht vor Weiss' Gesicht, während er mit ihm sprach. Wenige Augenblicke später stieg Weiss wieder in seinen Rolls. Der blonde Mann nahm auf dem Rücksitz Platz und sein Begleiter auf dem Beifahrersitz. Dann fuhren beide Fahrzeuge weg.

Nach ausführlichen Recherchen zu Weiss' Vorgeschichte gelangten die Ermittler zu der Überzeugung, dass der Zeuge Weiss' Mörder gesehen hatte. Sie brachten in Erfahrung, dass Weiss' Lebensstil seine finanziellen Möglichkeiten bei Weitem überstiegen hatte. Sie fanden auch heraus, dass viele seiner Geschäftspartner Verbindungen zum organisierten Verbrechen hatten.

Laut Orozco war Weiss an den Autohäusern, die ihm angeblich gehörten, nicht beteiligt, sondern lediglich gegen ein Honorar als Berater und Werbefachmann für sie tätig. Das Haus in Encino, in dem er wohnte, gehörte einem Geschäftspartner, und sein Rolls-Royce war geleast.

»Bei seinem Tod hinterließ er eine Lebensversicherung«, sagt Orozco. »Aber das war alles.«

Bei der Polizei gingen auch Hinweise von anonymen Anrufern, Informanten aus dem Unterwelt und Ermittlungsbehörden aus Las Vegas ein, denen zufolge Weiss Kontakte zum organisierten Verbrechen in Nevada und Florida pflegte. Laut Aussagen der Informanten hatte Weiss hohe Spielschulden.

Typische Züge eines Mafia-Auftragsmords

Aufgrund dieser Hinweise gelangte die Polizei zu der Überzeugung, dass Weiss von den drei Männern in dem Cadillac entführt und in bester Mafia-Manier exekutiert worden war.

Orozco und sein Partner John Helvin spürten einen von Weiss' engen Freunden in Florida auf, wo sich dieser unmittelbar nach dem Mord niedergelassen hatte und als Autoverkäufer arbeitete. Gegen die Zusicherung, seine Identität nicht zu enthüllen, erzählte der Mann den Detectives, Weiss habe in Las Vegas über 60 000 Dollar Spielschulden angesammelt. Um diese Schulden zurückzahlen zu können, fing er laut Orozco an, regelmäßig nach Las Vegas zu fliegen und Bargeld abzuliefern, das in Los Angeles gewaschen worden war.

Aussagen des Autoverkäufers zufolge wurde das in braunem Papier verpackte Geld jede Woche im Kofferraum von Weiss' Rolls-Royce deponiert. Daraufhin flog Weiss mit dem Geld nach Las Vegas und am selben Tag wieder zurück. Doch offenbar zweigte Weiss jedes Mal etwas von dem Geld ab. Als seine Auftraggeber das merkten, legten sie ihm nahe, das künftig zu unterlassen.

Die Polizei nimmt an, dass Weiss die Warnung in den Wind geschlagen hatte und deshalb umgebracht wurde. Ermittler begannen, die Telefonunterlagen Weiss' und einiger seiner Geschäftspartner durchzugehen. Sie stießen auf Verbindungen zum organisierten Verbrechen und flogen nach

Las Vegas und New Port Richey, Florida, um dort die Häuser von Personen zu durchsuchen, von denen angenommen wurde, dass sie in den Mord verwickelt waren.

Fehlgeschlagene Hausdurchsuchung

In Las Vegas bekamen die Ermittler von den lokalen Behörden einen Durchsuchungsbeschluss ausgestellt, aber das betreffende Haus war am Morgen ihres Eintreffens leer. Orozco stellte die Vermutung an, dass der Verdächtige einen Hinweis erhalten hatte und ausgezogen war.

Auch in New Port Richey hatten die Ermittler kein Glück.

Orozco und Helvin trafen am späten Nachmittag in der Stadt ein und fuhren an dem Haus vorbei, das sie am nächsten Tag nach Ausstellung eines Durchsuchungsbeschluss durchsuchen wollten. Laut Orozco gehörte das Haus einem Mann, der im Verdacht stand, der »Vollstrecker« einer Mafiafamilie zu sein. Die Detectives bemerkten ein Boot auf dem Kanal hinter dem Haus und einen schwarzen Camaro davor. Sie fassten das als Zeichen auf, dass die Bewohner des Hauses nicht auf die bevorstehende Durchsuchung aufmerksam gemacht worden waren und noch dort wohnten.

Als Orozco am nächsten Morgen aus dem Fenster seines Motelzimmers schaute, sah er denselben schwarzen Camaro in der Nähe auf einem Parkplatz auf der anderen Seite eines Kanals stehen. Am Steuer des Autos saß ein Mann, der das Motel beobachtete.

»Um zu entscheiden, wer als Erster zur Tür rausgehen sollte, warfen wir eine Münze«, sagt Orozco.

Helvin verlor. Sie zogen ihre Waffen, und Helvin ging rasch nach unten ins Foyer. Orozco gab ihm Deckung und folgte ihm, doch als sie zu ihrem Mietwagen kamen, war der schwarze Camaro verschwunden.

Weil sie nicht genügend Beweise vorlegen konnten, dass der mutmaßliche Abräumer an Weiss' Ermordung beteiligt gewesen war, bekamen Orozco und sein Partner keinen Durchsuchungsbeschluss ausgestellt.

Orozco sagt, er sei paranoid gewesen, als er nach Los Angeles zurückkehrte.

Da sie sich nicht erklären konnten, wie die Personen, gegen die sie ermittelten, Hinweise auf ihr Vorgehen erhalten haben könnten, sprachen er und Helvin nicht mehr mit bestimmten Polizisten innerhalb und außerhalb des Police Departments über den Fall. Als sich ein pensionierter LAPD-Detective über bei ihm über die Ermittlungen erkundigte, gab ihm Orozco falsche Informationen. Wenige Tage später, so Orozco, rief ein Mafia-Informant bei der Polizei an, um eben diese falschen Informationen durchzugeben.

»Danach redeten wir mit überhaupt niemandem mehr«, sagt Orozco. »Wir erschienen zum Dienst, machten unsere Arbeit und fuhren wieder nach Hause. Wenn ich wegen des Falls die Stadt verlassen musste, informierte ich nur meinen Lieutenant.«

Orozco und Helvin arbeiteten noch zwei ganze Jahre lang ausschließlich an dem Weiss-Mord. Mindestens drei Männer, gegen die sie ermittelten, fielen Mordanschlägen zum Opfer, die anscheinend nichts miteinander zu tun hatten.

Juwelendieb

Einer von ihnen war Jeffrey Rockman, dessen Name auf einem Zettel in Weiss' Büro gefunden worden war. Die Polizei fand heraus, dass Rockman, 33, ein Juwelendieb war, der für ein kanadisches Verbrechersyndikat arbeitete und verdächtigt wurde, Diebesgut an Weiss verkauft zu haben.

Doch die Polizei fand Rockman nicht rechtzeitig, um ihn

zu dem Mord befragen zu können. Er wurde am 29. April 1980 in seinem Stadthaus in Marina del Rey erschossen. Laut Orozco brachten Ermittler in Erfahrung, dass Rockmans richtiger Name Anthony Starr war. Er hatt im Zuge eines Zeugenschutzprogramms eine neue Identität erhalten, nachdem er in Zusammenhang mit einem Bankraub in Detroit vor Gericht als Zeuge aufgetreten war. Die Polizei ist der Auffassung, dass seine Ermordung nichts mit dem Weiss-Fall zu tun hat.

Ronald Launius war ein weiterer Dieb und Drogenhändler, der, wie die Polizei feststellte, mit Weiss zu tun gehabt hatte. Obwohl gegen ihn ermittelt wurde, konnten keine Beweise gefunden werden, die ihn mit dem Mord in Verbindung brachten.

Launius, 37, war eine von vier Personen, die am 1. Juli 1981 in einer Drogenhöhle im Laurel Canyon erschlagen wurden. Ein früherer Clubbesitzer aus Hollywood und sein Bodyguard wurden im vergangenen Jahr angeklagt, die Opfer aus Rache für einen Raubüberfall getötet zu haben.

Laut Orozco hatte Launius früher mit Horace McKenna zusammengearbeitet, einem ehemaligen Officer der California Highway Patrol, der mehrere Stripclubs betrieb. Nach Auffassung der Polizei war McKenna im Raum Los Angeles in Geschäfte mit Prostitution, Urkundenfälschung, Betäubungsmittel und Glücksspiel verwickelt.

Die Ermittler versuchten herauszufinden, ob McKenna etwas mit dem Mord an Weiss zu tun hatte, konnten aber nie nachweisen, dass sich die beiden Männer kannten. McKenna kam am 9. März am Tor seines Anwesens in Orange County ums Leben, als ein Mann mit einer Maschinenpistole in das Heck der Limousine feuerte, in der er saß. Der Mord bleibt ungeklärt.

Im Lauf der Jahre sind laut Orozco immer wieder Namen aus den Weiss-Akten in Fällen aufgetaucht, die in keinem

Zusammenhang mit dem Mord standen. Die Identität des großen blonden Mannes konnten die Ermittler jedoch nie feststellen. Obwohl ein Informant aus der Unterwelt der Polizei einmal erzählte, die Männer, die Weiss töteten, seien selbst umgebracht worden, damit das die Tat umgebende Geheimnis nicht gelüftet würde, glaubt Orozco, dass die Mörder noch am Leben und auf freiem Fuß sein könnten.

Helvin ist inzwischen pensioniert, und Orozco befasst sich mit anderen Fällen, doch er erhält immer noch Anrufe von Informanten, die ihm in einschlägigen Kreisen kursierende Informationen über den Weiss-Mord anbieten. Und manchmal melden sich Ermittler bei ihm, die im Zuge anderer Ermittlungsverfahren von dem Fall gehört haben.

»Bei anderen ungelösten Fällen ist irgendwann einmal einfach Schluss«, sagte er. »Man hat bei seinen Ermittlungen alle Möglichkeiten ausgeschöpft und legt den Fall zu den Akten. Aber bei diesem ist das nicht so. Er kommt immer wieder zurück, wenn man ihn beiseitelegt.«

Gelegentlich fährt Orozco die Strecke ab, die Vic Weiss auf seiner letzten Fahrt zurückgelegt hat. Er wartet auf den einen entscheidenden Hinweis, der zu einer Festnahme führen wird, oder auf den Namen des blonden Mannes.

»Irgendjemand müsste wegen etwas anderem festgenommen werden und sich, um sich einen Vorteil zu verschaffen, bereit erklären, uns ein bisschen zu helfen«, sagte er wehmütig.

ANMERKUNG: Der Mordfall Vic Weiss bleibt ungelöst.

Offen – Ungelöst

POLIZEI IM VALLEY RÄTSELT ÜBER TOD EINES MANNES BEI UNRUHEN

Ein Mord an einem Arbeiter aus Utah, ein Mord an einem 15-Jährigen sowie ein weiterer Mordfall in der Gegend bleiben ungeklärt.

Los Angeles Times
25. Mai 1992

Irgendetwas veranlasste John Willers, noch einmal nach draußen zu gehen. Der Grund dafür bleibt ein Rätsel, verborgen unter einem weiteren Rätsel.

An dem Abend, an dem in Los Angeles nach den Urteilen im Fall Rodney G. King heftige Unruhen ausbrachen, verließ Willers, 36, zweimal den Schutz seines Motelzimmers in Mission Hills, um sich ins Dunkel hinauszuwagen. Das erste Mal mit anderen Gästen, deren Neugier durch einen von mehreren Schüssen begleiteten Autounfall geweckt worden war. Beim zweiten Mal war er allein.

Seine Leiche wurde später mitten auf dem Sepulveda Boulevard gefunden. Seine Erschießung war einer der seltsamsten Morde, die während der Unruhen verübt wurden.

Ebenso wie für die Detectives, die mit den Ermittlungen zu dem Mord vom 29. April betraut wurden, wird es wohl auch für Willers' Angehörige und seine Kollegen von einer Baufirma in Salt Lake City, mit denen er nach Los Angeles gekommen war, ein Rätsel bleiben, wer den stillen, aber freundlichen Fliesenleger ermordet hat und warum. Am meisten Kopfzerbrechen bereitet ihnen jedoch die Frage, warum sich Willers in der gefährlichen Nacht, in der die meisten innerhalb ihrer sicheren vier Wände blieben, noch einmal nach draußen wagte.

Der Polizei von Los Angeles ist es nicht gelungen, den Mord mit den Unruhen in Zusammenhang zu bringen. Dafür gibt es nach Angaben der Ermittler zu viele offene Fragen. Für diejenigen, die Willers kannten, erscheint es unerheblich, ob er ein Opfer der Unruhen wurde oder nicht.

»Es spielt keine Rolle«, sagte der Vorarbeiter des Bautrupps, dem Willers angehörte. »Irgendjemand hat ihn ohne jeden Grund erschossen. Los Angeles ist eine schöne Stadt, aber mir kann sie in Zukunft gestohlen bleiben. Ich mache drei Kreuze, wenn wir hier fertig sind und wieder nach Hause können. Und ich komme nicht mehr hierher. Über so was kommt man einfach nicht hinweg. Es ist, als wäre man das Opfer eines Terroranschlags.«

Am Abend des 29. April wohnte Willers, der geschieden war und allein in Salt Lake City lebte, im Mission Hills Inn am Sepulveda Boulevard auf Höhe der Chatsworth Street. Er hatte in den letzten Jahren in mehreren Staaten im Westen gearbeitet und »war immer der Arbeit hinterhergezogen«, wie es sein Vorarbeiter ausdrückte.

Er und seine sieben Kollegen von der Kerbs Construction Co. waren drei Tage vor Ausbruch der Unruhen nach Los Angeles gekommen, um in einem neu gebauten Supermarkt in Mission Hills Fliesen zu verlegen.

Willers' Vorarbeiter und ein anderer Fliesenleger, mit dem er zusammenarbeitete, wollten nur anonym über den Vorfall sprechen. Sie fürchten, sie könnten als vermeintliche Zeugen beseitigt werden, obwohl sie weder die Schüsse noch den Schützen gesehen haben.

Sie sagten, sie hätten mit Kollegen von der Firma Kerbs in ihren Motelzimmern Fernsehberichte über die Unruhen verfolgt, als draußen auf dem Sepulveda Boulevard vorbei-rasende Autos zu hören gewesen seien. Dann hörten sie das Krachen einer Kollision, gefolgt von mehreren Schüssen.

Laut Detective Woodrow Parks ereignete sich der Unfall um 22.45 Uhr. Drei Personen in einem Auto verfolgten zwei mutmaßliche Einbrecher in einem anderen Auto. Das flüchtende Fahrzeug umkreiste den Motelparkplatz und stieß dann auf dem Sepulveda Boulevard frontal mit dem anderen Auto zusammen. Die mutmaßlichen Einbrecher gaben mehrere Schüsse auf die drei Personen ab, von denen sie verfolgt wurden, verfehlten diese aber. Daraufhin flohen die Schützen zu Fuß.

Der Vorfall lockte zahlreiche Motelgäste nach draußen, von denen einige nur zuschauten, andere den Verletzten halfen oder den Verkehr am Unfallort umleiteten. Seinen Kollegen zufolge war Willers unter den Schaulustigen. Er blieb im Freien, bis die verletzten Fahrzeuginsassen von einem Krankenwagen in ein Krankenhaus abtransportiert wurden, und die Polizei, die sich wegen der Unruhen im Alarmzustand befand, die Unfallstelle räumte. Man schob die zwei Unfallfahrzeuge einfach auf den Mittelstreifen und ließ sie dort stehen.

Willers und die anderen Motelgäste kehrten in ihre Zimmer zurück, teilte die Polizei mit. Aber etwa eine halbe Stunde später beschloss Willers, noch einmal nach draußen zu gehen, und schaute vorher noch in den Zimmern von zwei Kollegen vorbei.

»Der Fernseher lief, und wir wussten, was bei den Unruhen passierte«, sagte einer der Männer, bei dem Willers kurz vorbeigekommen war. »Wir sagten ihm, er solle lieber drinnen bleiben. Er sagte nichts, sondern ging einfach. Er wollte rausgehen.«

Ein paar Minuten später hörten mehrere Kollegen, die sich in ihren Zimmern aufhielten, draußen Schüsse.

»Er war es – sie haben ihn erschossen«, sagte Willers' Vorarbeiter. »Leute gingen vor ihre Türen und sahen ihn auf der Straße liegen. Es war eine verhängnisvolle Entscheidung, da noch mal rauszugehen. Ich weiß nicht, was er sich dabei gedacht hat. Da haben Leute geschossen, und trotzdem wollte er noch mal nach draußen.«

Währenddessen zerstreuten keine fünf Meilen weiter Polizisten in Schutzmontur einen Menschenauflauf vor der Foothill Division Police Station in Pacoima. Die Polizei wurde mit Steinen und Flaschen beworfen. Es wurden Schüsse in die Luft abgegeben und Mülltonnen in Brand gesteckt.

Foothill Detectives Parks und Robert Bogison fuhren von dieser chaotischen Situation zum Schauplatz des Willers-Mordes. Sie führten schnell Ermittlungen vor Ort durch, während ein Trupp von acht uniformierten Polizisten sie abschirmte und Wache hielt.

»Wir hatten unsere kugelsicheren Westen an und versuchten, erste Ermittlungen durchzuführen«, sagte Parks. »Aber wir konnten natürlich nicht sagen, ob nicht gleich jemand anders zu schießen anfangen würde. Wir waren nicht sehr konzentriert bei der Sache. Wir mussten eine Fahrspur offen halten, und jedes Mal, wenn ein Auto vorbeikam, wurde uns ein bisschen mulmig.«

Parks sagte, es sei den Detectives gelungen, zwei Personen ausfindig zu machen, die zwei Jugendliche vom Schauplatz der Schüsse hätten weglaufen sehen. Ein Zeuge habe die Jugendlichen gefragt, was passiert sei, woraufhin sie ihn beschimpften und weiterrannten. Die Zeugen sagten aus, sie hätten bei den Jugendlichen keine Waffen gesehen.

Parks zufolge gelten die Jugendlichen zwar als Verdächtige, aber über die tödlichen Schüsse sei nicht genug bekannt, um sie mit den Unruhen in Zusammenhang zu bringen. Willers war weiß und die zwei Jugendlichen schwarz, aber in der unmittelbaren Umgebung des Tatorts wurden in dieser Nacht keine weiteren Zwischenfälle gemeldet.

Parks sucht weitere Zeugen oder jemanden, der Angaben zu den Schüssen machen kann. Er hat ein Phantombild eines der Jugendlichen anfertigen lassen.

»Die anderen Todesfälle in der Stadt standen im Zusammenhang mit den Plünderungen und Unruhen, aber damit hatte dieser Mord nichts zu tun«, sagte Parks. »Es gibt wirklich nicht den geringsten Hinweis, worum es dabei ging.«

Andere Motive, die Morden auf offener Straße häufig zugrunde liegen, konnten mühelos ausgeschlossen werden. Willers war nicht ausgeraubt worden. Und Parks glaubt auch, dass der zeitliche Abstand zwischen dem Mord und dem Autounfall mit der anschließenden Schießerei darauf hindeutet, dass zwischen diesen beiden Vorfällen kein Zusammenhang besteht.

Somit gilt es für die Detectives nun, einen Fall zu lösen, bei dem das Opfer seinen Mörder offensichtlich nicht kannte und ihn erst wenige Augenblicke vor dem Mord zu Gesicht bekam. Nach Ansicht der Ermittler sind das die Fälle, die am schwersten zu lösen sind.

»Wir haben sehr wenige Anhaltspunkte«, sagte Parks letzte Woche. »Bei einem klassischen Mordfall befasst man sich ausgiebig mit der Vorgeschichte des Opfers, und gewinnt daraus dann häufig wichtige Aufschlüsse. Aber in diesem Fall kannte das Opfer niemanden in der Stadt. Er ist nur ein Zufallsopfer der Gewalt in L. A. Es spielt keine Rolle, wer er war oder was er getan hat, es wird uns nicht auf die Spur des Mörders führen.«

Parks zufolge beruhen die Hoffnungen der Ermittler vor allem auf dem Phantombild des Jugendlichen, der von Zeugen gesehen wurde. »Das ist alles, was wir haben«, sagte er.

Mehr Anhaltspunkte liegen der Polizei bei den Ermittlungen zu den zwei anderen Todesfällen im San Fernando Valley vor, die zumindest anfänglich den 60 Morden im Zusammenhang mit den Unruhen zugerechnet wurden.

Edward Traven, 15, wurde etwa zwei Stunden vor Willers in San Fernando erschossen. Ein Mann schoss in den Cadillac, in dem er mit seinem Bruder und einem Freund an der Kreuzung von San Fernando Road und San Fernando Mission Boulevard saß.

Der Todesschütze hatte gerufen: »Woher kommt ihr?« – eine typische Gang-Herausforderung – und Edward hatte laut Aussagen der Polizei mit Gangmitgliedern zu tun gehabt. Nach Auffassung der Polizei war seine Ermordung eine Schießerei unter verfeindeten Straßengangs, die nichts mit den Unruhen zu tun hatte, obwohl Familienangehörige mit Nachdruck darauf hinweisen, dass es nicht zum Tod des Jungen gekommen wäre, wenn die Atmosphäre durch die Unruhen nicht aufgeheizt gewesen wäre.

Detectives aus San Fernando versuchen, unter den zahlreichen Gangmitgliedern in der Gegend einen Verdächtigen zu ermitteln.

Auch der Tod von Imad Sharaf, 31, ist ungeklärt. Seine Leiche wurde am Morgen des 3. Mai gefunden. Bei der Feuerwehr ging ein Anruf ein, dass auf der Auffahrt zum San Diego Freeway am San Fernando Mission Boulevard ein Buschfeuer ausgebrochen sei. Nach Angaben der Polizei war Sharaf, der in einem Fotolabor arbeitete, mit einer brennbaren Flüssigkeit übergossen und angezündet worden.

Obwohl auch er zunächst als ein Opfer der Unruhen aufgeführt wurde, ist die Polizei von Los Angeles inzwischen anderer Auffassung. Die Ermittler in dem Fall konzentrieren sich bei ihrer Suche nach einem Motiv und einem Verdächtigen auf Sharafs berufliche und private Kontakte.

»Wir glauben, der Vorfall ging auf einen Streit zurück«, sagte Detective Olivia Pixler. »Es sieht ganz danach aus, dass er die Person kannte, die ihn umgebracht hat.«

Sie sagte, das Feuer könne dem Zweck gedient haben, den Mord mit den Unruhen in Zusammenhang zu bringen.

Der Willers-Mord bleibt im Valley derjenige Fall aus der Zeit der Unruhen, bei dem die Polizei am wenigsten Anhaltspunkte dafür hat, was passiert ist. Und zu dem Geheimnis, das der Fall für Willers Freunde und Familie und die Ermittler bedeutet, gehört die Frage, warum er sein Motelzimmer verließ.

»Wir haben keine Ahnung, warum er noch mal nach draußen ging«, sagte Parks. »Er hat niemandem einen Grund genannt. Das Einzige, was uns dazu einfällt, ist, dass er noch mal nach draußen ging, um sich die beiden Unfallautos anzusehen.«

Willers' Schwester Dianne Housden meint, ihrem Bruder sei nicht bewusst gewesen, in welcher Gefahr er geschwebt habe. Er war in einer Vorstadt von Portland, Oregon, aufgewachsen und hatte die meiste Zeit seines Lebens im pazifischen Nordwesten und in Utah, Nevada und Arizona verbracht.

»Was da in Los Angeles passiert ist, war ihm vollkommen fremd«, sagte Housden, die in Everett, Washington, lebt. »Ich vermute, er konnte nicht glauben, was da passierte, und wollte vielleicht deshalb nach draußen gehen. Wahrscheinlich hat er gedacht: ›Ganz schön verrückt das alles‹, und wollte es sich näher ansehen. Er war ein von Natur aus neugieriger Mensch. Ich kann mir nicht vorstellen, dass er sich der Gefahr bewusst war.«

Willers' Vorarbeiter stimmte ihr zu.

»John war ein freundlicher, argloser Mensch«, sagte er. »Er kommt aus einer Gegend, wo man so etwas nicht kennt, diese Unruhen oder solche verrückten Dinge, dass jemand aus einem Auto heraus erschossen wird. Er wäre nie auf die Idee gekommen, dass er sich in Gefahr befinden könnte. Aber so war er.«

Housden sagte, sie habe gewusst, dass ihr Bruder in Los Angeles war. Am Tag vor Ausbruch der Unruhen habe er sie angerufen und ihr erzählt, dass er seine zwei jugendlichen Kinder ausfindig zu machen versuche, zu denen der Kontakt abgerissen sei. Er habe angenommen, dass sie mit seiner Ex-Frau im südlichen Kalifornien lebten.

»Er wollte versuchen, seine Kinder zu finden, aber er kam nicht mehr dazu«, sagte Housden.

In Willers' Koffer fand die Polizei Karten und Schecks für seinen Sohn und seine Tochter. Housden sagte diese Woche, sie habe die Kinder, die in Hemet lebten, endlich ausfindig gemacht und werde ihnen die letzten Geschenke ihres Vaters zuschicken.

Wie Willers' Kollegen fiel es auch seinen Angehörigen schwer, sich seinen Tod zu erklären.

»Wir kommen nicht aus einer Gegend mit viel Gewalt«, sagten sie. »Wir sind nicht in so einer Umgebung groß geworden. So etwas sollte niemandem passieren, egal wem, und es gab keinen Grund, dass ihm so etwas zustoßen sollte.«

»Johns Verbrechen bestand darin, dass er zur falschen Zeit am falschen Ort war.«

ANMERKUNG: Der Mord an John Willers bleibt offen und ungelöst.

Der Romanautor als Reporter

NACHWORT VON MICHAEL CARLSON

Michael Connelly ist Reporter. Ein guter. Nicht im Sinne eines billigen Sensationsjournalisten, der vor nichts zurückschreckt, um die einzelnen Bestandteile einer Story in ein Schema zu pressen, das die Gefühlswelt seiner Leserschaft nicht über die Gewissheiten hinaus belastet, mit denen die Boulevardpresse hantiert. Ebenso wenig trifft auf ihn die Bezeichnung »investigativer Journalist« zu, wie sie gern auf studierte Umschreiber von Pressematerial angewandt wird, wenn es ihnen gelingt, ein Prominenteninterview zu ergattern. Er ist Reporter im besten Sinne des Wortes, jemand, der es versteht, Informationen zu sammeln und die hinter all den Fakten versteckte Geschichte zu erkennen, jemand, der es versteht, die Eindrücke der unterschiedlichsten Menschen zu sortieren und zu erkennen, wie sie diesen Fakten zugrunde liegen, und vor allem jemand, der es versteht, das alles so zu Papier zu bringen, dass auch seine Leserschaft dazu in der Lage ist.

Zu Beginn meiner Laufbahn in London musste ich das *UPI Stylebook* studieren. Alles, was dort über den Aufbau eines Artikels stand, die berühmten sechs Ws – Wer-was-wann-wo-warum-wie –, das alles findet man ganz klar und deutlich in Connellys Artikeln wieder. Er baut seine Artikel so auf, wie es sich für einen Reporter gehört, damit der Leser auch das sieht, was er gesehen hat. Das ist wesentlich mehr als die simple Jack-Webb-Nummer »Nur die Fakten, Ma'am«. Denn die Fähigkeit, eine Story so übersichtlich aufzubauen, unterstützt seine größten Stärken als Reporter: sein Wahrnehmungs- und sein Einfühlungsvermögen.

Mit Wahrnehmungsvermögen meine ich die Fähigkeit, zu sehen und zu hören, oder genauer, zuzuhören, was gesagt wird, und zu sehen, was es bedeutet. Das erfordert die wichtigste Gabe, die ein Reporter haben kann: die Fähigkeit, Menschen zu verstehen. Man kann eine gute Story nicht *sehen*, wenn man nicht sehen kann, wie es dazu gekommen ist. Zu oft wechseln Journalisten heutzutage von der Universität direkt in hermetisch abgeriegelte Redaktionsräume, die durch Sicherheitsausweise geschützt und völlig vom realen Leben derjenigen Menschen abgeschnitten sind, über die sie berichten sollen. Sie sind in einer Welt aufgewachsen, in der Beziehungen klar umrissen sind, in der Konflikte in einem sehr begrenzten Umfang ausgetragen werden und in der die Menschen, über die sie schreiben, nur dem Zweck dienen, Zeilen zu füllen.

Das ist nicht die Welt, in der Polizisten leben. Jedenfalls nicht im Außendienst.

Polizisten wissen, dass Tragödien aus der Unvereinbarkeit von Erwartungen mit der Realität entstehen. Sie kennen das reale Leben der Opfer, die sie vorfinden, und die realen Auswirkungen der Taten, die von den Kriminellen begangen werden, die sie zu fassen versuchen. Sie können diesem Wissen nicht entrinnen, sie können einen Fall nicht einfach beiseitelegen und dann nach Hause gehen und tief und fest schlafen.

Der wichtigste Artikel dieser Sammlung, jedenfalls im Hinblick auf Connellys Romane, ist »Der Anruf«, für den er die Detectives des Morddezernats Fort Lauderdale eine Woche lang im Dienst begleitete. Er sagt, alles, was er als

Romanautor geschrieben habe, sei geprägt von dem, was er damals gesehen habe, und wenn Sie den Artikel aufmerksam lesen, werden Sie feststellen, wie sehr das zutrifft. Nicht nur die Details von Straftat und Aufklärung, sondern auch die Art und Weise, in der Connelly, der Reporter, die geistige Grundhaltung der Polizisten absorbiert und verinnerlicht. Ihre Erschöpfung wird spürbar. Wenn Connelly anhand der Fakten darlegt, wie schwer es wird, den Fall zu lösen, spürt man die Emotionen der Ermittler, die Frustrationen, die Teil ihres täglichen Lebens sind. Für mich ist das der Ausgangspunkt für alles, was wir über Harry Bosch wissen, und für die Grundstimmung der Müdigkeit, die die Harry-Bosch-Romane so nachhaltig durchdringt.

Sich in jemanden einzufühlen ist nicht das Gleiche, wie sich mit jemandem zu identifizieren; das ist ein entscheidender Unterschied. Connelly erzählt uns, dass er wie Bosch die Patronenhülsen von Polizeibestattungen gesammelt und in einem Marmeladenglas aufbewahrt hat. Er war mit Polizisten unterwegs und hat Tatorte und Leichen mit ihnen untersucht, aber er ist kein Polizist. Er ist Reporter, und es gelingt ihm, sich den Abstand eines Reporters zu seinen Figuren zu bewahren. Das ermöglicht ihm, ein umfassenderes Bild der Welt zu sehen, die sie bewohnen.

Es gibt eine Stelle herrlichen Understatements in einem Artikel über die Foreign Prosecution Unit des LAPD, die nach Mexikanern fahndet, die in den USA Straftaten verübt und sich anschließend in ihre Heimat abgesetzt haben. Connelly weist auf die Unterschiede im mexikanischen Recht hin, aufgrund derer die Befürworter größtmöglicher individueller Handlungs- und Gedankenfreiheit die Befürchtung äußern, Verdächtige, die von der Einheit in Mexiko aufgespürt würden, kämen dort nicht in den Genuss der gleichen Rechte, die ihnen bei einem Prozess in den Vereinigten Staaten zustünden. Er schreibt: »Ross und seine Kollegen führen an, dass ein Mordverdächtiger, der sich einer strafrechtlichen Verfolgung in Los Angeles durch Flucht entzieht, das Rechtssystem des Landes akzeptiert, in das er sich begibt. ›Man muss die Risiken akzeptieren, die man durch seine Flucht eingeht‹, sagte Moya.«

Das hat sicher dem einen oder anderen ein Schmunzeln entlockt, aber das Ganze funktioniert nur dank der trockenen Art, mit der es berichtet wird: Man versteht sehr gut, wie die Polizisten die Sache sehen, insbesondere angesichts der Kritik, die sie, wie man merkt, für naiv, wenn auch gut gemeint halten.

Connellys Einfühlungsvermögen erstreckt sich jedoch über die Polizisten hinaus auch auf die Opfer und manchmal auch auf die Straftäter selbst. Von den Artikeln über Wilder, einen Serienmörder aus South Florida, der in ganz Amerika sein Unwesen trieb, geht einem wohl der über die Familien am nächsten, deren Töchter auch nach einem Jahr noch vermisst werden. »Wir sind noch nicht weiter gekommen als bis zu dieser Tankstelle«, wiederholt die Mutter eines Mädchens in Anspielung auf den Ort, an dem ihre Tochter zum letzten Mal gesehen wurde. Es ist die Wiederholung, die den Worten die Kraft verleiht, den Leser zu berühren.

Diese Mischung aus Einfühlungs- und Wahrnehmungsvermögen ermöglicht es ihm, als Autor eine Haltung einzunehmen, in der er gleichzeitig unbeteiligt und involviert ist. Normalerweise kommt bei dieser Kombination am Ende Zynismus heraus – seit langer Zeit der Fluch von Journalisten und Polizisten gleichermaßen. Umso bemerkenswerter deshalb Connellys Leistung, dass er mit Bosch eine Figur geschaffen hat, die das Leid, das sie sieht, so verinnerlicht hat, dass es ihr gelingt, nicht zum abgebrühten Zyniker zu werden. Diese Position beizubehalten ist Connelly erstaunlicherweise – und mit großer Wirkung – sogar dann gelungen, wenn er in den Büchern, in denen Harry Bosch wie ein klassischer Privatdetektiv aus L. A. operiert, zur Ich-Erzähl-haltung übergeht.

Nur einmal, in *Der Poet,* führt Connelly einen Journalisten als Protagonisten ein. Im Großen und Ganzen spielt die Presse in der Bosch-Serie keine wichtige Rolle. Normalerweise werden Journalisten so behandelt, wie Connelly seinen Aussagen zufolge selbst behandelt wurde, als er in L. A. als Polizeireporter arbeitete: Sie werden geduldet wie ein Ärgernis, gegen das man nichts tun kann, wie Ameisen bei einem Picknick. Harry hat eine Polizeireporterin, der er bis zu einem gewissen Maß vertraut, aber er wird auch von den Fernsehnachrichten in seiner Arbeit behindert und regt sich darüber wesentlich weniger auf, als ich das stellvertretend für ihn beim Lesen von *Kein Engel so rein* getan habe.

Der Poet war der Erste von Connellys Romanen, den er direkt nach Beendigung seiner journalistischen Tätigkeit schrieb, sein erster eigenständiger ohne Bosch und, vielleicht nicht ganz zufällig, sein erster Bestseller. Er sagte, seine maßgebliche Motivation sei gewesen, dass er beim Wegpacken seiner Unterlagen über ungelöste Mordfälle feststellte, wie oft Mörder ungestraft davonkommen, und deshalb ein Buch schreiben wollte, in dem der Täter davonkommt, ohne dass es eine Fortsetzung gibt. Er hatte nicht damit gerechnet, dass die Reaktion der Leserschaft so stark sein würde.

Wenn Sie das hier lesen, wissen Sie wahrscheinlich, dass sich Connelly schließlich doch noch mit dem Gedanken angefreundet hat, eine Fortsetzung zu schreiben. Er führt das auf sein Bemühen zurück, »mich von meinem Zynismus zu heilen«, größtenteils nach der Geburt seiner Tochter. Außerdem ist er von Los Angeles nach Florida zurückgezogen, und vielleicht hat auch das etwas mit dieser Veränderung zu tun.

Vergleichen Sie die für den *South Florida Sun-Sentinel* geschriebenen Artikel mit den später für die *Los Angeles Times* entstandenen, und Sie werden eine deutliche Veränderung in Connelly bemerken. Er hat gesagt, die Nachrichtenredaktion der *Times* sei älter, und die alten Hasen unter den Journalisten seien zynischer und wesentlich mehr von sich eingenommen gewesen. Sie verstehen sicher, warum. Los Angeles ist eine Stadt, in der das Verbrechen allgegenwärtig ist, und weil es als Kulisse für zahllose Filme, Fernsehserien und Romane herhalten muss, verleiht es jeder Straftat, die dort passiert, automatisch mehr Resonanz. Die Amerikaner sind jahrhundertelang nach Westen gezogen und schließlich in Lala-Land gelandet. Latinos strömen nach *el Norte*, um sich ihren Traum von einem Leben in bescheidenem Wohlstand zu erfüllen. Asiaten kamen, um Bahnstrecken zu bauen oder vor Kriegen zu fliehen. Die Wahl des Namens Bosch brachte das im übertragenen Sinn zum Ausdruck: *Der Garten der Lüste* sollte im Foyer des *Los Angeles Times*-Gebäudes hängen.

Seine Grundhaltung ist die eines »Zugezogenen«, nicht so sehr die eines gebürtigen Angelinos. Connelly sagt, er sei zu seinem Einstellungsgespräch bei der *Times* unmittelbar nach einem großen Raubüberfall eingetroffen, der später in seinem Roman *Schwarzes Echo* verarbeitet werden sollte, und hätte sich selbst gesagt: »Herrje, hier bin ich genau richtig.« Die Position des Außenstehenden verhilft ihm zu dem Maß an Abstand, das nötig ist, um alle Aspekte des Bildes zu sehen. Es verhilft ihm zum nötigen Spielraum, die Stadt mit ihrer ganz speziellen Kultur und Geschichte als Hintergrund für dieses Bild zu verwenden.

In Los Angeles erweitert sich sein Horizont, was seine Sicht auf die Polizei und die Welt des Verbrechens angeht. Er gewinnt tiefere Einblicke in die Welt der Polizisten, sowohl in ihre guten wie in ihre schlechten Seiten. Sein Einfühlungsvermögen beginnt sich auch auf die Straftäter zu erstrecken, von denen einige selbst zu Opfern werden in der seltsamen Welt des LAPD, einer Art paramilitärischen Behörde, angeführt von einer Reihe von Polizeichefs, die Donald Rumsfeld wie Jimmy Carter aussehen lassen.

Connelly schildert den Ablauf aus Sicht beider Seiten und setzt einen ernüchternden Kontrast zur Darstellung der Polizei. Ein Einbrecher, der beim Kampf um eine Pistole einen Polizisten getötet hat, wird von der Polizei mit drei Schüssen in den Kopf getötet. Zweimal überlebt er, und zweimal greift er wie durch ein Wunder nach einer passend platzierten Schusswaffe. Der Subtext, dass er bereits einen Polizisten getötet hatte, wird subtil, aber unmissverständlich an die Oberfläche geholt. Mehrere bewaffnete Männer in einem Auto liefern sich eine Schießerei mit mehreren mit Schusswaffen ausgestatteten Cops der Special Investigations Section, die sie bei einem Raubüberfall auf ein Fast-Food-Restaurant beobachtet und anschließend umzingelt haben. Connelly schildert den Hergang ganz sachlich, spart sich aber für den Schluss die Feststellung auf, dass die getöteten Männer mit ungeladenen Luftpistolen bewaffnet waren und sich somit wohl kaum auf eine Schießerei eingelassen hätten.

Harry Bosch lebt inmitten dieser Mehrdeutigkeiten. Seine Welt ist nicht definierbar oder verständlich, wenn man kein Gespür hat für den Druck, unter dem die Polizei ihren Dienst tut, und für die mit diesem Beruf einhergehenden Frustrationen. Und das Wissen darum hilft auch, das instinktive Bedürfnis von Polizisten zu erklären, sich nach außen hin abzuschotten und ihresgleichen zu schützen. Zugleich sind sie Teil einer sich unnachsichtig selbst verschlingenden Bürokratie. Denken Sie zurück an Connellys ursprüngliche Darstellung seiner Arbeit für die *Los Angeles Times*. Er sagt dort, dass die Redaktion in eher aufgebaut war wie eine Familie mit einer strengen hierarchischen Ordnung als seine Zeitung in Florida, wo die Mitarbeiter etwa gleich alt waren und auch privat miteinander Kontakt hatten. Aber so ist das eben in der obersten Liga. Und das gilt auch für das LAPD – eindeutig das Police Department Amerikas, das am stärksten im Rampenlicht steht.

Mit zu den befriedigendsten Szenen im Bosch-Kanon gehören die, in denen er sich mit der Obrigkeit anlegt, angefangen von Harvey »98« Pounds bis hin zum Bureau of Homeland Security. Für Karrieristen und Betonköpfe hat Bosch nichts übrig. Dafür ist er zu sehr damit beschäftigt, sich seine persönliche Integrität zu bewahren, während er zusehen muss, wie die Trennlinie zwischen denen, die sich an die Regeln halten, und denen, die dagegen verstoßen, zwischen Ordnung und Chaos, immer mehr verschwimmt. Das ist es, was Bosch zu Hause erwartet. Das ist der Grund, warum er in dunklen Zimmern sitzt und versucht, mit Jazz die Kanten zu glätten.

Am meisten bewundere ich Krimiautoren, die mit dem Genre etwas anderes machen. Hammetts Abrechnung mit den Lügen, Ausflüchten und Schutzbehauptungen, ohne dass sich ein stilistisches Werturteil zwischen Figur und Leser schiebt. Chandlers Symphonien von Vergleichen und Marlowes schlagfertige Antworten, die realen Menschen erst am nächsten Tag einfielen. Donald Westlake, der unter dem Pseudonym Richard Stark die karge, knappe Prosa gestaltet, die Parkers karger, knapper Weltsicht entspricht. George Higgins' Fähigkeit, etwas durch Dialoge darzustellen, in denen die erzählerischen Fähigkeiten seiner Figuren dem Leser mehr über sie vermitteln, als jede Beschreibung das könnte. James Ellroys alliterierendes Arsenal, mit dem er so brillant improvisiert, dass es einem unter die Haut geht.

Auf den ersten Blick beschreitet Connelly keine neuen Wege. Er schreibt solide und ordentlich. Aber bei genauerem Hinsehen werden Sie merken, dass es mehr als ordentlich ist. Seine Prosa ist ein Ergebnis seiner Berichterstattung, hard-boiled, ohne zynisch zu sein.

In den 30er-Jahren verglichen viele Hammett mit Hemingway und führten an, Hammett sei als Erster mit Hardboiled-Prosa in Erscheinung getreten. Das war Hemingway gegenüber ungerecht, denn *In unserer Zeit* ist von einer nackten Reinheit, mit der sich kaum ein Text messen kann. Hemingway schrieb diese Reinheit dem Umstand zu, dass er »*cable-ese*, Kabel-isch« lernen musste, die beschnittene Prosa, die notwendig war, um Kosten zu sparen, wenn er seine Artikel an die Zeitung zu Hause in den Staaten telegrafierte. Doch keiner der beiden Autoren hat die derbe, hard-boiled Qualität von Paul Cains *Null auf Hundert* oder Raoul Whitfields *Grünes Eis*. Wenn Sie anderswo bei Hemingway oder in manchen Texten von Hammett nachlesen, werden Sie eine fast romantisch anmutende Prosa vorfinden, weil sie sich weigern, sich völlig von Zynismus vereinnahmen zu lassen; dafür haben sie zu viel von der Wirklichkeit gesehen.

Connelly beschloss, Krimiautor zu werden, nachdem er Robert Altmans zynische Verfilmung von *Der lange Abschied* gesehen und daraufhin Chandlers Romane einen nach dem anderen verschlungen hatte. An der University of Florida studierte er bei dem Schriftsteller Harry Crews Creative Writing. Obwohl Connelly behauptet, Crews' Lebensstil und sein Erfolg als Autor hätten ihn mehr beeinflusst als sein Stil, sehe ich in Connellys Romanen sehr wohl Elemente von Crews' Düsterkeit, die zwischen Southern Gothic und absurdem Theater anzusiedeln ist. Außerdem sehe ich in Harry Bosch eine sehr stark in crews'scher Manier angelegte Figur, fehl am Platz in ihrer Welt und bis zum Zerreißen gespannt in dem Bemühen, sich irgendwie in sie einzufügen.

Bosch ist der Katalysator, der Connelly das Kunststück ermöglicht, Wirklichkeit in Fiktion zu verwandeln. Die Kunst, gute Hard-boiled-Prosa zu schreiben, erfordert eine gewisse Unparteilichkeit, die Fähigkeit, den flüssigen emotionalen Dotter einer Geschichte nicht aufplatzen zu lassen.

Aber sie muss auch nicht in der Schale gekocht werden. Der nächste Vergleich, den ich in der Kriminalliteratur ziehen kann, ist der mit Ross MacDonald, dessen Lew Archer ein Beobachter gesellschaftlicher Veränderungen ist, fast ein Reporter, und dessen Prosa dem Leser ein klares, von Zynismus und allem Zierrat befreites Bild von dem vermittelt, was Archer sieht.

Und genau in diesem Sinn ist auch Michael Connelly ein Hard-boiled-Schriftsteller, und einer der erfolgreichsten. Es ist ihm gelungen, diese Unparteilichkeit zu erlangen, ohne die emotionale Mitte zu verlieren, ohne das Einfühlungsvermögen zu opfern. Er schafft es, in seinen Romanen ein paradoxes Gefühl von Distanz und Nähe beizubehalten. Wie ein Reporter, der die Erfahrungen eines Polizisten teilt, ohne selbst einer zu werden, und der das Leid der Opfer, die Natur der Täter und die Frustrationen der Polizisten austariert. Gelernt hat er das in den hier vorgestellten journalistischen Arbeiten.

Ihnen ist vielleicht aufgefallen, dass ich diesen Essay mit der Feststellung begonnen habe: Michael Connelly *ist* Reporter. Nicht war. Ist.

Der Möchtegernschriftsteller, der in einer Karriere als Journalist stecken bleibt, ist ein altes Klischee. Ich sehe Michael nicht als jemanden, der jemals stecken bleibt. Ich weiß nicht, ob er zu seinem ersten Tatort mit dem Hintergedanken fuhr, dort Material für seine Bücher zu finden. Mit Sicherheit werden Sie in diesen Zeitungsartikeln die Bestandteile entdecken – die Verbrechen, die Verbrecher, die Cops und die Stadt –, die seine Romane ausmachen. Aber diese Arbeiten zeigen vor allem, dass Connelly ein verdammt guter Reporter war. Und ein verdammt guter Reporter zu sein war eine großartige Basis dafür, ein verdammt guter Romanautor zu werden.

MICHAEL CARLSON wurde in New Haven, Connecticut, geboren und lebt mit seiner Frau und seinem Sohn in London. Er hat über Michael Connelly für den *Spectator* geschrieben, für den *Daily Telegraph,* die *Financial Times,* die *Perth Sunday Times,* für *Shots* und *Crime Time,* für deren Filmteil er auch zuständig ist. Seine Arbeiten über die Regisseure Sergio Leone, Clint Eastwood und Oliver Stone erschienen in der Reihe *Pocket Essentials.*

Das schwarze Herz

VON JOCHEN STREMMEL

»The boy couldn't see in the dark, but he didn't need to. Experience and long practice told him it was good. Nice and even. Smooth strokes, moving his whole arm while gently rolling his wrist. Keep the marble moving. No runs. Beautiful.«

»Der Junge konnte im Dunkeln nichts sehen, aber das war auch nicht nötig. Erfahrung und langjährige Praxis sagten ihm, dass es gut kam. Schön gleichmäßig. Mit weichem Schwung. Er bewegte den ganzen Arm, sanft das Handgelenk. Lass die Kugel rollen. Keine Nasen. Wunderbar.«

Dies ist der erste Absatz – im Original und in der schönen Übersetzung Jörn Ingwersens – von Michael Connellys Roman *Schwarzes Echo*, der 1992 erschien und im folgenden Jahr von Connellys Kollegen, den Mystery Writers of America, mit dem begehrten Edgar Award für den besten Erstlingsroman eines US-amerikanischen Autors ausgezeichnet wurde. Da Connelly in Ermangelung eines entsprechenden Forums – in den neunziger Jahren gab es längst keine mit *Black Mask* oder *Manhunt* vergleichbaren Krimimagazine mehr – sich anders als viele seiner Vorgänger nicht zuerst an kürzeren Geschichten versucht hat, sind dies seine ersten literarischen, nicht für das journalistische Tagesgeschäft bestimmten Sätze, und es ist mit Sicherheit kein Zufall, dass es in ihnen ums Schreiben geht, wenn auch nur um das Schreiben eines Tags, eines Schriftzugs, mit einer Spraydose. Und wahrscheinlich ist es auch kein Zufall, dass die Mutter des Jungen, dessen Identität Bosch schließlich mithilfe der ersten drei Buchstaben seines Logos ermittelt, ebenfalls mit Worten ihren Lebensunterhalt verdient: 40 Dollar die Viertelstunde für Telefonsex.

Diese ersten Sätze des Schriftstellers Connelly zeugen von einem erstaunlichen Selbstbewusstsein, sie stehen in krassem Gegensatz zu allen, die er als Journalist geschrieben hat, obwohl er bis zur Niederschrift seines dritten Romans *Die Frau im Beton*, in dem der Polizei- und Gerichtsreporter der Los Angeles Times als Serienkiller identifiziert wird, weiterhin in jener Position für dieses Blatt arbeitet. In seinem Nachwort zum vorliegenden Buch zitiert Michael Carlson Connelly mit den Worten, »the veteran journalists« in L. A. seien im Vergleich zum South Florida Sun-Sentinel »more cynical and with a much greater sense of their own importance« ausgestattet gewesen. Es macht den Eindruck, als hätte er ihnen von Anfang an ein literarisches Denkmal setzen wollen: Sein mörderisches Alter Ego Joel Bremmer hat seinen ersten Auftritt schon im *Schwarzen Echo*, als Verbindungsmann Boschs bei der Times und mit einem kleinen Artikel über einen Bankeinbruch, den Connelly nicht nur geschrieben hat, sondern auch geschrieben haben könnte – und erst wer seinen dritten Roman liest, erfährt, dass sein fiktionaler Kollege bereits damals mehrere Frauen umgebracht hatte.

Der erste Absatz von *Schwarzes Echo* nimmt noch aus einem anderen Grund in Connellys Bosch-Romanen eine Sonderstellung ein: Er ist, wie die vier folgenden Absätze und einige weitere Passagen des Romans nicht aus der Perspektive seiner Hauptfigur geschrieben. In seinem Nachwort zu Leigh Bracketts *No Good from a Corpse* berichtet Connelly von dem Eindruck, den die Altman-Verfilmung von Raymond Chandlers *The Long Goodbye* (*Der lange Abschied*) nach Bracketts Drehbuch auf ihn machte, der als Sohn und Enkel von Bauunternehmern eigentlich in die (groß-)väterlichen Fußstapfen treten sollte und deshalb am College in Gainesville, Florida, Baukonstruktionslehre und Bautechnik (»Einführung in den Beton«) studierte. An zwei unmittelbar aufeinanderfolgenden Abenden sah er 1974 Elliot Gould als Philip Marlowe, einen Tag später kaufte er sich Chandlers Buch, und als er es las, wurde ihm plötzlich klar, was er wollte: »I wanted to write stories and characters like this.« Die Lektüre von Chandlers Romanen, die er in der folgenden Woche alle las, hat in mehrfacher Hinsicht Spuren in Connellys Werk hinterlassen, aber nicht in erzähltechnischer. Während Chandler Marlowe in allen sieben Romanen aus der Ich-Perspektive erzählen lässt, wartet Connelly damit bis zu *Letzte Warnung*, bevor er Harry Bosch, der mittlerweile nicht mehr beim LAPD, sondern Privatdetektiv ist, diese Perspektive einräumt. *The Narrows* schließlich, *Die Rückkehr des Poeten*, wird nur knapp zur Hälfte von Bosch erzählt, und den Rest der Geschichte erfährt man aus der Perspektive der FBI-Agentin Rachel Walling und des Cop-Killers Bob Backus.

Das Selbstbewusstsein des Autors zeigt sich nicht nur in den ersten Sätzen seines ersten Romans, sondern auch in dessen Konstruktion, die tragfähiger ist als armierter Beton. Das liegt nicht nur an der Hauptfigur, einem Mann mit einer bewegten Vergangenheit, auf die in den folgenden Romanen oft zurückgegriffen wird – *Die Frau im Beton* etwa setzt mit der grotesken Episode ein, die für seine Strafversetzung nach Hollywood verantwortlich ist, die Erschießung des unter dem Kopfkissen nach seinem Toupet greifenden nackten Serienmörders, und *Der letzte Coyote* ist der Aufklärung des

Mordes an seiner Mutter gewidmet, der sich mehr als dreißig Jahre zuvor ereignet hat –, sondern auch am übrigen Personal, das vom Autor geschickt in den Mikrokosmos eines fiktiven Abbilds von Los Angeles (und Las Vegas) eingebunden wird. Eleanor Wish, die FBI-Agentin, mit der Bosch im *Schwarzen Echo* zusammenarbeitet, heiratet er am Ende des fünften Romans, *Das Comeback*, nachdem sie ihre Gefängnisstrafe verbüßt hat, lebt im sechsten und siebten bereits von ihr getrennt und erfährt im neunten, dass er eine inzwischen vierjährige Tochter von, aber im Grunde nicht mit ihr hat. Es gibt auch personelle Überschneidungen zwischen den Bosch- und den Nicht-Bosch-Romanen. Thelma Kibble beispielsweise, die übergewichtige resolute Bewährungshelferin Cassie Blacks aus *Im Schatten des Mondes*, taucht sowohl in *Dunkler als die Nacht* als auch in *Vergessene Stimmen* wieder auf, wo Bosch und Rider auf eine ihrer Akten zurückgreifen müssen. Anhand eines Fotos in Thelmas Büro identifiziert Bosch seine geheimnisvolle Nachbarin Jane aus dem Double X in Las Vegas aus der *Rückkehr des Poeten* als Cassie Black, und im Gegensatz zu ihm wird den Lesern des früheren Romans klar, warum sie von Wehmut ergriffen wurde, als sie Bosch mit seiner Tochter sah. Die größte und am längsten vorbereitete Überraschung allerdings, die Connelly in dieser Hinsicht aus dem Ärmel zieht, ist die Blutsverwandtschaft zwischen dem *Lincoln Lawyer* Mickey Haller und Harry Bosch, die beide denselben Vater haben: In *Schwarzes Eis* denkt Bosch an seinen Besuch am Sterbebett J. Michael Hallers zurück, den er bei dieser Gelegenheit zum ersten und zugleich letzten Mal sieht – eine bewegende Begegnung.

Schwarzes Eis ist auch der Roman, in dem Connelly seine Verpflichtung Chandler (und Brackett) gegenüber am deutlichsten offenlegt. Der Plot hat einige Elemente mit dem von *Der langes Abschied*, dem Roman und dem Film (der in einigen wichtigen Punkten von Chandlers Vorlage abweicht), gemeinsam, und die Frau von Harrys Kollegen Calexico Moore, der er zu Beginn des Buchs die Nachricht vom Tod ihres Mannes überbringen soll, die Englischlehrerin Sylvia Moore, konfrontiert ihn mit zwei Zitaten aus *Der lange Abschied*, mit dem ersten gegen Ende ihrer ersten Begegnung: »Keine Falle ist so tödlich wie die, die wir uns selbst stellen.« Bei Chandler ist es der letzte Satz des zwölften Kapitels, ein metaphorisches Resümee Philip Marlowes, der sich im Nachhinein den (natürlich nicht ganz ernst gemeinten) Vorwurf macht, moralisch gehandelt zu haben, und tatsächlich könnte dieser Satz so gut wie allen Romanen Connellys als Motto dienen. Als Bosch am nächsten Tag mit der vermeintlichen Witwe telefoniert, fragt sie ihn: »Erinnern Sie sich an das Buch, von dem ich Ihnen gestern erzählte?« – »Der lange Abschied?« – »Es gibt einen anderen Satz darin, an den ich denken musste. ›Edle Ritter laufen mir so selten über den Weg wie fette Briefträger.‹ Ich glaube, heutzutage gibt es eine Menge fetter Briefträger.« In *The Black Ice* lautet der zitierte Satz: »A white knight for me is as rare as a fat postman.« In dieser Form kann man ihn bei Chandler allerdings lange suchen. Was dagegen bei ihm steht, wird genauso gesprochen, hat jedoch einen entscheidenden Buchstaben weniger: »A white night for me is as rare as a fat postman«, in der bemüht originell wirkenden Übersetzung Hans Wollschlägers: »Eine schlaflose Nacht ist bei mir so selten wie ein Postbote mit Schmerbauch.« Der freudsche Irrtum, der Sylvia Moore unterläuft, ist absolut verständlich, denn Philip Marlowe ist natürlich ein edler Ritter, wie er im Buche steht, und Harry Bosch hat sich mehr als nur eine Scheibe von ihm abgeschnitten. Als versteckten Hinweis darauf (und darauf, wie viel Wert er auf Buchstaben legt) hat Connelly Boschs Mutter – die ihm laut Eleanor Wish, ihrer posthumen Schwiegertochter, nichts mitgegeben hat als den Namen eines seit

500 Jahren toten Malers – einen Namen mitgegeben, Marge-
rie Philips Lowe (seit *Die Frau im Beton*: Marjorie Phillips
Lowe), aus dem sich ganz leicht der Name eines unsterb-
lichen Privatdetektivs konstruieren lässt.

Danksagung

Die Artikel in dieser Sammlung trugen den Namen Michael Connelly in der Byline, aber sie wurden alle – ohne Ausnahme – von mehreren Redakteuren, Korrektoren und Kollegen überarbeitet. Es ist unmöglich, einen Artikel in einer Zeitung oder Zeitschrift zu verfassen, ohne dass viele andere ihren Beitrag dazu leisten. Ich möchte all denen danken, die mitgeholfen haben, diese Artikel druckfertig zu machen.

Außerdem möchte ich Michael Pietsch, Asya Muchnick und Pamela Marshall für ihre Mühe danken, die Artikel für den Wiederabdruck in diesem Band einzurichten. Und last, but not least, herzlichen Dank an Steven Vascik von scv Publication, weil er diese Sammlung als Erster zusammengetragen und veröffentlicht hat.

Michael Connelly

Michael Connelly ist mit über 85 Millionen verkauften Büchern in 45 Sprachen ein Krimi-Superstar. 1956 in Philadelphia geboren, entdeckte er während seiner Studienzeit Raymond Chandlers Romane und beschloss, Schriftsteller zu werden. Er arbeitete zunächst für verschiedene Zeitungen in Florida, bis er 1986 zusammen mit zwei Kollegen eine Reportage über ein großes Flugzeugunglück in Fort Lauderdale schrieb und für den Pulitzer-Preis nominiert wurde. Danach wechselte er zur *Los Angeles Times*. Für seinen ersten Roman *Schwarzes Echo* (1992) wurde Connelly mit dem Edgar Award ausgezeichnet, dem renommiertesten amerikanischen Krimipreis. Im Kampa Verlag erscheint Connellys Harry-Bosch-Reihe sowie seine Romane über den Lincoln Lawyer Michael Haller, Renée Ballard und Jack McEvoy. Und auch die Streamingdienste haben Connellys Helden für sich entdeckt: *Amazon Prime* produzierte sieben Staffeln der Serie *Bosch*, bei *Netflix* ermittelt der *Lincoln Lawyer*.

TRUE CRIME IM KAMPA VERLAG

Andrea Maria Schenkel
Richtet sie hin!
Historische Fälle

Ist der Mensch per se böse –
oder wird er dazu gemacht?

Milliardärssohn Harry Kendall Thaw, der Harvard University verwiesen, nachdem er einen Taxifahrer mit einer Schrotflinte durch die Stadt gejagt hatte, war besessen von dem New Yorker Stararchitekten Stanford White. Seine Obsession führte so weit, dass er White 1906 auf der Dachterrasse des von ihm entworfenen Madison Square Garden aus nächster Nähe erschoss. Hans Schmidt, zeit seines Lebens Sonderling und Einzelgänger, ermordete im Herbst 1913 das Hausmädchen seiner Pfarrei in Harlem, zerstückelte ihre Leiche und versenkte sie im Hudson River. Später gab er an, von Gott den Befehl erhalten zu haben, Anna zu opfern. Schmidt ging in die Geschichte ein als einziger Pfarrer, der in den USA hingerichtet wurde. Carl Panzram ermordete nach eigenen Angaben über zwanzig Menschen, suchte immer nach den Schwachen, den Harmlosen, den Ahnungslosen, und wurde doch nur für ein Tötungsdelikt verurteilt. Bestsellerautorin und Kriminalreporterin Andrea Maria Schenkel hat historische Kriminalfälle gesammelt, recherchiert und aufgeschrieben.

TRUE CRIME IM KAMPA VERLAG

Christine Brand
Bis er gesteht
Der Fall der toten Kinder

»Christine Brand lässt den Leser
in schauerliche menschliche Abgründe blicken.«
Martina Läubli / Neue Zürcher Zeitung

Ausgerechnet an Weihnachten, um genau 3.31 Uhr, geht bei der
Polizei ein Notruf ein: am Apparat ein verzweifelter Vater, der
den Tod seiner beiden Kinder meldet. Was ist passiert? Mitten
in der Nacht wird Bernhard Scherrer von seiner Frau geweckt:
Sie hat Angst, irgendetwas stimmt nicht. Scherrer steht auf. Ein
Fenster steht weit offen. Jemand muss in ihre Wohnung eingebrochen sein. Sofort sieht er nach den beiden Kindern und findet
sie reglos in ihren Betten: Sophie und Noah, acht und sechs Jahre
alt, sind tot. Noch in derselben Nacht wird Bernhard Scherrer in
Untersuchungshaft genommen. Anklage: Mord. Von einem Moment auf den anderen wird sein Leben ein Albtraum, der kein
Ende nehmen will. Anhand der Befragungen des Verdächtigen
durch die Kommissarin, den Aussagen des Polizisten, der in
der Nacht als Erster vor Ort war, und von Beamten der Spurensicherung, der Rechtsmedizinerin, des forensischen Psychia-
ters, Nachbarn und Bekannten der Scherrers zeichnet Christine
Brand das Leben der Familie und eine unbegreifliche Tat nach.